エジプトの謎：第一のトンネル

Mystery of Egypt: The First Tunnel

影の政府がひた隠す人類最奥の秘密

タイムトラベル装置、ホログラフィー装置により過去と未来を覗き見た驚異の体験報告！

ラドウ・シナマー 著
Radu Cinamar

ピーター・ムーン 編集
Peter Moon

金原博昭（オリオン形而上学研究所）訳

ヒカルランド

はじめに

タイムトラベル装置と未知なる世界の旅へようこそ！

金原博昭

この本の原書はルーマニア語で書かれ、２００７年にルーマニアで出版されました。著者はルーマニアの形而上学研究者兼作家であるラドウ・シナマーです。その五年後の２０１２年、この本の英語版が、米国の形而上学研究者兼作家ピーター・ムーンによって彼の出版社 Sky Books から出版されました。英語版のタイトルは“Mystery of Egypt — The First Tunnel”。直訳すると『エジプトの謎：第一のトンネル』になります。ラドウ・シナマーについては、ピーター・ムーンが「まえがき」の中で詳しく述べていますので、ここでは、ピーター・ムーンについて少しだけお話ししておきます。

ピーター・ムーンは、マインド・コントロール（洗脳）や体外離脱について造詣が深く、これが基になってプレストン・ニコルズと出会い、一緒に働くことになりました。プレストン・ニコルズは、電磁気現象に関するトップクラスの専門家の一人として活躍しましたが、惜しくも2018年に他界しました。米国ロングアイランドに在るモントーク空軍駐屯地では、時間の操作を含む一連の奇妙な実験が行われていました。プレストン・ニコルズはこれに関与していたのです。二人が共著したモントーク三部作は、いまや伝説的な出版物になっています。

2021年三月『時を超える予言』三部作がきれい・ねっと社から発刊されました。この本の原書は、米国の高名な予見者ゴードン・マイケル・スキャリオンの著書“Notes from the Cosmos”です。その一冊目『未知なる世界編』の第一章は「火星の超古代文明」ですが、驚くべきことに、その中で提供された情報とこの本『エジプトの謎：第一のトンネル』において述べられた内容には、明らかな共通点および接点があるのです。ご参考までに、それらを以下に列挙しました。

【ルーマニア】：『エジプトの謎：第一のトンネル』はラドウ・シナマーとセザール・ブラッドを主人公とする冒険物語ですが、その主たる舞台はルーマニアです。一方、ゴードン・スキャリオンによれば、今からおおよそ千八百万年前、すでに火星には繁栄を謳歌している意識体が存在し、巨大都市には何億もの人々が居住していました。（以下は『火星の超古代文明』からの抜粋です）。

彼らの文化は霊性に基づくものであり、人々はグループ内の調和や響きに同調していました。平和な活動と霊性に基づく調和の時代が数百万年にもわたって続いたものの、その後火星の文明は、人々の間に分裂が生じる状況に陥ってしまったのです。当時の最先端テクノロジーに基づいて開発された衛星が、外宇宙からやってきた略奪者からこの惑星を護ってきたのですが、それが逆向きにされて一部の人々へのテロ行為の手段として用いられたときに、火星の激変を伴う戦争が始まりました。そしてそれが全面的な荒廃をもたらしたのです。火星の表面が全面的に破壊されたとき、大部分の人々は他の振動レベルの世界に移行しました。一部の人々は他の星系の惑星に移りましたが、別の一部は新たに発展中のミラー星（火星にそっくりの惑星）である地球への移動を選択しました。地球には過去の時代に植民したことがあったのです。あの当時、その陸地塊にあなた方が分かるような名前はありませんでしたが、その後その場所はルーマニアとして知られるようになりました。私たちが今話している太古の時代では、もっぱら思考投射が行われていたのです。言語は現在使われているものとは

かなり異なっていて、音がほとんどの意味を伝えていました。あなた方が分かるような名前は絵画的心象であり、それが意味を持つようになったのです。その後何百万年もの時間が経過したさらに後の時代に、その地域はルーマニアとして知られるようになりました。

【トンネル・システム】：ルーマニアのブセギ山脈地下のホログラフィー投影室には三つの謎に満ちたトンネルの入り口があります。その一つは〝エジプト・ギザ平原の地下〟、二つ目は〝イラク・モンゴル・チベットに存在する類似の施設〟、そして三つ目が〝地球の内部〟に延びています。『エジプトの謎：第一のトンネル』は、そのうちの最も神秘的で謎めいたもの、すなわち〝エジプト・ギザの地下に存在するチャンバー（部屋）に至るトンネル〟の調査探索に関する物語です。〝このトンネルは他の二つのトンネルよりも建造年代が新しくて時空間の歪みに基づいている〟というのがその際立った特徴です。一方、ゴードン・スキャリオンによれば、地球には、火星のトンネル・システムに類似した一連のトンネルが存在するのです。（以下は、『火星の超古代文明』からの抜粋です）。

これらのトンネルはアトランテイスやレムリアよりもずっと以前のルーマニアの時

代のものであり、人々の移動のために使われました。これらの移動施設全部がトンネルだったのではありませんが、その後地球の形が大きく変化したために地中に沈み込んでしまったのです。これらが使われていた当時は、地下深くにあったのではなく、移動路や運搬路として機能していました。今なお存在しており、その多くは発見されているものの、まだ充分理解されてはいません。

【タイムトラベル装置】：エジプト・ギザの地下に至るトンネルの終点には神秘的なチャンバーが存在し、そこにはタイムトラベル装置およびそれにエネルギーを供給する巨大な水晶の角柱（高さ約二メートル）が設置されています。それを使えば過去や未来への意識の旅が可能になるのです。一方、ゴードン・スキャリオンによれば、火星の人々にとっての大いなる楽しみの一つは、意識が時空を旅するタイム・トラベルでした。（以下は、『火星の超古代文明』からの抜粋です）。

火星には、試料元素の特定の振動パワーや光を用いて元素を再形成する高度な技術があり、火星の人々はこのテクノロジーを使って火星に存在しない元素（太陽系の彼方のもの）を合成することができました。これらのテクノロジーによって、新たなデザインに基づく構造の創出が可能になったのですが、これらはタイムトラベル装置に相当すると考えられます。この宇宙において判断するかぎり、火星の人々は確かにこの分野における先駆者であり、タイム・トラベルを一層促進させてそれを第一級の芸術にまで高めたのです。この事実は宇宙において周知となり、そのテクノロジーの多くは、他の星系の人々によって探し求められました。

[ホログラフィー投影室の建造者]：前述のホログラフィー投影室に設置されているテーブルの上に手を置けば、誰もが三次元ホログラフィーとして描画されたその人のDNAを見ることができますし、そのテーブルに内包されている他の装置を使えば、他の惑星の種族（異星人）のDNAを同様に見ることが可能で、それには彼らの実際の生まれ故郷を示す三次元画像が添付されています。また、そのテーブルの他の部分に二つの手を置けば、それらのDNAが混ぜ合わされ、二つの生物種が交配された場合にどのような外見になるかが分かります。これらのテーブルの高さは一・八メートルもありますので、それらの建造者は、私たち人間に比べてかなり巨大であったと思われます。

一方、ゴードン・スキャリオンは、『火星の超古代文明』において次のように述べています。

火星の人々は巨人であり、その身長は大体五メートル半から八メートルの間でした。火星の大気は地球の大気と異なり窒素とアルゴンの含有量が高かったのですが、この背丈はそれに基づきます。

これらの共通点を総合して考えると〝ホログラフィー投影室、そこから延びている三つのトンネル、エジプト・ギザに至るトンネルの終点に存在する神秘的なチャンバー、等はすべて、今から約千八百万年前、地球に植民した火星人によって建造された〟と推測することができます。火星が全面的に破壊されたとき、彼らはタイムトラベル装置を使って地球へ移動したのです。ゴードン・スキャリオンの情報源とラドウ・シナマーの情報源は全く別々であり、互いに何の関係も持っていません。それにもかかわらず上記の共通点や接点がある、という事実が、各々の情報の信憑性を著しく高めているのです。

ところで、ピーター・ムーンは、モントーク・プロジェクトの背後に存在する超自然力について独自の調査を続けており、かつてのタイム・トラベル研究センターで仕事をしていたデイヴィッド・アンダーソン博士との協力に基づいて仕事をしています。この研究施設は、その後再法人化されてアンダーソン研究所になりました。ムーン&ニコルズ共著の前述の本がルーマニア語に翻訳されたとき、すでにルーマニア・ブセギ山脈に在るスフィンクスの地下で、世界を驚愕させる発見が為されていました。アンダーソン博士は、そこで発見された超古代のチャンバー（部屋）に秘められた謎を追及していて、そこにピーター・ムーンを招いたのです。

ここでアンダーソン博士の業績について少しお話しておきます。米国空軍に在籍していた時、彼は科学者として、有名な空軍の飛行試験センターで時空に関する先進的な研究に従事していました。この施設はカリフォルニアの砂漠にあります。そのときアンダーソン博士は、時空物理学とタイムワープ（時間歪曲）分野の飛躍的進展につながる独創的な概念を構築し始めていました。残念ながら空軍は彼の研究に関心を示しませんでした。そこで、アンダーソン博士は、自分の研究を先に進めるために空軍を離れたのですが、その後間もなく、彼の先進的なタイムワープ理論をさらに進展させるための新たな数学的手法とコンピューター・モデルの開発に成功しました。

あの当時、成功を収めた彼の革新的プロジェクトの一つは、宇宙空間における衛星システムの変位に関連していました。この変位はわずか数メートルでしたが、宇宙空間に設置されるシステムに要求される精度という視点から見ると、この変位は衛星システムに損傷を引き起こす可能性があったのです。アンダーソン博士は、予測可能で信頼できる数学モデルを創ることによってこの問題を解決しました。この数学モデルは目的通りに機能して結果を出したのですが、彼の業績が正しく理解されるまでに、さらに数年もの期間が必要でした。この数学モデルは、相対性理論物理学が素早く用意できるすべてを考慮に入れました。それには重力及び地球と月の回転によって引き起こされる「慣性系の引きずり」の細目が含まれます。自分がやり遂げたことを分析することによって、アンダーソン博士は、これらの関係性およびそれを実際の時間制御に応用する方法を説明した『タイムワープの場の理論』を構築し始めました。

アンダーソン博士は、時空の変位の除去を可能にするこれら一連の作業を特許化しました。その結果彼は、彼の助けを必要とする産業界や政府の省庁にとって不可欠の存在になったのです。この仕事は全て『タイム・トラベル研究センター』の主導の下で実施されました。安全保障企業と自称したこの会社は経済的にも成功しました。

衛星の変位の修正以外にも、タイムワープの場のテクノロジーを応用する数多くの案件があります。その時までにすでに、直径十〜十二センチの自己完結型タイムワープ場を創出し、その小さな球形の場の境界内で実際に時間の経過を球の外部に比べて加速あるいは減速することができる――これを成功裡に実証したのです。彼の研究を支援するために、医療分野からも投資家が群がりました。なぜなら、彼の研究は移植のための臓器の保存に非常に役立つからです。別の面では、効果が出るまでに長い時間がかかる生化学反応の加速が可能になりました。産業・農業・医療の分野だけでも、その応用は実質的に無限です。

２００９年十二月十四日、アンダーソン博士は、タイム・リアクター（時間反応装置）に関する特許を米国特許商標局に申請しました（申請番号：６１２８６１１０）。申請書に記載されたこの発明の名称は『湾曲した時空すなわち超空間の領域内に蓄えられた潜在エネルギーにアクセスし、利用するためのシステム』となっています。この特許が特許名簿に載っていないという理由から、その公開は少なからぬ論議を呼び、多くの人々から不適切で的外れな反応が示されました。なぜこの特許は特許名簿に載らなかったのでしょうか？　その主たる理由は、この特許が「発明に係わる守秘義務法令１９５１」に従って順序づけられているからです。特定の連邦政府関係機関の見解に基づき、米国の国家安全保障の脅威になり得る新たな発明やテクノロジーの公開を阻止するアメリカ合衆国連邦法が存在するのですが、この守秘義務法令はその主文です。

ルーマニア南部、トランシルバニア地域のスレアヌ大山塊には、ツィオクロヴィナ洞窟があります。ピーター・ムーンは、この場所をこれまでに四回探索しています。アンダーソン博士によると、過去のある時点において、時空起動力（注１）の大量放出がこの洞窟の中で起きました。これが意味することを素人の言葉で表現すると、ツィオクロヴィナ洞窟は、非常に意義深いタイム・トラベルの実験が行われた場所あるいはその現象が起きた場所である、ということになります。それゆえ、博士はここを地球上で最も重要な場所と考えており、それをピーター・ムーンに伝えました。ピーター・ムーンがこの洞窟に非常な関心を抱き、すでに四回もこの場所を訪れたのはそのためです。

この本の最後の章で詳しく述べられていますが、エジプト・ギザの地下に至るトンネルの終点には神秘的なチャンバーが存在し、そこにはタイムトラベル装置およびそれにエネルギーを供給する巨大な水晶の角柱（高さ約二メートル）が設置されています。それを使えば過去や未来への意識の旅が可能になるのです。アンダーソン博士の研究についてお話したことからお分かりのように、今やタイム・トラベルは決して夢物語ではなく架空の話でもありません。前述の『時を超える予言』三部作の最初の本『未知なる世界編』には、ゴードン・スキャリオンの未来バージョンであるローハンが登場します。彼は未来からの訪問者ですが、彼の話では、彼の時代のテクノロジーは非常に高度に進化していて、タイム・トラベルは極めて一般的なのだそうです。

注１　「時空起動力」はアンダーソン博士が創った術語です。彼が発明したタイム・リアクターが起動すると、自己完結型の場における時間の経過が加速あるいは減速されます。つまり「慣性系の引きずり（質量を有する物体が回転する時に周囲の空間が引きずられるように歪む現象）」の過程で時間が拡張されるのですが、そのとき膨大なエネルギーが放出されるのです。時空起動力とはこのエネルギーのことです。もしも読者の皆さんがこの点にさらなる興味があり、より詳しい説明を希望されるのであれば、ピーター・ムーン制作の一連のビデオ“Time Travel Theory Explained”をご覧になることをお勧めします（http://www.timetraveleducationcenter.com）。

それでは、ラドウ・シナマー及びセザール・ブラッドと共に、未知の世界への旅を心ゆくまでお楽しみ下さい。

まえがき

ホログラフィー投影室と謎に満ちたトンネル

ピーター・ムーン

『エジプトの謎：第一のトンネル』は途方もなく面白い物語です。しかしそれは、いくつかの異なる要因が係わる状況に照らして考えない限り、正しく理解することができません。ルーマニアのブセギ山脈には、エジプト・ギザのスフィンクスとは異なるスフィンクスが存在します。２００３年にその地下で驚くべき発見がなされたのですが、それが右記の要因のうちの最重要なものに相当します。この発見についての物語は本になり、その英語版が〝Transylvanian Sunrise（トランシルバニアの日の出）〟というタイトルで２００９年に出版されました。それは5万年以上前に建造されたと思われるチャンバー（部屋）に包含されている先進的なホログラフィー技術について詳述しています。

ルーマニア・スフィンクスの左側面

ラドウ・シナマー氏によると、約5万年前に建造された大広間がこのスフィンクスの下に存在し、そこには、現在使われている最先端テクノロジーよりもはるかに進んだテクノロジーが内包されている。

そのチャンバーは、聖書の時代の人々（ついでに言えば私たち自身）の思考・経験能力をはるかに凌駕するものであり、実質的なノアの箱舟と考えることができます。そこに設置されているテーブルの上に手を置けば、誰もが三次元ホログラフィーとして描画されたその人のDNAを見ることができますし、そのテーブルに内包されている他の装置を使えば、他の惑星の種族（異星人）のDNAを同様に見ることが可能で、それには彼らの実際の生まれ故郷を示す三次元画像が添付されています。また、そのテーブルの他の部分に二つの手を置けば、それらのDNAが混ぜ合わされ、二つの生物種が交配された場合にどのような外見になるかが分かります。これらのテーブルの高さは1・8メートルもありますので、それらの建造者はかなりの巨人であったと思われます。

また、この驚くべきチャンバーには特別の〝ホログラフィー投影室〟があり、とりわけ視聴者個人に最も適合する形式で、地球の歴史をホログラフィー的に視聴することができます。しかしこの歴史は、西暦5年の時点で突如として打ち切られています。「ある種のソフトの更新が必要である」というのが、おそらくその理由でしょう。そのホログラフィー投影室には、さらに好奇心をそそる特別な面があります。その一つは、〝地球の深部〟、〝イラク・モンゴル・チベットに存在する類似の施設〟、〝エジプト・ギザ平原の地下〟に至る三つの謎に満ちたトンネルがそこから延びている、という事実です。『エジプトの謎：第一のトンネル』は、そのうちの最も神秘的で謎めいたもの、すなわち〝エジプト・ギザの地下に存在するチャンバー（部屋）に至るトンネル〟の調査探索に関する物語です。〝このトンネルは他の二つのトンネルよりも建造年代が新しくて時空間の歪みに基づいている〟というのがその際立った特徴です。

私たちにこの調査の話をしてくれるのは、この本の著者であるラドウ・シナマーです（これ以降はラドウと呼びます）。彼は友人であるセザール・ブラッド（これ以降はセザールと呼びます）との再会後に調査隊の一員に選ばれたのですが、セザールはすでにその前に、ルーマニアの諜報機関のうち最も秘密主義に彩られた〝Department Zero（ゼロ局）〟の局員としてラドウを採用していたのです。二人の間の協力関係は、セザールが前述の『トランシルバニアの日の出』の著者としてラドウを選んだ時に始まりました。彼ら二人が一緒になった経緯、および、セザールからの許可に基づき、ラドウがルーマニア・スフインクスの地下のチャンバーを訪れて、その先進テクノロジーに接することができた状況が、この本に詳しく書かれています。二人が協力を始めた際の主たる目的は、これらの出来事を一般の人々に知ってもらうための本を、ラドウに書いてもらうことでした。

これは考古学史上最も画期的な発見ですが、それを取り巻く政治情勢は極めて緊迫していました。チャンバーの発見を可能にしたテクノロジーはアメリカから提供されました。ルーマニア側はその発見に関わる情報を全世界に伝えたいと考えましたが、アメリカ側はそれを知ってうろたえました。なぜならそれは「全世界に及ぶ権力支配機構を彼らがコントロールできなくなること」を意味していたからです。この発見に関わる全体的な根回しやお膳立ては、イタリアのフリーメーソンが行いました。彼らはまた、ルーマニア側とアメリカ側の間を繋いで必要な調整を行ったのです。しかし、彼らもまた支配力を得ようとして競いましたので、これら三つのグループは極度の緊張状態にありました。にもかかわらずセザールは、ラドウが秘密のチャンバーと〝ホログラフィー投影室〟を見ることができるように手配したのです。その詳細は、このシリーズ二番目の本である〝Transylvanian Moonrise（トランシルバニアの月の出）〟に書かれています。

『トランシルバニアの日の出』に登場する主要人物はセザールであり、秘密情報をある程度公開するという目的でラドウを選んだのですが、彼自身もまた、『ゼロ局』の長となってこの大いなる発見の下準備をするために選ばれました。彼は生まれたその日にルーマニア諜報機関の注意を引きました。セザールのへその緒が途方もなく太く強靭過ぎて、彼の誕生に立ち会った医者がそれを切ることができなかったのです。その医者は、例外的なケースはすべて政府当局に報告するように義務付けられていましたので、直ちにその事実を伝えました。その結果、国家安全保障局がセザールの両親を訪ねて「セザールから生じる普通でない出来事や異常挙動は、それ以降、政府の費用負担に基づいてすべて詳しく報告する」という取り決めがなされたのです。

案の定、セザールは超感覚的・超自然的と思われる振る舞いをはっきりと示し始めました。その結果、彼は、謎に満ちた人物の保護監督の下に置かれることになったのです。その男は、共産主義国間の文化交流計画の一環として中国政府から一時的にルーマニアに出向していたのですが、その出向期間中に、実質的に上記の『ゼロ局』を創設したのです。シエン博士として知られるその人物は、セザールを詳細に検査・観察し、数多くの分野において教育を施しましたが、超自然力に関しては特別の訓練を行いました。そのあと、シエン博士は、ブセギ山脈における大いなる発見を実現するために、セザールを『ゼロ局』の長に抜擢したのです。

シエン博士は好奇心をそそる非常に謎めいた人物ですが、『トランシルバニアの日の出』

には彼についての情報がほとんど含まれていません。その続編『トランシルバニアの月の出』により、初めて、彼が必ずしも外見的に推し量れるような人間ではないことが分かります。科学的に説明できない物事に関する専門家として、彼は中国政府から非常なる敬意を払われていますが、彼自身はチベット・ラマ教の高僧であり、中国がラサに侵攻する前にチベットから脱出しました。非常に進化した魂の持ち主であり、多くの国々と高いレベルで繋がっていることから、中国政府は彼ら自身の目的に応じてシエン博士を利用しました。その一つが、ルーマニア政府内に『ゼロ局』を創立するという任務だったのです。

『トランシルバニアの月の出』の物語は、ラドウが通常の生活に戻った時点から始まります。その時、もはやラドウはセザールと一緒ではありませんでした。彼らは別々の人生を歩んでいたのです。『トランシルバニアの日の出』はすでに発刊されていましたが、ラドウは目立たない存在であろうとしていました。数多くのメッセージが彼宛てに届いていたものの、本の出版社は、重要で国家機密に関わるもの以外は保留していたのです。ラドウがシエン博士の代理人から接触を受けたのは、まさにその時期でした。セザールは、共産主義が崩壊した1989年以降シエン博士に会っていませんでしたし、物語の進行とは全く無関係のままでした。

シエン博士の代理人は神秘的な錬金術師であり、まず間違いなく、シエン博士と同じほど好奇心をかき立てる人物でした。彼はラドウをブカレストに在る彼の瀟洒な別荘に招待しました。あの謎めいたラマの高僧（シエン博士）がラドウと会いたがっていたために、二人を彼の別荘で出会わせることがその目的だったのです。錬金術師が二人を引き合わせた日の夜、ラマの高僧は彼の名前がラパ・サンディーであることを明かすとともに、自分がセザールの元々の師であるシエン博士と同一人物であることをラドウに伝えました。その会合の主たる目的は、トランシルバニア経由でチベットへ赴くことをラドウに説明してその覚悟をさせ、さらにその旅の準備をさせることでした。トランシルバニアからチベットへの旅は〝時空並進〟に基づく極めて神秘的なものです。これは物理学分野の術語ですが、非常にもっともらしく言い表されているように思います。

チベットにおける目的地は通常の移動手段では行くことのできない場所でしたが、そこに着くとすぐにラドウはそこにある洞穴へ案内され、青の女神『マチャンディ』と出会いました。この女神は古代チベットの方言で書かれた写本を用意していました。それが本として出版されるように取り計らうことがラドウに与えられた仕事だったのです。まず初めにそれは古代チベットの方言から翻訳されねばなりませんでしたが、ラマの高僧がそれを自発的に引き受けてくれました。この仕事は無事に完了し、このシリーズの四番目の本『羊皮紙に書かれた秘密文書：チベットの五つの霊的進化の手法』になりました。この本には、もう一つの呼び物として、ラドウの『ゼロ局』の一員としてのさらなる冒険物語が含まれています。

『エジプトの謎：第一のトンネル』は、非常に速いテンポで展開する冒険物語です。それには深遠な叡智と人々の実生活・さまざまの興味深い個性が混在していて、数多くの複雑な要因が織り込まれています。これらの出来事の多くは確証可能であり、いくつかのルーマニアの新聞に、興味深い事実として述べられていますが、『トランシルバニアの月の出』にはそれらの記事が含まれています。私自身これらの本を読んでから個人的に四回ルーマニアを訪ねましたが、その際に出会った多くの人々が、これらの物語の異なる面を明確に裏付けてくれました。私としては、どの部分が真実であり、どの部分がそうでないかを厳密に述べることができません。しかし、「もしもこの情報がおおむね真実であるならば、ブセギ山脈地下のチャンバーは、シャンバラのような地球内文明の前哨地である」というのが私の導き出した結論です。それが伝えられた方法から推し量ると、この文明は、霊性と生物化学の両面で、生命の起源やその進化の鋳型を含む生命の核そのものを象徴しているように思われます。

以上の説明は、トランシルバニア・シリーズの最初の二冊『トランシルバニアの日の出』と『トランシルバニアの月の出』の内容を極めて手短に要約したものです。これらが

『エジプトの謎：第一のトンネル』の冒険物語としての背景を整えます。この本は、ラマ僧の提案に基づいて、ラドウがブカレストに在る錬金術師の瀟洒な別荘の管理責任者になるところからスタートします。そこには、秘伝・奥義・錬金術に関する書物が広範に集められた図書室があり、地下室には、さらに一層謎めいた最新の錬金術研究室が備わっていました。研究室を見て、それがもたらす驚異的効果のいくばくかを味わうことは許されましたが、研究室そのものを実際に使うことは許可されませんでした。

セザールが、表面上は何の前触れもなく突如としてラドウに連絡を取ったのは、まさにこの時期でした。ルーマニアの諜報部は『ゼロ局』の創設者として極めて高く評価され尊崇されているシエン博士を探し求めており、セザールがラドウにコンタクトしたのも、シエン博士の居場所を見つけるためだったのです。シエン博士に最後に会ったのがラドウだったという理由で、ルーマニア諜報部が彼の採用を望んだのですが、ラドウにとってこれはまさに青天の霹靂でした。セザールとラドウはその後間もなく再会しました。その結果、二人の間の会話が堰を切ったように始まり、その後の状況に関わるもろもろの情報が、手短にラドウに伝えられました。『ゼロ局』に関してすべての必要事項を教え込まれたあと、ラドウは『第一のトンネル』の探索を目的とする特別調査隊の一員に選ばれたのです。

これは、ホログラフィー投影室からエジプト・ギザ平原の地下に存在する別のチャンバーに至るトンネルです。もしもこれらすべてが空想科学小説のように思われるのであれば、それは「ラドウが経験した出来事や状況が、いわゆる〝普通〟の人間がよく知っていて馴染んでいる世界のものではない」という理由からなのです。あなた方が読もうとしているこの本の中では、誰もがすごいと思うような冒険が途切れることなく続き、それに加えて、信憑性のあるもろもろの陰謀・策謀が論議されます。その一方、あなた方は、論議を呼びそうな情報やこの本の著者の信頼性を疑わせるような情報に出くわすことでしょう。実のところ、その多くはキリスト教に関係しています。

これは私が直接経験したことですが、ルーマニア人は、キリスト教に対して重大な文化的偏見を持っています。この点を覚えておくことはとても重要です。また、彼らの考え方は米国人の考え方と非常に異なります。彼らは物事を真剣に受け止めるけれども、必ずしもそれを声に出しません。彼らにはそのような傾向があるのです。さらに、共産主義の時代、ルーマニア人は自由社会に住んでいませんでした。そして多くの面で、キリスト教が、あの困難な時代における希望や光への唯一の導き手だったのです。この点に留意することも重要です。この本の中でセザールやラドウが、種々さまざま出来事・経験を説明し解説しますが、あなた方がそれを読む際に、キリスト教に関わるこれらの事実を認めておくことが望ましいと思われます。

　また、それらの出来事についての彼らの見解をよりよく理解するためには、このシリーズの一冊目に登場する非常に重要な人物〝アルセニー・ボカ神父〟について説明しておくことが極めて重要である、と考えます。彼はトランシルバニア出身の司祭であり、不思議なことや奇跡的な出来事を数えきれないほど生じさせたことから、ルーマニア全土で崇敬されています。それらはすべて共産主義の時代に起きました。この物語にとってさらに重要な点があります。ブセギ山脈における大発見はある種の策謀によって可能になったのですが、ボカ神父はそれを助長する上で有益な働きをしたのです。

　セザールの管理面の上司は、比較的最近他界した〝オバデラ将軍〟でした。彼は非常に賢い人物であり、共産主義の時代から資本主義の時代への切り替わりの時期に、自ら陣頭指揮を執って『ゼロ局』を保全し継続させました。これは大変な功績であり、その実現には明敏な政治面の力量と心理学面の手腕が必要でしたが、彼は、ボカ神父から助力を得てそれを遂行しました。どのようにすればさまざまな状況を巧みに切り抜けてそれを成し遂げられるか——この点についてボカ神父はオバデラ将軍に幅広い助言を与えたのです。極めて優れた透視能力者であったボカ神父は、人の死の日付までも見通すことができました。

　ブセギ山脈における大発見のほぼ二十年前、オバデラ将軍はボカ神父に会うために、セザールを伴ってブカレストからそれほど遠くない場所にあるセルニカ修道院を訪ねました。

チャウシェスク（注1）からの強い要請により、ボカ神父は一つの修道院から別の修道院へとひっきりなしに移動させられましたが、それは、ボカ神父の支持者が増えすぎないようにするためでした。（たとえそうであっても、ボカ神父の下には、霊性面の助けを求める非常に大勢の人々が集まっていたのです。チャウシェスクがボカ神父の助力を必要とした際、その手配はいつも非常にこっそりと行われ、その場合ボカ神父は、大抵セルニカ修道院に移されました。セルニカ修道院における重要な会談の際、ボカ神父はオバデラ将軍に次のように言いました。

「私たちの未来を見据えた仕事は約二十年後に世界を驚かせてうろたえさせるでしょうが、それを成功裏に実施するためには、チャウシェスクに上手く働きかけねばなりません」

そしてボカ神父は、オバデラ将軍にそのための具体的な方策を助言したのです。さらに彼は次のように述べました。

「物質主義に基づく知識や理解力をはるかに凌駕する明確な兆候が表れて驚くべき変化が起きるため、世界の目がルーマニアに向けられるでしょう」

これは明らかにブセギ山脈での発見に言及するものでした。彼の話は続きました。

「すべては神のご意思に従うでしょう。なぜなら、あらゆるものは周期的かつ循環的であり、すべてが始まったところに戻らねばならないからです」

注1　ニコラエ・チャウシェスク：ルーマニアの政治家・ルーマニア社会主義共和国国家評議会議長・初代大統領・ルーマニア共産党書記長。1960年代から80年代にかけての24年間にわたり、ルーマニア共産党政権の頂点に立つ独裁的権力者として君臨した。

ボカ神父は将来発見されるものについて具体的な詳細は述べませんでしたが、それを取り巻くさまざまな状況については何の苦もなく流れるように話し、「その情報が本になって出版されるでしょう」と付け加えました。また彼は数回にわたり、今後すさまじい闘いが起きることを予告しました。ラドウが『トランシルバニアの日の出』において述べたように、この発見は、現在の超大国であるアメリカ合衆国の政治面・科学技術面・宗教面の仕組みを実質的に打ち砕き、その後間もなく世界の極秘事項になったのです。

聖人であるボカ神父がセザールの人生において極めて重要な役割を果たしましたので、セザールがキリスト教に対して深い崇敬の念を抱いたとしても、それは至極当然のことであり何の不思議もありません。それゆえ、ルーマニアにおけるキリスト教（とりわけボカ神父と彼の経歴）についてその歴史的背景を私が少しばかりお話しするのは適切である、と思われます。伝承及び数多くの歴史書によれば、さまざまな使徒がさまざまな地理上の方角を目指して赴き、その地の異なる文化的集団に福音を広めました（福音は『良き知らせ』を意味します。当時文書になった福音は存在しませんでした）。マルコはエジプト、トマスはインド、そして、東方正教会を創立したと信じられている聖アンデレは黒海および現在ルーマニアとして知られている国に赴きました。キリスト教のこの宗派は、カソリックやプロテスタントから完全に切り離されており、原始キリスト教（キリスト生誕後の最初の数世紀の間に実践されたキリスト教）にはるかに近い教えです。

アルセニー・ボカは、１９１０年九月二九日、トランシルバニア、フネドアラ郡のヴァタデアスという村に生を受けました。皮肉なことに、彼の旧姓はZianであり、それは音声学的にDr.Zienに似ています。高校卒業後、彼はシビウの神学校で学び１９３３年にそこを卒業しました。その後、ブカレストにあるベレアルテ教会で学ぶため、トランシルニアの大主教から奨学金を交付してもらいました。さらに彼は、フランシス・レイナー教授による医学の授業、および、ニチフォール・クライニク教授によるキリスト教神秘学の授業に出席しました。アルセニー・ボカは芸術家としても偉大な才能を持っていて、ブカレストの目玉的存在である大音楽堂〝ルーマニア科学アカデミー〟の中の素晴らしい情景を絵に描くように依頼されました。

アルセニー・ボカが彼の主教であるメトロポリタン・バランによってギリシャのアトス山に派遣されたときに、彼の人格形成期における最も興味深いことが起きました。事実上近寄ることのできない山々に沿って位置しているアトス山には、非常に規律・統制のとれた男子修道院があります。そこには部外者、宗教知りたがり屋等は入れません。そこは、最小限の睡眠と最低限の食事でもって瞑想生活に打ち込んでいる、最も献身的な修道僧だけに与えられた場所なのです。

アルセニー・ボカが二九歳のとき奇跡が起きました。父なる神からの助けにより魂の救済に至る厳しい道を歩み続けられるように、彼は深い森の中でイエスに祈っていました。イエスからは返事がありませんでした。そこで彼は聖母に祈りを捧げました。すると、雲の中から現れた聖母が、見下ろすことさえもできないほど高い山に、彼を連れて行ってくれました。その山の頂上で、聖母はサロフのセラフィムから学べるようボカを導きました。サロフのセラフィムは、東方正教会の最も高名な聖人で二百年以上生きたと言われています。彼は聖母からの助けを得て断食を続けながら、四〇日間にわたってセラフィムから学びました。

ボカは一年後にルーマニアに戻りましたが、彼はすでに完全なる変容を遂げていたのです。彼のパワーは確かであり歴然としていました。なぜなら彼は、実際に会う前にその人の名前や思考・行動を知ることができたのです。ボカにとってはごく当たり前のようでしたが、彼は動物と話ができました。なぜ彼がオオカミや熊と話すのかと聞くと、「彼らは聴いてくれる。あなた方は聴かない」と答えました。セザールはボカ神父のことを「肉体を持って地上で生活しているが、霊的には天上で生きている人」と表現しています。超自然力の面ではすでに達人の域に達していた若きセザールにとって、それは最も心を打つ経験だったのです。

従ってボカ神父は、彼自身の死をも予見することができました。権力の座を追われる少し前、ルーマニアの政治基盤の不安定さに気付いたチャウシェスクは、大いなる奇跡の人であるボカ神父に助言を求めましたが、ボカ神父は「もしも人々の処遇に関わる今のやり方を変えなければ、突如として非業の死を迎えることになるでしょう」とチャウシェスクに言いました。チャウシェスクは激怒し、脅すようなむっとした態度で立ち去りましたが、その時点でボカ神父はすべてを見通していました。チャウシェスクはすでにその時点でボカ神父の死を望んでおり、彼を毒殺する陰謀を企てていたのです。このことは、オバデラ将軍やセザールだけでなくボカ神父を崇拝していた人々にも分かっていましたので、彼らはボカ神父にそれを伝えて注意を促していました。

1989年十一月、それはセルニカ修道院での会談の後間もない頃でしたが、ボカ神父は他界しました。そして、チャウシェスクはその一カ月後のクリスマスに、自国の人々によって処刑されました。ボカ神父の死後でさえも奇跡は続き、彼が埋葬された地下墓所を訪れた人々は、それらが彼のおかげであると考えました。数多くの人々がそこを訪れた結果、驚くべき物語が次々と生まれたのです。ボカ神父は、他の人々の死期を正確に見通すことができただけでなく、彼自身の死をも予見しました。この三次元物質世界における彼自身の寿命を延ばすように求められたのですが、彼はその依頼を丁重に断り、次のように

後年におけるボカ神父

アルセニー・ボカ神父

言いました。

「私はあちらの世界に行きます。そこからさらに一層あなた方を助けることができるのです」

以上、ボカ神父の驚くべき人生および伝説の一端をお話ししました。あなた方がセザールやラドウによる説明を読んでいる時、もしも論議を巻き起こしそうな点に行き当たった場合は、是非これを思い起こしてください。この本は、冒険物語であるだけでなく、奇跡的で不可思議な状況・出来事についての読み物でもあります。このような状況においては、読者の誰もが、高い密度で凝縮された善と悪、その両方を見ることができるのです。冒険の旅に出掛けるときが来ました。さて、それはあなた方をどこに連れて行ってくれるでしょうか？

目次

第二章
ブセギ山脈地下に存在する非物質的なトンネルと秘密のチャンバー

第三章
USAP：世界で最も深く隠蔽された最重要機密

第四章　神秘の部屋に備わる巨大水晶とタイムトラベル装置について

第五章

タイムトラベルは霊性エネルギーを必要とする／明かされた謎

カバーデザイン　重原　隆
本文仮名書体　文麗仮名（キャップス）

第一章

まれに見る機会／世界最奥「超機密」へのアクセス

私の人生の直近の二年間に、甚大かつ意味深い変容がもたらされたことは間違いありません。この点は、私の世界観や信念体系や人生の目的だけでなく私の国家社会への融合の度合いにも当てはまりますし、普通の人間にとっては極めて不可解に思えるような世界との関わり合いについても言えることなのです。それに加えて、深遠なる知識の非常に高い領域に接するチャンスにも恵まれました。これについては特にそうなのですが、他のすべてのことについても、私はセザール・ブラッドに感謝しています。彼は実践的に私を啓発し、人生の根本的な側面に対する私の理解力を高めてくれました。私は『ゼロ局』の活動に関わる込み入った一連の出来事に、極めて積極的に関与しました。何かの名状しがたい理由があって結局そのようになったと思われるのですが、今のところ私は、それを分析することも理解することもできません。しかし、アルセニー・ボカ神父の描いた構想が着実に実現に向かっていることは確かです。

私の人生におけるこの特別な時期、自分が経験し見聞きしたことが果たして夢だったのかあるいは日常生活の実際の側面だったのか、これを真剣に自分自身に問いかけたことがしばしばありました。その後間もなく、少なくとも原理原則の観点から考えて、これら二つの意識の状態は相対的にしか区別できないことが分かりました。非常なる意識の集中が為されている時、夢と物理的実在性の境界は極めて曖昧になってしまうようです。チベットの洞窟における青の女神『マチャンディ』との出会いや、とりわけレテザット山脈・ググ山頂におけるイニシエーションは、まさにこの範疇の出来事と見なすことができます（これらの出来事は『トランシルバニアの月の出』に描かれています）。これらのおかげで、私は新たな視点を持つことができ、日常生活において、均衡のとれたものの見方ができるようになりました。これはそれ以前、全く思ってもいなかったことです。

今や私の目的は大きく変わり、私の願望も、大いなるパワーでもって、秘教の研究や霊性の学びへと向き直りました。エリノア（『トランシルバニアの月の出』に登場する錬金術師）から与えられた驚くべき情報により、私は「本物の錬金術の極意を極めたい」という強い願望を密かに抱くようになりました。私は二つの重要な点を理解し始めました。一つは「私たちの人生において偶然に起きることはほとんど何もない」であり、もう一つは「深い心理面・感情面の印象を残す人々との出会いや人間関係は、表面的には偶然にしか見えないけれども、実際は、明確な目的に導いてくれる神秘的な原因の結果として生じる」ということです。

秘密の研究室／未知の存在からの導き

エリノアと過ごした短い期間の間に、上記の点は全くの真実になりました。なぜなら、私たちがレテザット山脈から戻って間もなくエリノアは、彼が不定期間ルーマニアを離れねばならないことを私に伝えたからです。エリノアはそれを電話で説明してくれましたが、出発日について話した後、意味ありげに一息ついたのです。そして「留守中の別荘の管理をあなたに依頼することをシエン博士から勧められた」と言いました。シエン博士とエリノアはこの件についてさらに協議を重ねたことでしょう。しかしエリノアは、この全く思いがけない申し入れについてのみ、私に話しました。

この話し合いは2005年二月に為されました。私は驚くと同時に緊張もしましたが、喜んで彼からの提案を受諾しました。エリノアの別荘は非常に瀟洒で近代的な住まいですが、その点だけでなく、一階にある二つの大きな部屋を占有している非常に大きな図書室にも、私はたまらなく魅了されました。それは研究目的に適うように特別に設計されたものです。レテザット山脈から帰国後にエリノアを訪ねたことが何度かありましたが、その際彼は、別荘およびその別館全体を見せてくれましたし、さらにそれらの内部、特に図書室について、詳細を教えてくれました。そこには七〇〇〇冊にも及ぶ書籍が、特別の木製棚に申し分なく整然と並べられており、まさに驚くべき光景でした。そのうちのいくつかは極めてまれで希少価値があるそうです。

今振り返ってみると、別荘を私に見せたいという彼の願望には、何か隠された意味があったことは確かです。彼とシエン博士は、私がこの建物や敷地に精通するように単に手助けしただけかもしれません。もちろん私は、エリノアとの会話の主旨が何であるかを理解した時、うれしさをかろうじて抑えながら彼からの申し入れに対処しました。エリノアが電話の向こうで一息ついている間に、彼が私の受託を喜んだことが感じられましたが、その後に彼は改まった口調で言いました。

「話をしたい別の件があるのですが、そのためにはあなたと会わねばなりません」

おそらくそれは何かもっと重大なことではないかと考え、その翌日に会うことにしました。その夕刻、時間通りに彼の別荘に着いた私は、エリノアが私を招いた理由を是非とも探し出したいと思っていました。

「まず初めに、明日私がルーマニアを離れることをあなたに伝えねばなりません」

彼が話してくれた最初の重要な情報がこれでした。事態のあまりにも急な展開に仰天したものの、私はこのような状況に適応する手法をすでに学んでいました。それは、思考の流れや頭に浮かんだありのままの質問をコントロールして、直近の関連性・必要性に照らして優先度順に並べることです。次にエリノアは、別荘の維持に関する技術面・管理面の詳細事項を説明してから、彼の後について地下室に降りるように言いました。そこは私がこれまでに行ったことのない場所でした。優美にデザインされた白大理石の階段を下ると、そこは居間らしき部屋で、直径約五メートルの円形をしていました。

　曲面状の壁は沈静効果のある豪華な明るい青色に塗られており、大理石の床はモザイク状になっていました。そのモザイクは、間違いなく深遠な秘教的意味を内包するシンボルが表示されたものでした。それは三角形で、底辺が先ほど降りた一続きの階段、そして頂点がこの部屋の唯一のドアに接していました。その三角形は黄土色で、その内部に複雑な図像がいくつか描かれていましたが、その中の一つは有名な秘教シンボル『カドゥケウス（別名：ヘルメスの杖）』（注1）であることが分かりました。これらの図像は白と濃紅色の大理石で構成されていました。階段の最後の踏み段を降り、エリノアの後についてドアまで行った時、突如私の頭からつま先まで戦慄のようなものが走りました。木と金属から成る重厚なドアは、中央部分が銅合金のシンボルで装飾されており、そのシンボルは自分の尻尾をくわえた蛇から成る大きな円を表していました。これは『ウロボロス』（注2）として知られている図像です。

注1　カドゥケウス：ギリシア神話のヘルメス神の携える杖《つえ》。二匹の蛇が巻きついた短い杖であり、時には双翼を上部に戴《いただ》いている。古代後期には水星を表す惑星記号の基になり、占星術と錬金術におけるその用法を通じて同名の金属元素〔メルクリウス＝水銀〕を表すようになった。

ドアにはデジタル式の警報システムが取り付けられていました。エリノアが暗号を入力してそれを切った直後、セキュリティ・システムの解除を告げる特有の音が聞こえました。彼がドアハンドルを押し、私たちは広い部屋に入りました。そこにはいくつかの装置や設備が設置されていて、その多くはガラス製でした。彼の招きに応じて至聖所と思われる場所に入りましたが、実際のところそれが研究室であることがすぐに分かりました。しばらくすると、中世の錬金術師の生活の一端を描いた絵や絵文字が見えてきました。

私は以前、ルネッサンス時代の錬金術師の研究室を描いた古い図面を見たことがありますが、エリノアの研究室の複雑さは、その描写をはるかに凌駕するものでした。試験管システムは極めて複雑で、枝分かれしたその一部は私たちの頭上に伸びて部屋を横切り、交差してからガラス容器に向かって下降していました。使われている小瓶には大きなものと小さなものがあり、円錐・球等のさまざまな形状をしていました。最新式の遠心分離機が二台置かれていて、それにはいくつかの試験管および炉と思しきものに連結された奇妙な金属装置が装着されていました。コンピュータもありました。

壁の一つには、いくつか棚のある大きな戸棚が設置されていました。そこに並べられたガラス容器の中にはさまざまな異なる色の物質が収められていて、その各々にラベルが貼られていました。棚の一つに近づいて無作為に広口瓶を選びました。その瓶は特製の蓋で

注２　ウロボロス：語源は〝尾を飲み込む蛇〟の意の古代ギリシア語ウーロボロス。蛇は、脱皮して大きく成長する様子や長期の飢餓状態にも耐える強い生命力などから〝死と再生〟、〝不老不死〟などの象徴とされている。その蛇が自分の尾を食べることで、始まりも終わりもない完全なものとしての象徴的意味が備わった。

完全に密封されていて、そこに貼られているラベルには〝チオ硫酸ナトリウム〟と書かれていました。すべてが完璧に整理整頓されており、特別に配置されていましたが、それが最大効率を実現するためであることは明らかでした。戸棚の約三分の一が異なった配置に基づいていて、そこには数冊の古い書籍と写本が置かれていました。秘密の錬金術プロセスに関する資料がそれらに含まれている、と私は確信しました。

エリノアの方を向くと、彼は、中央の大理石テーブルの近くに置かれた金属装置の上で、忙しそうに何かを微調整していました。そのテーブルには蒸留器とガラス容器が置かれていました。彼の後ろの壁には非常に大きな空調設備が二台設置されていて、それらは、部屋の空調状態を表すさまざまな指標を規定値にセットして維持するように設計されていました。また、天井には消火器が四台据え付けられており、炉の近くには二人だけが座れる細長い革製の長椅子が置かれていました。私は近寄ってその場所をよく見ました。なぜなら、その炉は特別な形状をしていて、傾斜の急な屋根付きの家のように見えたからです。

「この電気炉がいかに高性能で精密であっても、炎を使う伝統的な炉と同等の性能を発揮することはできない――これが私の達した結論です。最新式の電気炉には、錬金術プロセスに関わるある種の微妙かつ繊細な側面が欠落しているのです。しかし、私は今もなおこの問題について熟考を重ねています」

一息ついたあと彼は微笑みました。そして次のように言い足しました。

「私がすべてのものをここに設置して以来、他の人は誰もまだこの部屋に入っていませんでしたが、あなただけは特別なので、あえて別荘の秘密の部分をお見せしたのです。しかし、あなたの現在の知識レベルを考えると、技術面の詳細を述べて私が今取り組んでいる錬金術のプロセスを説明するのは時期尚早です。さらにこれらのプロセスには数多くの理解しがたい謎が隠されており、私自身がまだ研究中なのです」

そこで私は彼に質問しました。それはこれまでずっと私の頭にあったものです。

「あなたはまだ賢者の石（Philosopher's stone）を手に入れていませんよね？」

それを聞いてエリノアは笑いながら言いました。

「ねえラドウ君、それはすべての錬金術師の目的であり、彼らが実践するプロセスの根本的な面に相当するのです。もしも私がすでに賢者の石を入手しているのなら、この研究室に来る理由はほとんどありません。しかし私は、いくばくかの中間的な成果を出せる段階には到達していますよ」

そう言ったあと、彼は戸棚の方を向き、棚から小さな広口瓶を取り出しました。それには黄色がかった銅色の液体が入っていました。銀色の上品な茶さじにその液体を二滴たらし、私にそれを飲むように言いました。少しばかり緊張し不安でもありましたが、茶さじを取って手早くそれを飲み干しました。実のところ、少量だったため飲んだという感じがほとんどしませんでした。最初は何ともなかったのですが、三〇秒が過ぎた頃、足元にふらつきを感じました。ひどい吐き気がすると同時に喉が腫れあがった感じで、息ができなくなったようでした。突如として汗ばみ始め、うろたえた私は思わず炉の前の長椅子に座り込んでしまったのです。

その間エリノアは棚から取り出した本を静かに読んでいました。私の方は、飲み干した液体に対する反応が依然として続いていました。突然足にほてりを感じ、それが頭に駆け上がりました。心臓は狂ったように脈打ち始め、汗をかき続けました。その強烈なほてりの感覚が喉に達した時、エネルギーが私の周りに球状に激しく放出されたように感じました。それはあたかも数千本の針が私の頭を取り囲んだような感じだったのです。私はちょっとだけ意識を失ったように思いましたが、何とかその極めて強烈な感覚に耐えることができました。徐々にほてりが消えていくのが感じられました。そして非常に心地よく清らかな感じだけが残ったのです。実のところそれは、まるで生まれたばかりであるかのような完全な清浄さでした。私の魂は大いなる喜びでいっぱいになり、急激に強さが戻ってさらに強化されました。

私は、つい先ほどまで横たわっていた長椅子から飛び上がりました。喜びと興奮のあまり、自分の声の大きさを考える余裕もなく、私はエリノアに「その液体をもっと飲みたい」と叫びました。すると彼は本を閉じておかしそうに私を見ました。

「もちろん。しかし、あなたがこの世を去りたい場合に限っての話です。あなたの現状および心と体の状態を考慮すると、このエリクサー（錬金霊液）はあまりにも強すぎるので、あなたの身体が降参してしまうでしょう。錬金術の本質的な規則の一つは調和と均衡を保つことです。これを忘れてはなりません。やがてこれらが人間を導いて、肉体面・精神面・霊性面の状態をさらなる高みに引き上げてくれるでしょう。もしもそうなれば、人間は、より優れた見地から異なった方法ですべてを理解することができるのです」

エリノアに反論したい気持ちを抑えるのは非常に難しかったのですが、彼が真実を語っていることが理解できました。

そのあと私たちは研究室を出ました。彼は入り口のドアをしっかりと閉めてから私を先導して一階の居間に戻りました。そして、彼の留守中に対処すべき管理上の詳細をいくつか話してくれました。さらにエリノアは言いました――彼が私を信頼していること、および、彼が錬金術に係わる特定の実践的側面をよりよく説明できる時がそのうちにやって来ること。そして、そのレベルに至るためには何よりもまず熱心に学ぶ必要がある――とりわけこの点を強調しました。私は即座にそれを実行するためのヒントを掴みました。それは彼の巨大な図書室を活用することです。彼が私を信頼してくれていることを心から感謝しました。

翌日エリノアはルーマニアを去りました。彼の出発に関する特定の詳細事項のみならず目的地についても話してくれましたが、誰にもそれを言わないように私に求めました。彼の人生の全体像を知っていましたので、私は即刻彼の意図を理解しました。エリノアは私の知らない熟年の男性に付き添われて車に乗り込みましたが、彼が極めて軽装で、荷物が小さな旅行鞄だけであることに衝撃を受けました。多分その中には、彼が決して手放さない謎めいた装置が入っているのでしょう。彼は言いました。

「私たちがいつ再び会えるのか、はっきりとは分かりませんが、その日が来るのはそんなに先のことではないでしょう」

別荘の鍵はすべて手渡されましたが、地下の錬金術研究所を開けるための暗号は教えてくれませんでした。それが私たち二人のための追加的予防措置であること――この点を理解してくれるように私に求めました。私は大変残念に思いました。エリノアは私が失望したことを察知して言いました。

「これはあくまで一時的な状況なので、気にする必要はありません。ほどなくしてあなたは、起きることすべてにはそれぞれの固有の時期があることを理解するでしょう。すべての出来事はある特定の順序と時空面の必要性に従って起きるのです。あくまでも例外的な場合にのみ、私たちはそれを無効にすることができます。あなたの知識が深まるにつれてこの点が明確になっていくでしょう。あなたにとっては驚きかもしれませんが、場合によっては、急激な上昇は期待できないのです」

進化の法則に基づいてこの関係が続くように願いつつ、私たちは別れを告げました。「人生におけるある時期に驚くべき機会が与えられます」と彼は言いましたが、それがどの程度正しいのか私には分かりませんでした。

ほどなくして、エリノアの図書室には素晴らしい著作物があること、そして、その多くは計り知れないほどの価値を持っていることに気付きました。それゆえ私は、できる限り頻繁にそこに通うことにしたのです。時には、何時間もそこに留まって入念に選んだ本を読み、その重要な点をまとめる作業を行いました。ここにセザールがいてくれたらなぁ、と私は何度も思いました。彼ならばこの奥義を記した原本の中で私が完全に把握できない点を明確にしてくれるに違いないからです。彼の思いやりに満ちた穏やかな声を懐かしく思いました。たとえこのような問題についての私の知識が不十分であっても、決して彼は苛立ちませんし、それを皮肉るようなことはないのです。ただ単に彼がそばにいるだけで安心感が得られますし、さらに思考が明晰になり魂が開放されるのです。

エリノアが去った後、私はほとんど一人きりでしたので、自由な時間を活用して可能な限り深く瞑想することにしました。ここ数年間の出来事（私は何とかそれらを乗り越えることができました）、そしてその際に会った人々――これらについて黙想したのです。私たちの人生が展開する道筋には深い意味があり、因果関係の観点からすれば、私たちに起きるすべてのことは私たちが過去に為した行為に直接繋がっていること――これらの点を私は徐々に理解し始めました。しかし、これに関する私の揺るぎのない結論は直感のみに基づいています。なぜなら私は「現在関わっている非日常的な出来事をもたらした自分の過去の行為が、一体何に端を発しているのか」をまだ認識できていないからです。心と魂の奥底で私は、一歩一歩着実に未知の存在からの導きを受けていることを感じています。

この着想からスタートして「誰があるいは何が私を導いているのか」を自分自身に問いかけました。かなり以前に私は「たとえどんな危険があろうとも、自分の将来の進歩の可能性に応じて利他的な仕方で善に奉仕する」という決心をしました。私が歩んできた道筋は、霊性開発の面で事実上私が全面的に恩を受けた人々（とりわけ、セザール・ブラッド、シエン博士、エリノア）、そして青の女神『マチャンディ』が示唆してくれたものなのです。

私がこれまでに書いた二冊の本を読んだ数多くの人々が「なぜこのシリーズの三冊目が

もっと早く出版されないのか」と怪訝に思っていることを知りました。正直に言って、私の精神面の〝献金術〟および私の理解している秘儀伝授に関する教えのいくばくかは別として、実質的に中身のない本を書くのは無意味なのです。この点は私自身が認めざるを得ません。その上、シエン博士が話してくれたように、〝チベットの洞窟に隠されていた巻物に記されていた霊性に関わる教え〟を私が本に書く時期はまだ来ていません。私はこの洞窟で青の女神『マチャンディ』に会いました。

私はこの期間ごく普通のやり方で生活していましたが、それはかつて経験したことのないほど、群を抜いて奮闘的かつ生き生きとした内的変容の局面でした。私は自分の周りの現実世界に関わる神秘を可能な限り理解することを堅く決意しました。そのため、学びと瞑想のスケジュールを綿密に立て、あくまでもそれをやり通したのですが、同時に、チベットの洞窟で与えられた〝五つのチベット式霊的進化の極意〟をひたすら実践しました。

私が過去に経験した内なる変容は、主としてセザールとの出会いと会話、および、青の女神『マチャンディ』によってもたらされた極めて特別の意識状態に基づきます。私は長い間このように考えてきたのです。このすべてが触媒の働きをして、私のその後の決断に至ったのですが、これはその後のエリノアからの申し入れによって明確に裏付けられました。それにより、錬金術等の秘教に関する膨大な資料を学ぶ機会が結果として得られたのです。

私は精を出して東洋哲学に関する著作物を詳しく調べ、ヒンズー教の中心的な霊性理念、および、いくつかの基本的実践項目についての理解を深めました。また私は、実践的神秘主義および秘伝的象徴主義の本質的な考え方についても学び、主な宗教の間には相関関係があるという見解もいくつか学びました。

真の知識に至る道筋をすべて理解したにもかかわらず、依然として私は、「無知を覆っている表面の層を何とか突破したに過ぎない」と感じていました。たとえば、著作物を読んでたくさんの新たな情報を得たとは言いながら、さらに私は「創造の異なる側面に特別な意味合いを持たせつつ、それを明らかにする説明」が必要だったのです。そのような説明ができるのはセザールしかいないことが私には分かっていました。セザールと一緒に過ごした時期に私の霊性が真の意味で開発されたことは間違いありません。私はそれを思い出しつつ彼に思いを馳せました。

エリノアが彼の別荘を私に託して去った後の数カ月は、私にとって、霊性のさらなる開発とその学びを集中的に実施する期間でした。セザールに最後に会った時の彼からの助言に基づき、種としての人類に関わる真に本質的な情報をまとめて本にする必要がありましたが、私はそれを、エリノアが別荘に関する申し入れをする少し前および２００５年の冬に実施することができました。その本は、私が直面していた非日常的な現実だけでなく、人間の存在を積極的に際立たせる基本的な概念にも言及することになっていたのです。

あれは、秘教や霊性に関する情報を収集する比較的静穏な生活に慣れ始めたばかりの時期でした。私の普通の生活のリズムは、予期せぬ出来事によって再度乱されたのですが、結果として生じた一連の目まぐるしい出来事およびそれらがもたらした影響により、私は活力に満ち溢れた状態に導かれました。そしてそれが助けとなり、新たな状況に果敢にチャレンジすることができたのです。すでに感情の面で強烈な影響を与えた素晴らしい経験をしていましたので、それらを受け入れることのできる知識レベルに達していました。そのおかげで肉体的・精神的な均衡を保つことができたのです。しかしながら過去において、自分を見失うことなく困難な状況を乗り切るための努力をせねばならなかった時期が少なからずありました。私はこの事実を率直に認めねばなりません。

自分に与えられた機会が重要な意味を持っていることが私には分かっていますし、「すべてを可能にする玄妙な作用というものは、ほとんどの人が繋がることのできない意識の次元で為される」と確信しています。それゆえ私は、実際に起きた出来事については可能な限り正確かつ明確にお話しするように努めますし、セザールからの助言や説明に含まれている微妙な差異に関しても、できるかぎり的確にお伝えするように努力します。さらに私は、「もしもセザールからの助力がなかったなら、これからお話しする出来事の一部となってその詳細や重要性を学ぶ素晴らしい機会を得ることは決してなかった」と固く信じています。

導師セザールとの思いがけない再会

2005年九月のある日、私は短期の旅行が終わりブカレストの自宅に戻っていました。それは夕刻で、私はエリノアの図書室に返却する数冊の本を注意深く鞄に移していました。そこで夜を過ごさない時は、自宅で読めるように興味のある本を一冊ないし二冊持ち帰るようにしていたのです。私は賢人ジャナカ（Janakar）によるバガヴァッド・ギーター（注3）の素晴らしい翻訳にもう一度目を通していました。しばらくの間それを手元に置いておく、あるいは他の本と一緒に返す、そのどちらにするかを決める前、私は霊性面の指導者が如何に重要であるかを考えていました。その重要性はこの本の著者によっても詳く説明されていましたが、それがあまりにも感動的で感銘させるものであったため、突如として私は心底からセザールに会いたくなりました。彼なら私が抱えているたくさんの質問に答えてくれますし、彼が居てくれるだけで私は大いなる喜びに包まれるからです。急に虚

注3　バガヴァッド・ギーター：サンスクリット語で書かれた二大叙事詩の一つ。マハーバーラタの最も重要な部分を成すヒンドゥー教の聖典。クリシュナ神と王子アルジュナ（Arjuna）の哲学的な対話の形を取っている。

しさを感じ、長い間彼と離れ離れになっているという現実に思いを巡らしていた時、突然私の携帯電話が鳴りました。

実を言うと私は、無知であるがゆえに「自分が経験した最も驚くべき出来事も、単なる一致に過ぎないまったくの偶然の結果である」とたびたび自分に言い聞かせていました。たとえそれらの出来事が、事実上いかなる論理的説明・科学的解釈をもはるかに上回る場合であっても、他の人々と同様に、驚嘆に値する点をすべて無視し、「それらが単なる偶然の一致である」と頑固に思い込んでいたのです。その当時私は、普通の人間の認知力を凌駕する精妙な繋がりに関しても理論的にはかなりの知識を持っていたのですが、部分的に一致する例外的な現象や（ユングが定義したような）私たちの人生に起きる驚嘆すべきシンクロニシティを理解するのにためらいを感じていました。もちろんこれらの〝偶然の一致〟は人それぞれで異なるものの、実質的に私たちの日常の活動範囲すべてにわたって起き得るのです。確かにシンクロニシティは疑いようもなく驚くべきことですが、真に重要な点は〝偶然の一致〟そのものではなく、それが持つ深遠で把握し難い意味なのです。なぜなら、人々が何を言おうとも、これらのシンクロニシティが偶然の一致ではないことを示す最初の兆候は、「それらには明らかにされるべき隠れた意味がある」ということだからです。私たちがこれらの〝偶然の一致〟を浅薄かつ消極的なやり方で否定するたびに、私たち自身や他の人々をよりよく知る機会を逃してしまうのです。ある意味でそれは、風にたとえることができます。見ることはできませんが、それがもたらすもの（影響や結果）を感じることは可能です。

突然私の携帯電話が鳴ったその時に、このような偶然の一致（明らかにそれは最も日常的なものでした）が私に起きたのです。それは溢れんばかりの喜びを私にもたらしてくれました。電話に出た時私は本当に驚きました。なぜならセザールの声「あなたを訪ねたいので今在宅かどうか知りたい」が聞こえたからです。私は答えました。「電話が鳴ったちょうどその時、あなたのことを考えていて是非ともあなたに会いたいと思っていたので、これはまさに驚嘆に値する出来事です」。そして、どのようにしてこれが起きたのか、また、如何にしてこの現象を説明できるのか――私はこの点を彼に尋ねました。

セザールは屈託なく笑いながら、「もうすぐあなたの家に着きます。今日の夜は暇ですか？」と私に聞きました。大切な話があるがそれには時間がかかる、というのがその理由でした。「私は世界で一番暇な人間なので、あなたの到着を待ちきれません」と答えました。彼の言った通り、一〇分以内に玄関の呼び鈴が鳴りました。すぐさまドアを開けると、セザールが微笑みながら私を見ていました。彼は長身、冷静かつ穏和であり、人間として見事なバランスを体現していました。互いに良き友人として抱き合い背中をたたき合いました。セザールは未知の物事に隠された秘密を私に教えてくれたかけがえのない人ですが、その時私は、彼が真の意味で私の導師になったことを心底から感じると共に、彼が並外れたパワーと決断力を備えていることを、未知の生命の糸を通して感じ取りました。それはこれまで他の誰にも感じたことのないものです。彼の力量があまりにも法外なため、彼と会ってからわずか数秒後に、私は深い幸福感および〝三次元物質世界を超えた未知のもの〟に対する説明し難い郷愁を感じるのです。私の存在のすべてがさらにゆったりとくつろぎ、心が一層明晰になります。頭の中である種の〝冷気〟を感じるのですが、それが余りにも心地よいため、喜びで泣き出したくなるような強い感情が生まれるのです。それは、しばらくぶりに愛する人と再会した時に感じる気持ちと同じようなものなのです。

溢れんばかりの喜びをかろうじて抑え、私は中に入るように彼に言いました。たった今私に起きたことから始めて、シンクロニシティのさまざまな状況についての説明を是非とも彼から聞きたいと思いました。私たち二人は肘掛け椅子に座りました。互いに離れ離れになっていた長い期間の経緯を手短に話した後、再び私は、先ほど起きたばかりの信じ難い出来事の〝一致〟についてどのように考えるのかを彼に質問しました。人生における不可解な出来事の重要な側面を探求できるこの貴重な時間をひどく欲していた私にとって、このような意見交換の場は、焼け付くような砂漠で乾いた喉を潤す水のようなものなのです。セザールの言葉や説明は強い影響力を持っているので、誰であれほんの少しでも感受性を持っていれば、間違いなく彼の謙虚さと力量に気付きます。私の場合、彼の言葉や説明は霊性面のさらなる広がりを持っていて、直感の真の特質を示すのです。

巧みな論証／シンクロニシティの隠れた意義

セザールは微笑みながら言いました。

「確かに〝偶然の一致〟は信じ難いように思われます。しかし、それは事実であり疑う余地がありません。先ほどあなたが言った〝偶然の一致〟はあまり重要でないように思われますが、もしもあなたがさらに注意を向ければ、奇妙な一致や部分的に重なり合う出来事がもっとあることに気付くでしょう。それらのタイプは異なりますが、原因は共通なのです。あなたがもっと気を配れば、より多くの〝偶然の一致〟が認められるでしょう。そして〝それらが他の人々に対しても起きる〟という事実にも気付きます。とはいえ、あなたが多大の努力でもってやっと気付いたという事実――それが〝偶然の一致〟の意義なのです。なぜなら、本来このような経験は主観的なものだからです。〝偶然の一致〟はそれを経験する人に関係していて、その人の運命や精神面・肉体面の特質に密接に関わっているのです」

「分かりました。しかし、そのような出来事を経験する時、私は何を理解すべきなのですか？　前触れなしには起きないものの、それには非常に重要な意味があると確信しています。単純な一致ではなく、何らかの意義を持っているのです。実際のところこれは、私が答えを求めている質問です。この意義はどこから来るのですか？　誰が決めるのですか？」

セザールは考えながらしばらくの間私を見ていました。

「まず初めに、シンクロニシティによって明かされた隠れた意義が一体何なのか――それをあなた自身に聞くのがいいと思います。しかし、それを私に質問したので、私から手短に答えることにします。そうすれば、あなたが後々それを解析するための第一歩が得られるでしょう。秘教的見地から言えば、実際のところ、人々が偶然の一致あるいはシンクロニシティと呼ぶものは神の至高の臨在を明確に示します。なぜなら、神が不在であれば、私たちの人生における信じ難いほどの同時性は何一つ起こり得ないからです。しかし、それらが実際に起きるという事実は、それらを計画し、調和・適合させ、実際に生じさせることのできる何者かが存在することを示しているのです。たとえそれが、今夕のあなたへの電話のように取るに足らない日常の出来事であっても、シンクロニシティによって、このすべてを超える世界への即座の移行が可能になり、それによって私たちは、三次元物質世界よりもはるかに素晴らしい高次の世界の存在を確信することができます。これらの〝偶然の一致〟は開かれるのを待っている門のようなものです。そこを通って、私たちの幸福に絶対不可欠な高次の世界へ移行することができるのです」

私はいささか驚きました。セザールが神の存在について話したのは、これが初めてだったのです。さらに彼は、もしも私が自分の周りに起きる現象を真に理解する準備ができていれば、即刻神の存在を知覚できることを説明してくれました。実を言うと、私はこれまですっかりこのテーマにとりつかれていて、何とかそれを解明しようと努めてきたのです。東洋（とりわけインド）の最も重要な哲学体系とその実践法に内在する一般的原理を入念に学んだことが功を奏し、私はその解明にとりあえず成功しました。しかしながら、それは理論から実践への非常に大きな跳躍であり、私はそれを可能な限り迅速に行いたいと願っていたのです。これが比較的扱いにくいテーマであることが私には分かっていました。その重要性を見くびった人々、それを全く無視した人々がたくさんいました。しかし私はいつも心の奥底で、何かが存在すること、そして「人生はさまざまの出来事の単なる機械的発生およびその展開を超えるものである」と感じてきたのです。

それゆえ私は、尊重に値する意見を持った信頼できる人々とこの点について話したいと思っていました。まさに驚きでしたが、ほとんどの人々は神について間違った考えを持っているか、あるいは何も持っていないか、そのどちらかだったのです。私は失望しました。さらに残念に思ったのは、一種の無意識的な頑固さを持っている人々や、自ら選択して悪に至る暗い道を進んでいる人々がいることでした。これらの状況を考慮すれば、このテーマに関する話を最初から拒んでいる彼らに対し、はたして神の存在を論じることができるでしょうか？　彼らには暗黒のパワー、そして時には悪魔的知力があり、それが彼らに権力や支配に関する間違った考えを植え付けます。結局のところ彼らは、それによって疑いなくひどい転落・堕落の状況に導かれてしまうのです。

この失敗によって少しばかり落胆した私は、是非ともセザールにこの件についての助言を求めたいと思っていました。先ほどセザール自身がこのテーマを議論に持ち込みましたので、まさに今がそれをする絶好の時です。また、心底から真摯に神を信じている人々がいて、その一部は、社会の〝厳しさ〟を肯定するとともに、「単に神は言葉で説明できない存在であって、人知の及ばない〝超自然力〟である」と自分に言い聞かせています。この難しい問題の解明とその明確な説明をセザールに求める――私がその決心をしたのは、まさにこの理由からなのです。もしそうなれば、今度は私が、このテーマに関心を持つ人々にそれを説明して、不確かさに起因する障壁を乗り越えるのを助けることができるのです。私はセザールに言いました。

「もしも神がシンクロニシティを可能にするならば、東洋の教義が主張しているように、神が常に私たちの内におわすことになります。もしも神が私たちの外部にしか存在しないのなら、すべてのシンクロニシティと私たちを囲む事実・現実のネットの〝手配〟は、如何にして可能になるのでしょうか？　ヒンドゥー教哲学は、アートマンが私たち一人一人の内に存在する絶対不可欠なスピリットであり不死不滅のハイアー・セルフ（高次の自分自身）であると説いていますが、今私が述べた点はこの根本原理に完全に合致しています。しかしここには、多くの人々によって提起された問題があります。あなたもご存知のように、キリスト教はその圧倒的な権威に基づいてこれを否定し、それを神への冒瀆と見なしています。私はこの事実によって困惑を感じている数多くの人々に会いました。中には、劇的と言ってよいほどの内なる経験をする段階にまで到達した人たちもいます。心の中に純粋で清らかな感動が生じて直感が呼び覚まされ、それによって内なる神とハイアー・セルフの存在が自覚されたのですが、それはキリスト教が固執する独善的教義に相反することになります」

私の話を注意深く聴いていたセザールはちょっとだけ考えてから言いました。

「伝統的キリスト教が内なる神の存在を否定しているのは本当です。しかし、あなたが言ったように、霊性に基づく東洋の伝統および良識は、人間の進歩が停滞していた時、あるいは、人間が利己的になった時でさえも、神は常に内におわすことを明示しています。それゆえ、『神はどのような時、どのような状況においても私たち人類の内におられる』ということを知って理解することが重要なのです」

不明な点を完全になくすために、私は彼の話を遮って質問しました。

「あなたは私たちのハイアー・セルフのことを言っているのですね？」

「そう、ヒンドゥー教哲学のアートマンのことです。もしも神が人間の内に神自身のスパーク（注4）を据えなかったとしたら、人間に神を知るように求めることは不可能だったでしょう。このような場合、たとえ人間が神を知りたいと思ったとしても、知りたいものが何なのかがよく分かりませんでした。なぜなら、神が不在だったからです。そして、人間が神に次のように問うのは妥当なことです。〝あなたは私の外側にしかいないのに、なぜあなたは私にあなたを知るように命ずるのですか？　あなたは外にいて私はあなたから離れているのですから、それが不可能なことはお分かりでしょう。あなたが私の内にいないのなら、一体どこであなたを知ることができるのでしょうか？　もしもあなたが私の外にいるのなら、あなたはいつでも姿を消すことができるのです。その場合、私は決して再びあなたに会うことはないでしょう。ですから、もしもあなたが私の外側にだけいるのであれば、私は永遠にあなたに気付くことはないでしょう。それは私にとって大変不満足な

注4　スパーク：無なるものが有形化して創造のエネルギーが解放された時に生じた火花であり、生命あるものの魂の種子。スパークの光は生きた知性であり、それがあらゆる様式の存在へと形づくられた。

ことです"。これはあり得るモノローグ（独白劇）であり、"神が私たち一人ひとりの内に存在しない〟という考えに矛盾が含まれていることを示しています。誰もが神は〝外〟に存在すると言っていますが、真の啓示は私たちの内で起きるのです。そして私たちはその時にのみ〝神のようになった〟と言えるのです」

セザールの説明に啓発され、私はこの問題についての理解を深めることができました。私の視点から見れば、神の存在に関して、たとえ互いに矛盾する見解の間に分離がないとしても、セザールの的を得た論証は、現実をより良く理解するための閃きを与えてくれました。私はセザールに次のように言いました。

「これが、イエスの言われた言葉〝私は父なる神の内にあり、父なる神は私の内におわす〟の理由だと信じています。しかし、それを理解している人はほとんどいません」

セザールは私の言ったことを確認しながら答えました。

「本質的な面は理解できましたね。しかし私は、〝キリスト教がイエスだけへの適用として考えたことは、同時に私たち各々にも適用可能である〟ということに特に言及しなければなりません。これは根本的な真理です。聖書が翻訳された際に逸脱が起きたため〝神は人間の内に存在せず、イエスを通してのみ神を知ることができる〟という考えが生まれたのです。クレリクス（Clerics）は、〝私たちの内で神を知ることはできない〟と述べています。たとえこの考えが本当であると認めたとしても、〝イエス以前に神の啓示を受けた人々がいた〟という事実に気付く必要があります。ブセギ山脈地下の投影室であなたが見たホログラフィー画像を思い出してください。今から何万年も前に、イエスと類似の使命を持った人たちがいたことをあなたは知りました。あなたはまた、彼らの活動がまさに神のような影響力を持っていたことを知ったのです」

私は即座に同意しました。それがあの時私を非常に困惑させたことを思い出しました。あまりにもたくさんのホログラフィー画像や情報が次から次へと出てきて、強い印象を与えた画像が、どういうわけかすぐに通り過ぎてしまったのです。その数カ月後に、記憶に基づいて私が見たものを回想し、詳細な記録を作成しました。後ほどそれを見て気付いたのですが、それはもはや驚くべきことではなく極めて自然な状況だったのです。つまり、イエス以前に、神との霊的な交わりのできるレベルに達した人たちが数多くいて、彼らは非常に重要な霊性面の使命を授かっていました。私は三人の賢者の使命を要約したホログラフィー画像を見ましたが、そのうちの二人は霊性面の偉大な改革者でした。セザールは引き続き彼の見解を話してくれました。

「この純然たる事実ですら、神が常に私たちの内におられることを明示しています。もしも原初からそうでなかったのなら、イエス以前に生きていた人間はすべて神に拒絶されてしまい、結局はそれにたまりかねて神に尋ねたに違いありません。〝なぜあなたは、神の子を遣わす前に私たちを創造して笑いの種にしたのですか？　結局のところ、私たちはこのまま拒絶され続けるのですか？〟もちろんこれは、〝罪や永遠の苦悩の概念〟と同様にばかげた考えです。ここで私は、とりわけ教義・教理の狂信的信奉者に言及しています。もしも彼らの魂がほんの少しでも開かれていれば、直感に基づいて、私が今話していることの意味を容易に把握できるはずなのです」

運命の輪／大掛かりな大衆ロボット化の罠

〝私たちの内なる神〟についてのセザールの説明はさらに続き、それは人間のカルマにも及びました。「ところで、〝人々の苦しみや苦悩は彼らの人生における過ちに直接関わっている〟ということは充分認識していますね。あなたはまた、人生のさなかに危機的な健康問題あるいは深刻な精神障害を体験した人々について聞いたことがあると思います。しかし、しばらくしてから正常な状態を取り戻した人々もいますし、疾患前の状態よりも良くなった場合さえもあるのです」

そのようなことは今まで考えたことがありませんでしたので、「どのようにして健康を回復したのですか？」と聞いたところ、すぐさま返事が返ってきました。

「通常はそのような深刻な状況を乗り越えることはできませんが、彼らの場合は、過去の過ちがそんなにひどいものではなかったため、それを悔悟することによって苦しみの期間を終わらせることができました。彼らの人生の期間中に埋め合わせがなされたのです。しかし、これとは異なり、健康を取り戻せなかった人々、偏執症になった人々、あるいは偏執症者として生まれてきてその状態のまま他界した人々もいます」

私はカルマの仕組みを正しく理解していましたが、セザールの説明はそれをさらに明確にしてくれました。私はセザールに言いました。

「あなたが今しがた言ったことをある程度他の人々に話したことがあります。しかし、彼らの多くが示した悪意や、私の言ったことに別の意味付けをしたそのやり方は、ほとんどあきれ果ててしまうほどひどかったのです。ある時は、彼らの論評があまりにも嘲りに満ちていて卑劣だったため、遺憾ながら、反論にほとんど窮してしまいました。結局のところ私は、善に即した視点を伝えることができなかったのですが、その理由が理解できなかったのです。あなたが言ったように善は必ず勝利するはずなのですが――」

肘掛け椅子にゆったりと座したセザールは微笑みながら答えました。

「善は常に勝利する――これは本当です。決してそれを疑ってはなりません。しかし、もしも私たちの内面的強さが不足していて創造的思考の面でも欠けている場合は、善であることだけでは不充分なのです。私たちが強力な悪と対決する時、たとえ私たちが善であっても内面的に充分強くないならば、即座に打ち負かされてしまいます。このような状況では、たとえ私たちが真理の側に立っていたとしても、あるいは、相手側が異端者や変質者であり、大勢の人々を混乱に陥れようとしていることが明らかな場合であっても、私たちの意思を相手側に強要することは不可能です。そのような場合、私たちの側の真理はもはや何の重要性も持っていません。たとえ私たちが彼らの理不尽な行為を訴えて、彼らが悪でありとんでもない輩であると公言しても、それはほとんど取るに足らないことになってしまうのです」

私はややためらいながら尋ねました。

「なぜですか？　なぜ神はそのような状況下で無力なのですか？」

セザールは、私がこの非常に重要な点を完全に理解できるように、一語一句に力を込めながらゆっくりと話しました。それはあたかも自分自身に言いきかせるかのようでした。

「たとえ私たちに理があり私たちが善の力を武器にしたとしても、もしも相手側が強力な悪であり、彼らの言い分に私たちが無気力に反応するならば、彼らと同等の力で効果的に対抗することはできません。強力な悪には強力な善で立ち向かう必要があるのです。もしも力が同等でないならば、より強力な悪が勝ってしまいます。かつて圧制者が、何百万もの人々を混乱に陥れて、彼らに常軌を逸した振る舞いや行動をさせようとしました。あなたはそのような歴史上の事例をたくさん知っているでしょう。もしも善が内なる力によって倍増しないなら、それは神の力のように強くはなりません。むしろ〝愚かなお人好し〟と言われてしまうような嘆かわしい状態になってしまうのです。たとえ善良であってもオーラが弱く内面的に強くない場合、悪である敵対者の圧倒的な力の前では、押しつぶされてちっぽけな存在であるように感じてしまいます。そのような人々は特有の振る舞いをするので、それでもって見分けることができます。大抵彼らは肩を震わせ、〝完全に理に適っているのは自分たちの方である〟と考えながら次のように言うのです。〝私は取るに足らない人間なので、できることは何もない。服従するしかないのだ〟と。たとえそれが自分の意志に反する場合であっても、従ってしまうのです。このような人々のオーラは貧弱で沈滞しています。それゆえ、彼らは悪なる存在に効果的に対抗することができません。つまり、彼らには、悪なる敵対者からの圧力に対抗できる力がまだ充分備わっていないのです」

私は困惑しました。いくぶん潜在意識下において私は「善及び真理はどんな状況においても、即座にそしてごく自然に勝利する」と考えていたからです。

その時点でセザールは一息つきました。私は黙って床の一点を見つめていました。このような善悪の戦いという観点から、自分の今の状況を理解しようとしていたのです。私が数年前に〝敵対者〟とこのような話し合いをしたのは事実ですが、気が進まなくてまだ結論を出していませんでした。それゆえ、セザールに、それに対する適切な評定を依頼することが可能だったのです。しかしその時、私の内なる何かがそれをさせませんでした。結局のところ私は、次のようにセザールに尋ねました。

「オーラが持っているこの善なる力はどうやったら大きくなりますか？　悪に立ち向かうために必要な強さを充分身に付けるにはどうすればよいのですか？」

セザールは私の質問に満足したようでした。そして、真っすぐに私の目をのぞき込みながら、静かに答えました。

「人々の多くは悪に惹かれる傾向があり、悪意さえも心の奥深くに持っていて、ほとんど無意識的にそれを表に出します。大体の場合、自分のしていることが分かっていません。下等レベルの悪は、粗野なエネルギーでそのような悪意を増幅させます。その結果、そのような人々は〝周りの人々を傷つけたい〟あるいは〝傷つけて楽しみたい〟とさえ考えるのです。知っての通り、悪の力は善を容認しません。霊性面・道徳面の優位性は悪意ある人々を混乱させます。その結果、そのような人々は〝善なる人々を攻撃したい〟〝破滅させたい〟あるいは〝冒瀆したい〟と過度に願うのです。私たちの時代、そのような劣悪な行為をして悪の力の経路になってしまう人たちがたくさんいますが、彼らが極度に堕落し、間違った思考や悪行を介して魂を完全に閉ざしてしまわない限り、後悔の念や良心の呵責に苛まれる時に、彼らにも気づきの機会が訪れます。しかしながら、闇の深淵にあまりにも深く落ちてしまい、自分自身を売り渡してしまったような場合は、今生において正常な状態に引き戻すのは非常に困難であると言えます」

「そのような具体例が Signore Massini（シニョーレ・マシーニ）（注5）ですね？」と聞くと、

セザールが答えました。

「もちろんそうですが、彼だけではありません。一般的に言って、国際的に影響力を行使できるフリーメーソンの指導者は、十分に認識しているかどうかは別にして、ほとんど全部がこのような状況に直面しています。それは彼らのオーラに生じる〝あざ〟のようなものであり、善に深く根差した高い霊性の持ち主は、惑わされることなくそれを識別できるのです」

「そうですね。しかし、世間一般の人たちは〝彼らは社会的に認められた立派な人たちなので、それは単なるでっち上げに過ぎない〟と言うでしょう。あなたは唯物論科学の古臭

注5　Signore Massini（シニョーレ・マシーニ）：ヨーロッパの最重要フリーメーソン・ロッジで最高の階位に座する大立者の一人であり、世界最強の影響力をもつフリーメーソン組織 Bilderberg Group のメンバー。イタリア王室の家系に属する非常に古い貴族階級の出身。

くばかげた信念、すなわち、〝精妙なエネルギー、オーラ体、精妙なエネルギーの世界（エーテル界・アストラル界等）は見えない。だから存在しない〟をご存じでしょう」

セザールは微笑んで言いました。

「ラドウ君、それは私たちが生きているこの時代に特有の問題です。もしも、ある人々がうぬぼれと恐怖に取り込まれてそのような道を選ぶなら、それはただただ彼らが無知だからなのです。精妙なエネルギーは確かに存在し把握可能ですが、それを捕捉することが肝要です。木片に写真を印刷することはできません。ちょうどそれと同じく、自分自身が精妙なエネルギーに気付かない限り、その存在を証拠立てることはできないのです。そのような人々の意識は低い振動周波数に基づいているので、周りのエネルギーの微かな現れを感知できないのです。彼らは、象を見ても象という動物は存在しないと言っている田舎者に似ています。しかし、訓練によって透視力が覚醒した人々にとって、精妙なエネルギーの世界はまさに現実なのです。そのような観点から考えると、その世界は、世間一般の人々が物事を感知し認識する三次元物質世界よりもはるかに優れた世界です。磁気は必要な測定装置がなければ明白に示すことはできませんし、核反応を別として、ある種の原子放射線は感知不可能です。これらは比較可能な類似現象であり、私たちの肉眼で見ることはできませんが、それらの存在は認められているのです」

私は彼の見解に同意しました。セザールは一呼吸してから話を続けました。

「先ほど言ったように、生き方が善に深く根差していて、ある程度透視能力のある人は、惑わされることなく悪人を識別できます。しかし、残念ながら、悪人たちは政府の人口抑制策に名を借りた悪魔的なシステムによって数百万もの人々を上首尾に欺いています。あなたは彼らの世界、特に政界における混乱や腐敗を想像することさえもできないでしょう」

私は自分の前職に言及して苦々しく言いました。

「知っていますよ。しばらくの間そのような連中を観察する機会がありましたからね。とは言っても、あの当時、そのような側面は認識していませんでした」

「運命があなたに別の方向を指し示してくれて本当に良かった。今日あなたを訪ねた理由を話せば、それは、あなたが正しい決定をするのに大変役立つでしょう。政策・意思決定者があなたの処遇を決める上で、〝私からの推薦〟及び〝あなたがどの政治集団にも属さないという中立性〟が非常に有利に働いたのです。心配することは何もありません。複雑に絡み合った政治の駆け引き等を知る立場ではありませんが、たとえそうであったとしても、これは悪くない提案だと思います」

私の心臓は激しく鼓動を打ち始めました。彼からのこの提案は、これまでと全く異なるものだったからです。私は強い好奇心に駆られ、すぐさま質問しようとしたのですが、セザールはさらに話を続けました。

「私たちが強いことそして善を志向することが必要である——私たちの議論はこのような面に及びましたが、これは大変望ましいことです。なぜならそれは、私がこれから話すことに関わるからです」

その時点でも私には気にかかっていた疑問点がいくつかありました。そこで私は、この際セザールにそれらの疑問に答えてもらおうと考え、思い切って彼に質問したのです。

「要するに、私がその決定をしなければならないと仮定して、悪と首尾よく対峙するためには、それを支援してくれる強力なオーラとエネルギーが必要である、ということですね。しかし、実際問題として、今の私にそのような準備ができているでしょうか？」

セザールは直接的な答えを避け、微笑みながら次のように述べました。

「もしもあなた自身のオーラの中に善のパワーが生まれているならば、顕現する強力な悪と効果的に戦うことが可能になり、悪に方向づけられた人々を説得することさえもできます。大体の場合、それらの人々には他人の真似をする癖があり、他人に見出される悪の傾向を模倣するのです。そして、当然のことのように、彼らのオーラに含まれている悪の影響力を引き寄せます。それらの人々はいわば操り人形のようなものであり、周りの人々と同じように振舞います。こうして、全体的な惑わしのようなものが起き、各々が他人を例とするのですが、良い習慣や正しい心構えに倣うのではなく、むしろ悪い振舞いや性癖に傾きやすいのです。なぜなら、あなたも知っているように、その方がたやすく簡単だからです。結局のところ、彼らは高い代償を払うことになるのですが、それは必然的に大変な苦しみを味わうことを意味します。

すでに報道機関やテレビ・ラジオ番組等の全面的な統制・管理が、フリーメーソンによって行われています。彼らは退廃的で安易・幼稚なものを強く主張してそれにこだわりますが、それらには中身がなく、霊性面の価値がありません。このような状況下では、提供される物事を人々が無条件で受け入れてしまうのは至極当然なのです。最初人々は、そうやすやすとそのようなものの虜にならないのですが、そのうちにそれが当たり前になり、彼らの考え方・物の見方が〝こうなるべきだ、これでいいのだ〟のようになってしまうのです。さらに、彼らのオーラもそのようなエネルギーを引き寄せてしまいます。このようにして奇異な状況が生じてしまい、たとえ真に価値のあるものや霊性に即したものが提示されたとしても、それらは拒否とまではいかなくても、ないがしろにされてしまうのです。これは悲しいことであり、極めて危険な状況です。しかし、それに対する解決策は常にあります。

どのような習慣や癖も、それと反対の習慣・癖に基づいて行動すれば変えられる、ということを忘れてはなりません。もしもあなたが善であることと及び強くあることを目指すならば、悪を志向する人々と出会っても、彼らを説得して彼らの持つ悪の性癖を〝しぼませる〟ことができます。たとえ彼らとの話が短時間であっても、もしもあなたのオーラが充分強ければ、彼らを助けて有益な方向に向かわせることが可能なのです。それが結局は彼らを救うことになります。さもないと、彼らを説得するのが非常に難しくなってしまうのです。本物の対話が為されれば、それは可能です。もしも上手くいけば、その後もはや彼らは、それ以前に魅惑的と感じていた悪に引き付けられなくなるのです」

私が出したオレンジジュースを軽く一口飲んだあと、セザールは、あたかも突如霊感に触発されたかのように再び話を始めました。

「現代の人々に対し極めて大掛かりなロボット化が実施されて催眠術が大規模に適用された、と考えてください。彼らが生活し思考するそのやり方に注意を向ければ、神から魂を授かったことを彼らが実質的に忘れてしまい、自分たちが属するフリーメーソン社会の凡庸・下劣・悪質で邪悪な衝動に完全に陶酔してしまっていることに、即刻あなたは気付くでしょう。この社会はほぼ例外なく物質的な富によって支配されているので、本物の霊性は、そのかけらさえもめったに見つけることができません。たとえそれが顕現したとしても、偏向されたメディアによって大衆がほとんど〝催眠状態〟になっているため、すぐに抑圧され、糾弾され、体面を傷つけられてしまいます。これは悲しむべき現実ですが、私たちは、大いなる勇気と忍耐力でそれに立ち向かわねばなりません」

私はそれに対する意見を次のように述べました。

「しかし、数多くの人々がそれを知っているという事実は、悪およびフリーメーソンに対する戦いに大きく影響するのではないですか？　それには量的な面の効果があると思います。そうですよね？　残念ながら、無知のゆえに悪に方向付けられている人々がたくさんいます。しかし、前向きの考えを持っている人々や善の勝利を望んでいる人々もまた数多く存在する、と私は信じています」

セザールが答えました。

「それは本当です。しかし、そのような人々による大衆行動が効果的に生じるためには、まず第一に、その集団や群衆に属するすべてのメンバーが完全な結束状態にあること、そして、彼らが全員同じ方向に動くことが必要です。そのような結束状態がなぜ必要なのかを、あなたは理解しなければなりません。もしもその結束が打ち砕かれれば、統合のパワーが失われてしまいます。そしてそれこそ、フリーメーソンが全世界規模での達成を望んでいることなのです。人々が分裂し、とりわけ戦争によって互いに怒りの感情を抱くようになれば、効果的かつ一致した行動は実現できません。これは普遍的な法則なので、それを理解すれば、なぜ集団や仲間あるいは夫婦の間の調和状態を維持することが非常に重要であるのか――その理由が分かるでしょう」

セザールの説明にちょっと不明瞭な点が感じられたため、即刻彼に質問しました。

「調和できない人々の数がそうでない人々よりも少ない場合でも、結束状態は阻害されるのですか？」

「私がこれから話すことにあなたは驚くでしょうが、それに関わる微妙な仕組みをあなたが正確に理解することが必要です。集団に不調和な状態を引き起こすには、たった一人で充分なのです。そのような人間が出てきて集団を分裂に至らせ、不必要なストレスや不安を醸成して、メンバー間の結束状態を帳消しにすることが可能なのです。これが人々を分裂させる悪名高い牽制の手法であり、政界やシークレット・サービスにおいて頻繁に使われているがゆえに、前向きに方向づけられている人々にとっては、互いに調和した関係を保ち、行動の方向性を常に維持することが極めて重要なのです。万が一、集団の調和を損なうために悪の種をまき散らす気になっている人々あるいはそれに傾いている人々がいる場合は、予防的措置として、できる限り早く彼らを集団から排除することが望ましいのです。彼らが自分たちの真の目的や考えを隠して集団にこっそりと入り込み、最初は集団の目的と合致する願望を抱いていると見せかけている場合、結束の維持はさらに難しくなってしまいます」

驚嘆すべき知らせ／ゼロ局の一員として秘密のアルファ基地へ

一息ついた後セザールは、突如として、遠回しな言い方をせずに驚くべき内容の話をしてくれました。それは彼の予期せぬ訪問の真の目的を示すものでした。

「上層部から、細心の注意を要する件についてあなたに連絡を取るように要請されたのです。案ずる必要はありません。なぜならこれは、あなたにとって素晴らしい機会になり得るからです。数日前私はゼロ局で特別の見出しの付いたメモを受け取りましたが、それはシエン博士に関する特定の情報を求めるものでした。私たちの秘密組織は彼との関係に非常な関心を抱いています。とりわけ今、その最上部で事態が動き始めました。私への要請は極めて具体的であり、昨年シエン博士によって為された空間移動にあなたが関わっていたため、あなたに連絡を取るように言われたのです」

私は驚愕しました。確かに私はその件を本に書きましたが、なぜそれを彼らが知り得たのでしょうか？　それをセザールに尋ねたところ、彼は愛想よく笑いながら答えました。

「私たちの対敵諜報活動力を見くびってはなりません。あの件がすべて明らかにされた後、あなたは自分が匿名のままでいられると思ったのですか？」

セザールはしばらくの間無言で床を見つめていましたが、その後私に向き直り次のように話を続けました。

「実際のところ、私たちの組織は非常に密接に仕事をしなくてはなりません。そのため今回あなたが標的になったのです。この作戦の実情は今あなたに話しているよりもずっと複雑なのですが、我が国のこの組織には、私たちすべてに恩恵をもたらすように方向付けられた局員が何人かいるのです。この点は極めて重要です。いわば巧妙な根回しによって、あなたの仕事に待ったをかけないという決定が為されました。当初は、標準の手続きに基づいて即刻あなたを出版業界から締め出す、という意図があったのです。もちろんのこと、それはあなたにとって大変な事態です。しかし上層部には、あなたが提供している情報の重要性をわずかながら理解した人たちがおり、それによって一般国民の心と魂に何らかの望ましい影響が与えられることを期待したのです。巨大勢力間の争いが国家レベル・国際レベル両方で進行していることは、あなたもよく知っているでしょう。

一方の側の勝利になるのかあるいは他方の側の勝利になるのか――私たちの国にはこれに関わる決定的に重要な中心点があります。私が言っているのは、国民の〝覚醒の度合い〟およびブセギ山脈で発見された特別の複合施設のことです。もちろん他の面もあるのですが、私はこれらが最も重要であると考えています。あなたはそれに関して支援を必要としていますが、正直な話、この件に関しては、現在各部局が大変な緊張状態にあり、部局間で必要以上の論議が交わされているのです。内部抗争と言ってよいほど、議論・反論の応酬が繰り返されたのですが、最終的にはゴーサインが出され、あなたをそっとしておく、という決定が為されました。もちろん、私は各部局からのこのような反応を予期していましたので、事前にオバデラ将軍および数人の信頼できる部下と根回しをしておいたのです。数日前、私は先ほど話した機密のメモを受け取り、ある場所に召喚されました。召喚した人が誰だったのかを話すことはできません。その理由をあなたは充分わかっているものと思いますが、この状況は、あなたが最先端情報に一層近づくのをサポートする上で極めて適切だと思います。私の意見に同意しますか？」

彼が意味したことを理解できなかったにもかかわらず、私は素早く頭を下げて賛意を表しました。

たった今聞いたばかりのことがあまりにも驚愕する内容だったため、私は心が少しばかり圧倒されていたのです。〝私の身元および私があの一連の本の著者であるという事実〟を何とか秘密にできたと思っていたのですが、それは全くの思い違いであったことが分かりました。当然のことながら、この秘密が明るみに出たことで大きな〝波紋〟が引き起こされ、予測しなかった結果が生まれました。諜報部活動および対敵諜報部活動の目的は、時の権力者の意向に沿って掴んだ情報を機密にすることだと思われます。しかし私の場合は違いました。〝人生の最も重要な局面においてサポートしてくれる誰かがいる〟ということがいかに重要であるかを、私はあらためて思い知ったのです。セザールは話を続けました。

「私を召喚した人物は特別の情報に関する許可証を持っており、極めて明確な任務を割り当てられていました。そして、即刻シエン博士と連絡が取れるかどうかを私に尋ねました。私はその時、それがあなたにとって絶好の機会になり得ると思いました。そこで彼の注意をあなたに向けさせたのです。そうすることにより、あなたには付加的な免責が与えられるのです。手短に言うと、私はあなたにゼロ局における仕事を提示するように要請されました。『シナマー氏はシエン博士とともに困難を乗り切ったという特別の経験を持っているので、シナマー氏であればシエン博士と接触できる可能性が高いでしょう』と私が話したからです。すでに彼らは、私たちが友人同士であることを知っており、あなたについての情報を提供するように求められたのですが、どちらかと言うとそれは一般的な情報でした。何にしても、あなたが社会的な義務を何も負っていないことが極めて重要なのですが、私が保証人になったことにより、容易に必要な承認を得ることができたのです」

こんなことが自分の身に起きるとは、私にはとても信じられませんでした。「すでに私はゼロ局の一員ということですか？」と聞くと、セザールは、チラッと微笑みながらからかうように言いました。

「うれしくないのですか？　ブセギ山脈における発見について、より詳細な情報をあなたが切望していることを私は知っていましたよ」

それから彼は、〝専門コンサルタント〟というのが私の立場であることを説明してくれました。このような方法で、比較的簡単にゼロ局の組織図に組み入れられたのですが、私が局員として受け入れられた本当の理由は、シエン博士と最後に会った既知の人間が私である、ということでした。もしもエリノアの別荘が探索されれば厄介な問題になり得たのですが、セザールはエリノアについて何一つ言いませんでしたので、私としてはとても気が楽になりました。

突如として状況がはっきりと見えてきました。私はゼロ局の一員として招集され、その結果一定の庇護を受けることになったのです。私には今まで通りに執筆する自由がありますが、セザールが明確に述べたように、何でも好きなように書いていいわけではありません。しかし、はたして自分が、上層部の計画に沿ってシエン博士と接触できるかどうか、全く見通しがつきませんでしたし、ゼロ局の一員になったことによりその計画の達成をサポートできるかどうかも分からなかったのです。セザールはこの点について次のように説明してくれました。

「いつものことながら、状況には山もあれば谷もあります。あなたが重要な情報を開示している民間人である、という事実に関し、特定の権力者たちの間に対立がありました。あなたも知っての通り、究極的には国家の利害が優先します。さまざまの報告書によれば、我が国にはある種の見識者の層が存在します。つまり、あなたが開示する情報は特定の範疇に属する人々にのみ理解され受け入れられるのですが、それは時間が経つにつれて多様化し分散していきます。あなたの著作はＳＦ（空想科学小説）とみなされるので何の危険も伴わない——この点を私たちは強調しました。この戦略は功を奏し、その結果、あなたには他の情報を入手する権利も与えられたのです」

そこでセザールは言葉を切り、真っすぐ私の目をのぞき込みましたが、彼の顔は、うれしい驚きを届けられるという喜びで輝いていました。

「数日後に私たちは再びあの巨大なチャンバーに併設されているホログラフィー投影室に赴き、その後、あなたを含むチームは第一のトンネルを通ってエジプトに向かいます。表向きは、目的地で特別の計測が為され、その後、前回の調査で発見されたものを一部持ち帰ることになっています」

今日は人生最高の日だ、と私は思いました。私がこれまでに見た途方もない夢においても、そのような調査隊の一員になれる可能性は皆無でした。しかし、わずか数日後に、私がこれまで熱望してきたことが実現するのです。すでに私は心の中で、前回の訪問の際に受けた強烈な印象やイメージをはっきりと思い浮かべていました。しかしそれ以上に、今回の調査探索において一体何を見ることになるのか――それを考えるとほとんどじっとしていられなくなってしまったのです。そこで、セザールに大声で喜びを伝えた後、彼が前回の調査で何を発見したのかを教えてくれるように頼んだのです。彼は私の子どもじみた態度を面白がっていましたが、私の頼みは全く聞いてくれませんでした。思慮深い顔つきでセザールは次のように付け加えました。

「あなたは自分の目で見て驚嘆するでしょうから、その興奮を今ぶち壊しにする理由は全くありません。もちろん、いくつかの点についてはエジプトへの移動の際に私が説明します。そのための時間は充分過ぎるほどありますから――。この調査探索には数日間が必要です。しかし、今のところは、あなたの好奇心がかき立てられるままにしておきましょう」

私はちょっとばかり困惑し「なぜそんなに長くかかるのですか？」と尋ねました。

「まさにそれが核心となる点なのです。私たちは特別仕様の車を使います。しかし、ブセギ山脈内部に驚くべきテクノロジーの成果を残して去った建造者たちが、なぜトンネル内の移動方法について何の手掛かりも残さなかったのか――この点は理解不能です。なぜなら、移動距離は数千キロメートルにも及びますし、トンネル内はまさに空っぽだからです。このようなトンネルの建造はまさに非の打ちどころのない偉業であり、あたかも昨日完成したばかりであるかのように見えます。しかし、トンネルは全くのがらんどうであり、建造目的を知るための手掛かりは何も残されていません。しかし、米国海軍が即座に解決案を提示してくれたので、懸念すべきことは何もないのです。もうすぐあなたが自分自身の目で確認できるので、今はこれ以上何も話さないことにします。最低限必要な持ち物だけをバッグに詰めるだけで充分。それが済み次第私たちは基地に向けて出発します」

　彼はそう言いながら急いで時計を見ました。

　私はうろたえました。多少の移行期間、すなわちゼロ局や他のすべてのことにもっと精通するための時間を期待していたのですが、セザールは、一秒たりとも遅れは許されない、と明言しました。

「これはゼロ局における決まり事の一つなのです。いったん情報が与えられると、その後その件は他言無用になります。それに加えてあなたは、調査探索に出掛ける前に、ゼロ局の規則などに慣れておく必要があります。特別に予定していたことが何かありますか？」

私は何か言おうとしたのですが、セザールがそれを遮りました。

「OK、最高だ！　今から出掛けても何ら支障がない、ということですね。総括的準備のための時間が数日あるので、あなたはその間に基地での生活に順応するでしょう。また、調査探索の目的について、私からもさらに詳しく説明することができます。出発前の最後の数時間はホログラフィー投影室で過ごします。そこは有益な霊性面の影響を及ぼす場所なのですが、〝調査旅行の準備の一環として、ホログラフィー投影室で霊性面の調整をすることが必要である〟というのが私たちの出した結論です。再度言いますが、どうしても必要な物以外は持って行く必要がありません」

私は、熱に浮かされたような状態で、必要と思われる持ち物を集め始めていました。それらを二つの旅行鞄に梱包したのですが、セザールはバックパック一つだけを指さしました。

「実際のところ何も要らないのです。あなたが必要なものはすべてゼロ局にあります」

最終的に私は厳密に必要と思われる持ち物だけをバックパックに詰め込み、私たちはその夜に家を出ました。外は月の光である程度照らされていました。またしても私は、ゆったりとくつろぐ時間や明晰な心で状況を分析する時間なしに、出来事によって〝駆り立てられた〟のです。しかし、静寂な夜の冷たい空気に触れたことにより、突然確たる自信が私の心の底から湧き上がってきました。私の魂は、私のためにすべてのお膳立てをしてくれたセザールに対する感謝の気持ちで満たされていました。私は心から彼に礼を述べました。そして、〝セザールは天命達成への道に導いてくれる真の霊性面の導師である〟と思っていることを伝えました。彼は何も言わず考え込んだ様子で前方を見ていましたが、彼の唇の端に微かな笑みが浮かんでいたこと、そして、彼の顔に受諾の気持ちが現れていたことが見て取れました。焦げ茶色のジープが一台、私の家から数メートル離れた場所で私たちを待っており、私たちが後部座席に乗り込むとすぐさま出発しました。

私の人生の全体像が未来に向けて大きく開かれました。それはごくわずかの人々にのみ与えられる可能性です。何としてもセザールや他の人々の期待に応えることを私は固く決心しました。しかし、私の心の奥に絶えず現れ続けている思いがあり、それによって私の全身が微かに揺れているように感じられました。もうすぐ私は、あの神秘的なホログラフィー投影室に再度足を踏み入れます。そしてあの桁外れのテクノロジーの産物を再び目にし、遥かなる太古からずっと保たれている謎に満ちた静寂に包まれるのです。

第二章

ブセギ山脈地下に存在する非物質的なトンネルと秘密のチャンバー

秘密の〝アルファ基地〟への移動中およびそこで過ごしたその後の四日間、私の興奮は全く冷めませんでした。それどころか、秘密のトンネルを通る調査探索に出発する日取りと時間が近づくにつれて、それはさらに高まっていきました。ゼロ局に属するこの秘密基地についての情報を、私が開示することはできません。その理由は容易に理解できるものと思います。これに関して今お話しできるのは、セザールが仕事をしている場所と同じウィングに私の部屋が用意されていた、という点だけです。この秘密基地の所在地、建物の構造・管理等の情報は、公開が禁じられているのです。とは言っても、これは重大なことではありません。その後に続く出来事の方が一層重要なのです。

謎めいた理由／物質的であり非物質的でもある世界

アルファ基地における私の仕事は、運動面の訓練への参加、業務機器・設備になじむこと、および、極端な場合の行動計画を学ぶことでした。夜になるとセザールが私の部屋に来て、私がまだ慣れていない技術面の詳細を説明してくれました。セザールは、私が必要とするものすべてを自由に使えるように気を配ってくれましたし、私の受けた訓練の進捗状況にも個人的に関心を示してくれました。私は彼のこのような好意に深く感謝しています。なぜなら彼は、ファイルに目を通して内容を確認する、電話で話す、どこか私の知らない場所に急きょヘリコプターで飛ぶ、等の仕事で、非常に忙しい日々を送っていたからです。

　四日目の夕刻、オバデラ将軍が基地に到着しました。最後に彼に会ってから二年が過ぎていましたが、彼は相変わらずエネルギーに満ち溢れていて、極めて楽観的であるように見えました。彼の起伏のある顔や鋼のような視線は、彼の聡明な魂および彼の存在が生み出す誠実さや正当性を、あえて隠そうとはしていませんでした。最初に将軍は、セザールと三十分ほど極秘の話し合いをしました。それが済んでから、二人はそろって私の部屋を訪れました。そして、間近に迫った調査探索についての詳細を三人で検討しました。その後、オバデラ将軍は一息つき、私に向かって同じ声音で次のように言いました。

「階層的序列に基づき、私は君に重要なメッセージを伝えるように頼まれた。しかし私は、あたかも親しい友人と話すかのように君と話すことにする。まず初めに私は、君が支障なくゼロ局の一員になれるよう全面的に支援することを約束しよう。つい先頃シエン博士が、君には話せない非常に重要な問題に関し、特定の連絡網を通して我が国の政府に連絡してきた。あの時我々は、我が国の政府としての回答をシエン博士に伝えたが、その後大きな変更が生じ、わが国としては選択権の変更を求めることになったのだ。残念ながら、かつてのシエン博士との繋がりはもはや有効でないため、事が重大になっているのだ。君にシエン博士との連絡を仲介してもらうという案が浮上し、その結果、君にゼロ局で働いてもらうことになった。一年前、君がシエン博士と共にした経験については耳にしている。信じ難いことかもしれないが、政府の最上層にそれを理解できる人間がおり、君に関する異例な決定がなされた。君のセザールとの親しい関係が有効に働き、その結果、君に特別の役割を果たしてもらうことになったのだ」

私は当惑しました。なぜなら私は、シエン博士と接触する方法について、彼らが知っている以上の情報を何も持っていなかったからです。この点を率直に伝えると、オバデラ将軍は次のように述べ、即座に私の懸念を払拭してくれました。

「ゼロ局にいるこの分野の専門家が、君に任務を与えることによって得られる優位性や強みを強調したのだ。彼らはそれを〝状況の適合性〟および〝結びつきの親和性〟という観点から説明してくれた。私たちは今、シエン博士と連絡を取るための適切な枠組みを構築しようとしている。彼の行動力や影響力が三次元物質世界に限定されないことを私たちは知っている。シエン博士はあまりにも神秘的であり、彼の持つ超自然力は、ゼロ局ができる範囲をはるかに超越している。セザールでさえも、このような場合にはシエン博士と接触できないのだ」

驚いた私がセザールに目を向けると、彼はオバデラ将軍の話を是認するように、真顔で首を横に振りました。

「その通りです。シエン博士は今、非常に特別かつ重要な使命を遂行しているように思われます。それはちょうど〝邪魔されたくないときは電話機のプラグを抜いて電気を切る〟といったようなものです。しかし、あなたには特別の可能性があります。まず初めに青の女神『マチャンディ』に接触し、彼女を通じてシエン博士と間接的に連絡を取るのです。ゼロ局が現在取り組んでいる問題を、あなたは今充分理解していると思います」

私はじっくりと考えました。すると突如、マチャンディに関わる記憶が私の全てを駆け抜けたように感じました。彼女のライブ映像が発する断続的な閃光で心がはち切れそうになり、魂が落ち着きを失いました。レテザット山脈のググ山頂で経験したイニシエーションの後、私は、マチャンディと深い関係を育む能力が自分に与えられたように感じました。ほとんど毎回、夢の中で彼女を呼び出すと目が覚めてしまうのですが、ある意味でそれは、彼女と会って話をするような感じだったのです。しかし、私の人生のこの側面は、私自身が取り組まねばならない最も個人的かつ厄介なテーマでした。とはいえ、これからお話しして解明する出来事を除き、この点をさらに強調するつもりはありません。

あの特別なイニシエーションの後、ある種の印象や直感が生じ、言葉で説明するのは難しいのですが、取り除かれずにそれがそのまま私の内に指紋のように残存しています。それらにはいくつかの要素があり、私たちの三次元物質世界にありふれたものではなく、説明不可能な別の世界に繋がっているのです。これら別の世界の存在を強く主張するつもりはありません。しかし私の潜在意識には〝マチャンディとの接触が許容され、それに至る道が開かれている〟という確信があるのです。これを達成するためには意識構造におけるエネルギーの変容が必要ですが、それは、ググ山頂で私が霊性面の浄化を受けていた数時間に起きました。それに対して、私がマチャンディを呼び出さなかった場合、自分の周りに彼女が顕現したことは間違いないのですが、彼女の姿を肉眼で見ることはできなかったのです。最初はこれを残念に思いました。しかしその後、私たちの現実世界に出現した場合と全く同じように、夢の中にマチャンディが現れました。そのような時私は、自分が彼女の夢を見ていたことに突如として気付き、非常なる幸福感と自由な気分に満たされました。私は過去一年くらいの間に、このように骨を折って二回マチャンディに出会うことができました。それゆえ〝オバデラ将軍は実質的にこのステップを再度繰り返すことを私に依頼した〟と判断したのです。しかし、オバデラ将軍やセザールが、いかにして私とマチャンディの間の不思議で名状しがたい関係を推測したのか——この点が理解できませんでした。私の考えでは、これがこれまで、他の何よりも私の存在価値を際立たせていたのです。

私はセザールとオバデラ将軍に同意し、このような間接的な方法でシエン博士との接触を試みることにしましたが、今回は上手くいかないように感じました。実際のところ、結果はその通りだったのです。マチャンディを呼び出そうと懸命に努力したにもかかわらず、彼女は夢の中に現れませんでした。私は最初、それは調査探索に出掛ける前の高ぶった気持ちのせいである、と自分に言い聞かせていました。そこで、自分の身体と心を可能な限り深くくつろがせるために、シエン博士が薦めてくれたテクニックを使ったのです。それは極めて簡単な方法です。一日の最後の食事の後は激しい肉体運動をせずに過ごします。そして二時間ほど経ってから、安心で安らぎの得られる場を用意し、毛布の上に上向きで横になります。目を閉じて、自分の身体のつま先から頭までの全ての部分が、非常に重くなったと想像します。するとその後間もなく、重さが感じられなくなるのです。私の経験では、この方法により体の感覚がほとんどなくなって〝軽く〟なります。しかし私は、ベッドの上ではこの方法を使わないことにしています。なぜなら、マチャンディのことを考える以前に、たやすく眠りに落ちてしまうからです。

身体と心がある種の弛緩および安心・安らぎの状態に達すると、通常、物理的な支援なしに自分が大きく拡張したと感じるのですが、そのとき、チベットの山脈の洞穴でマチャンディを間近に見た素晴らしい瞬間が、あざやかな記憶として蘇るのです。すると、いささか奇妙な現象が起きます。目の裏に閃光が走って身体に冷気を感じます。するとその直後、私は青の女神の近くにいるのです。そして、彼女が愛に満ちた眼差しで私を見ると、その輝きで私の目が眩んでしまいます。その閃光の直後、私は意識を失って眠りに落ちます。目が覚めると、夢の中身のみならず何かの夢を見たことさえも覚えていないのですが、特別の郷愁の念および〝謎に包まれて隠された何か〟に対する衝動が心の中に残っているのです。

このプロセスを着実に続けることにより、女神に会う直前のあの重要な〝道しるべ〟に近づく時点まで、より一層覚醒した状態を保てるようになり、それを乗り越えることさえもできたのです。そのようなとき私は、言い知れぬ喜びを覚えます。そしてその喜びの状態は、彼女が私に話しかけた時にさらに一層増幅されます。そのような時に眠りに落ちることを、私は完全なる覚醒状態で自覚しています。これは私が、全く異なる法則に支配された夢の世界に移行したことを意味しているのです。女神に会った後、意識レベルが大きく下がり通常の眠りに入るのですが、目覚めると、心身ともに充分休息した素晴らしい状態になっていることが分かります。しかし、まだ私は、夢の中でこれらの行為の継続を意識的に指示することができないのです。最初は女神が助けてくれます。女神の臨在を知覚し続けるのにそれが絶対不可欠なのですが、その後も絶え間なく努力を続け、夢見の最中でさえも意識を保てる巧妙な能力を獲得しなければなりません。

私にとっては珍しいことだったのですが、オバデラ将軍と話をしてからの試みは、上手くいきませんでした。これは、私が最初このテクニックを実践し始めた時よりも、さらに一層思わしくない結果だったのです。私はなぜこのようになったのか理解できず、ありのままをセザールに報告したところ、彼は次のように助言してくれました。

「このような場合にあなたができることは、勇気を失わずにそのまま続けることです」

突如として起きたこの掩蔽《えんぺい》の如き状況は誰も理解できず、シエン博士と接触するためのどのような試みも少なくとも当面は失敗する運命にある――このように思われました。しかし、セザールは依然として私がシエン博士と共にした過去の経験を高く評価しており、この方向でさらに前進するように勇気づけてくれたのです。

「私たちの時代がひどく退廃的になっていることは一目瞭然であり、これこそ、一部の人間が〝より優れた知性の形態〟に気付くことのできる特別な状況が創り出された理由なのです。私たちはこれを〝心の知性〟と名付けることができますが、それは〝精神上の知性〟と〝心の中で知的な方法で感じる愛〟が一体化したものです。この〝気付き〟が〝より高いレベルの常識〟に立脚した社会の形成につながります。これがその主たる長所なのです。〝全ての生命形態の基盤となるべきこの重要な特質が、現在多くの人間に欠けている〟という事実に気付いている人はほとんどいません。正しく調和のとれた道をたどり、自分自身の知見・見識ではなく霊性に基づいた法則に従っている人々は、ある種の啓示を受けることが可能です。それによって彼らは、全ての物事は物質的であると同時に非物質的であり、具体的であると同時に抽象的であり、客観的であると同時に主観的である、ということを明確に理解するのです」

その時私は、自分がセザールの言及した範疇《はんちゅう》に属する人間であることに気付きました。なぜなら私は、二つの世界の境界で生きてきたからです。その一つは、具体的かつ物質的であり、私が自分の体の存在に気付いている世界ですが、もう一つは、知覚は可能であるが他の法則によって支配されている世界なのです。最初私は、これら二つの世界の間の相対的なもつれ合いに戸惑い、本の中でこの情報を開示すべきかどうかを何度となく思案しました。当然のことながらそれは、〝これらの状況に直面してきた私自身が充分理解できていないことを、果たして読者が理解できるだろうか〟という疑問だったのです。

精妙なエネルギーの世界におけるテクノロジー

セザールによる上記の説明は、まさに適切な時に与えられ、それによって私は、この問題の本質を直感的に感じ取ることができました。私はこのすべてを可能な限り明確に理解したいと思いました。そこで、セザールに、その点についてより詳しく話してくれるように頼んだところ、彼は次のように説明してくれました。

「大多数の人間が存在を確信できる世界は三次元物質世界だけであり、これが彼らにとっての主たる障壁になっています。もしも彼らが物質世界の法則さえも充分に理解できないのなら、いかにして精妙なエネルギー世界を思い描くことができるでしょうか？　にもかかわらず、幸運なことに、これらの現実世界（精妙なエネルギーの世界）を完全に認識している人々がいて、単に意識しているのみならず、ある程度それらに関与さえもしているのです。さてここで、あなたの場合を例にとって考えてみましょう。とりわけ過去一年以内の期間に、あなたは、シエン博士と共に困難な状況を乗り切るという強烈な経験をしました。それによりあなたは〝私たちのこの世界で『モノ』と呼ばれているものが実際はそれの特定の状態にすぎない〟ということを理解することができました。日常生活において私たちは、一般的に〝モノ〟という言葉を使っていますが、物理的なモノすなわち物質は、特定の法則によって規定された状況において存在する〝普遍的なモノ〟の一つの状態にすぎません。科学は〝これらの法則それぞれが首尾一貫していて相互に裏付けあっている〟ということをある程度まで証明しました。しかし、〝これらの物理法則の他にも首尾一貫した一連の法則があり、普通の人には見えない不可思議な顕現の世界を支配している〟ということも、あなたは理解できたのです。普通の人には不可視であるがゆえに、これらは〝微かなエネルギーの世界〟と呼ばれます。これらの世界には数種類の〝微かなモノ〟が存在し、それらは異なった特質と特殊性を持っています。あなたがすでに確信しているように、それらの世界には、それぞれに固有の特質を持つ生命体が居住しています。また、微かなエネルギーの世界はきっちりとした階層性に基づいており、モノの振動周波数がその根本原理になっています。それが高ければ高いほど、それに対応する微かなエネルギーの世界の階層も高いのです。例えばマチャンディは神々の世界に属しており、あなたの前に顕現することにより、あなたに計り知れないほどの恩寵を与えたのです。

その一方、物質世界であれ、微かなエネルギーの世界であれ、各々の世界を成り立たせているモノの振動周波数が異なることにより、その世界に住む生命体はその世界しか知覚・把握することができません。とりわけこの点は、私たちが現在住んでいる物質世界に当てはまります。中波だけを受信できるラジオを考えてみてください。それよりもさらに高性能のラジオは、中波に加えてより振動周波数の高い短波も受信できます。中波だけを受信できるラジオは短波を受信することができませんし、そのような波長が存在することさえ知りませんが、より受信帯域の広い短波ラジオは、短波に加えて中波が存在することを知っています。もしもあなたが周波数を合わせれば、それに基づく放送内容が提供されるのです。分かりましたか？」

それは非常に明快な説明であり、自分が三次元物質世界以外の世界をすでに経験しているという事実に、私は大いなる満足感を覚えました。私は心の中にマチャンディのイメージを思い出しました。すると、突然強い感情が心の底から湧き上がってきたのです。私はセザールに言いました。

「マチャンディはほとんどあらゆる物事について私に閃きを与えてくれるので、マチャンディから多大の支援が得られると思います。彼女の助けによってこの精妙なエネルギーの世界に入るとき、全てが変わり、美と調和の流れを感じることができます」

するとセザールが、次のような補足的な説明を付け加えました。

「事実上、あなたはマチャンディの助けを得て至福の世界に入ることができました。そしてこれにより、幸福な状態を創出する生命の息吹が呼び起されたのです。あなたは間違いなく彼女の美しさに魅了されました。そして、これが助けとなってあなたは、自分の周りの全ての場所に美を見出し、自然界を喜びの目で見ています。あなたの状態が変わり、あなたの理解力・鑑賞力が二年前の段階よりも格段に優れていることを、私は実感しています。美はその本質においてあなたを魅了します。そして、それがあなたの内から湧き出る〝上昇への衝動〟となり、あなたの人生を駆り立てているのです」

またしても私は、セザールの所見の正確さと正しさに圧倒されましたが、その時、突然閃きを感じ、一息入れることなく話を続けました。

「美は調和である——私はこれが真に重要であると考えています。マチャンディをじっと見つめていて分かったのですが、彼女の驚くべき美しさは私に向かって発せられていて、それにより私は、幸福であるために必要な自分自身の内なる調和を見出すのです。一方それは、私の人生におけるさまざまの異なった段階を、より崇高なものに編成し直すように思われます。しかしながら私は、この素晴らしい心の状態をほんの短い時間しか維持できないことに気付きました」

そこで私は沈黙し、〝セザールに伝えたいと長年考えていたことを、今何と簡潔に表現できたことだろう〟と自分ながらに不思議に思いました。するとセザールが言いました。

「なぜそれが起きるのかを正確に理解するためには、〝物質世界および微かなエネルギーの世界を含む宇宙全体は、数多くのレベルから構成される神秘的な幾何学に基づいて機能している〞ということに留意する必要があります。あなたはそれを顕現周波数の〝帯〞として心に描くことができます。あなたが言った〝美は調和である〞というのは真理です。さらに、〝ある種の均衡が人間の内で保たれていることがそれによって明らかになる〞――この点を付け加えましょう。もしもあなたが、宇宙の層の一つにおいてその調和及び均衡に影響を与えれば、全宇宙の美の一つのタイプが形成されます。しかし、宇宙には他にも層が在り、そこではまだ均衡が実現されていません。あなたは種々の異なる状態について話していましたが、これら宇宙のさまざまの層がそれらの起源なのです。あなたは宇宙のある層では幸福ですが、別の層では幸福でありません。もしもいくつかの層の調和・均衡に影響することができれば、あなたの周りの全てにおいて驚くべき美しさが顕現されます。現今のような厳しい時代に高次の実体たちが自ら進んで私たちに助けの手を差し伸べてくれるのは、まさにこの理由からなのです。たとえ助けを求められなくても、霊性開発の途上にある実体たちは、私たちを助けるために立ち寄ってくれるのです。ちょうどあなたの場合のように、人々が眠っている時に、アストラル界ではこのような霊的な接触が数多く為されています」

私はセザールに言いました。

「残念ながら、多くの人々は、そのようなことを思いつくことも考えることもできません。生命や進化に関して、彼らは、つまらないアイディアや考えに支配されたままの状態を好んでいるのです」

セザールは私の考えに同意し、次のように説明してくれました。

「その通りです。霊性面の進化において大きく跳躍できる人々は数多くいませんし、〝それが実際は彼ら自身の思考の反映であること〟をある程度理解している人々もたくさんはいないのです。人生における全てのものが彼らの持っている大いなる確信の成果であること――これをはっきりと理解できるかどうかは、ただただ彼ら次第なのです。原理上、その過程を理解するのは易しいのですが、それを善・調和のために変えるのは大抵の場合、非常に難しいのです。〝自分の思考の性質を変えることによって実際に人生そのものを変えることができる〟――この真理をはっきりと心に描ける人々もいます。もしも彼らが、直感的思考のこの段階に達すれば、彼らの知性と心が父なる神へ大きく開かれるための前提が設けられます。これらの点に関心を持たない人々は、彼らが非常に多くの困難や不利な出来事に直面していて極めて不幸な状況に置かれているという事実――それに対する理由付けを何とかして見つけねばならないでしょう。〝本当は自分たちがこれらの出来事に助けられて成長し円熟していくのだ〟ということを彼等もいつかは理解するでしょうが、それは強制されることではありません。それはまた、他多くの要素にも依存します。〝この世界の全ての喜びや悲しみは、実際のところ私たち自身が絶え間なく投影している『動く影』にすぎない〟ということを深く理解している人はほとんどいないのです」

苦しみ・悩みが到達できない〝神聖な場所〟

二年前、私には一群の友人たちがいました。当時私は、神秘主義にまつわる謎をより良く理解しようとして、これらの問題について、よく彼らと話をしたものです。セザールが言及したテーマは、これらの会合において私たちがしばしば分析を試みた題目なのですが、私たちはその当時、説得力のある結論に至ることができませんでした。最も難しかった点は、苦しみ・悩み、とりわけ人間関係の失敗・破たんに起因する苦しみ・悩みが、深い爪痕を残す極めて現実的な問題として受け止められていたことです。今振り返って考えると私は、この問題を充分に理解できなかったことを認めねばなりません。そこで私は、セザールとのこの機会を利用して、人生の微妙な〝あや〟や機微について、彼に説明してもらうことにしました。すでに夜の遅い時間帯になっており、翌日夜明けにはブセギ山脈地下の複合施設に向かって出発するのですが、セザールはこの問題を極めて重要視していましたので、それに関わる謎のいくつかを説明してくれました。

「誰もがよりたくさんの幸福と喜びを欲しますが、苦しみ・悩みは求めません。苦しんでいる時人々は、その苦しみを乗り越えるためにはどんなことも厭《いと》わないでやろう、と思っています。それゆえ私たちは、まず苦しみからの逃げ道を探し求めます。これは、私たちのこれまでの人生の多くの異なる面を見直さねばならない、ということを意味します。最初に気付くことは、過去に苦しみに直面した時、私たちはそれに対して何らかの行動をとった、ということです。つまりその時私たちは動いたのです。この点から言うと、苦しみには建設的な役割があるのです。なぜなら、苦しみ・悩み等の困難を克服したいと思った時、私たちはその解決策を見いだそうと努力するからです」

　私は彼の言葉を遮って言いました。

「分かりました。しかし、苦しみが生み出される仕組みは一体何ですか？　なぜ苦しみは生まれるのですか？　苦しみを解決するためには、その原因を知ることが絶対に必要であると思います」

「あなたの言うことは正しい。しかし現時点におけるあなたの理解は単に知的なものであり、深い内観に基づくものではありません。現代社会において最もよく理解され知られているその原因は、〝私たちの欲するものが無いこと〟あるいは〝私たちの欲しないものが在ること〟です。例えば、あなたは愛する人がいないため、あるいは、あなたを不快にさせる人がいるために苦しみます。あなたはまた、もっと自由な時間が欲しいのに実際はさらに働かねばならない、あるいは、仕事が無い——これらの理由のために苦しみます。苦しみには多くの〝顔〟があり、その程度も異なります。しかし、それを理解し常にそれと関わり合うことによって、間違いなく私たちは人生の本質に近づくことができるのです」

私は脳がショートしたように感じたため、彼に尋ねました。

「どうしてそれが可能になるのですか？　自虐的なように聞こえますが——」

セザールは静かに答えました。

「あなたは間違っています。なぜなら、あなたは物事を少しばかり混同しているからです。苦しみが存在する時、苦痛は被虐性愛者の場合のようには喜びを感じさせてくれません。誰も苦しみを望みませんが、それは私たちの人生において非常に積極的な役割を果たします。苦しみのタイプあるいはその起源が何であれ、それを取り除くために私たちが見いだす解決策は、どのような場合でも、その苦しみに対する私たちの態度によって決まるのです。あなたはこの点を理解しなければなりません。残念ながらある人々は、苦しみには何の意味もないと考え、自殺さえもしてしまいます。しかしながら、もしも苦しみを私たちの人生を変革させるための跳躍台と考えるならば、それは私たちの救い主になり得るのです。私たちが見いだす解決策は実行可能であり、強力・有益かつ建設的でなければなりません。さもないと、苦しみが継続するか、あるいは、後で再び同じ方向に現れる可能性が出てきます。もしも私たちが思慮深く苦しみを見詰めるならば、それは積極的な役割を持ち得るのです。私たちの苦しみから、同じように苦しむ他の人々に対する思いやりの心が私たちの内に生み出され、さらに、彼らに提供可能な無私の援助が創出される――これがその証です」

私はこのテーマに関する仏教の本を読んだことがありましたが、その時はまだ最初の部分しか目を通していなかったのです。私はセザールに言いました。

「以前読んだ本の中に〝苦しみの源を探し求めた釈迦は、その作用・働きについてある程度の理解に達した時、苦しむ人々に対する思いやりと慈悲の気持ちを感じた〟と書かれていました」

これを聞いてセザールが言い足しました。

「そのような探求が慈悲や思いやりに帰結するのは至極当然のことです。人が真の思いやりを示せば示すほど、その人が苦しみに関する本質的要素を見いだす可能性がより一層高まります。釈迦は〝無知〟が常にこのプロセスに係わっているという結論に至りました」

セザールの説明に注意を払いながら、私は彼に尋ねました。

「言い換えると、もしも私が苦しむならば、それは私が無知だからですか？　そもそも無知は一体どこから来るのですか？」

「苦しみや無知は私たちの理解が実際と異なる時に生じます。残念ながら私たちの心は、現実から分離されているようには知覚できません。なぜなら心は、私たちの周りの全てを把握するチャンネル（経路）のように働くからです。もちろん、私たちは自分自身の経路を通してしか見ることができません。それゆえ〝美は見る人の目の中にある〟ということわざがあるのです(注1)。この点から重要な結論が導き出されるので、それを話しましょう。苦しみの問題を解消するためには、その症状ではなくむしろ私たちの周りの全ての物事を正しく理解する能力に重点を置くべきなのです。見方によっては、それを〝判断力〟と呼んでもいいでしょう」

その時私は〝判断力は心の特性であり、心が曇っていれば判断力も変わってしまう〟ということに気付きました。セザールはこれに同意しました。

「確かにそれは切実な問題です。もしも心や頭脳が明晰であれば、人間は、起きている物事をより良く認識できますし、現実をより良く受け入れることができますので、苦しみは大きく減少します。しかしながら、このような心の明晰さはすでに私たち自身の内にあるものなので、それを与えてくれる人は誰もいません。それゆえ、新たな方法に基づいて物

注1　このことわざは〝人の好みはさまざま〟〝蓼食う虫も好きずき〟〝あばたもえくぼ〟と同様、〝美とは客観的なものではなく、見る人の意識の中にのみ存在するもの〟ということを意味します。

事や状況を見ることが私たちには必要なのです。実際のところ、心や頭脳が明晰であれば、苦しみの原因もまた少なくなります。もしもあなたが必要と思うなら、〝心〟と〝無知〟の間の関係を次のように推測してください。無知は、それが心の中に生み出す他の要素に基づいて私たちの正しい理解を妨げる機能不全のようなものであり、そのために苦しみが引き起こされるのです」

私は好奇心に駆られてセザールに質問しました。

「無知が心の中に生み出す他の要素とは何ですか？」

「〝献身〟や〝拒否〟とりわけ〝恐れ〟についても無知と同じことが言えます。あなたが熟知しているように、これらはすべて現れては消え、また現れます。そして、深い分別に基づいて理解されない限り、これが永久に続くのです」

私はその時、苦しみを理解するための最も賢明な方法を考えていたのですが、実際は、その代わりに次のようにセザールに質問しました。

「苦しみが生じた時に思い浮かぶ最初の考えは何ですか？」

ひと呼吸置いてから、セザールが答えました。

「例えば、子供時代における両親の片方との悪い関係は、その親に対する私たちの感情や思いを変えてしまいます。この悪い印象は長年にわたって持続し、その親に対する私たちの考えの各々が怒りと共に刻み込まれてしまいます。それはほとんど自然現象のようなものなのですが、それにもかかわらず、実はもっと良い選択肢があります。それは、その関係の肯定的な面を考えることなのです。私たちは子供時代のつらい経験を変えることはできません。しかし、もしもその関係を別の観点、つまりより優れた前向きの視点で見ることができるようになれば、それに起因する苦しみは大幅に減少するのです」

その時点でセザールが議論を一時的に中断したいことは分かっていたのですが、私には、このやっかいな問題に関わる他の興味深い面を見いだしたいという強烈な願望がありました。セザールが、「翌朝出発するまでに休息できる時間をあなたに与えたい」と言ったので時刻をチェックしたところ、すでに真夜中を過ぎていたことが分かりました。私はあまりにも議論に夢中になってしまい、自分の人生で最も重要な時が迫っていたことをほとんど忘れていたのです。私はセザールに、もう一つだけ質問に答えてくれるように頼みました。彼が快く受けてくれましたので、私は次のように質問しました。

「しかし、私たちがこれらの問題について知っている、あるいは、ほんのわずかであるがその解決のための手掛かりをすでに持っている――このような場合であっても、よく私たちは苦しみます。なぜそうなのでしょうか？　しばしばこれは本質的に重要でない物事から生じます」

両手を椅子の背もたれで支えながら、セザールは非常に見事な答えを出してくれました。

「大体の場合苦しみは、私たちの人生の小さな断片を人生全体と同一視することから生じます。私たちは、あまりにも頻繁に、自分自身を外部の状況、とりわけ単離した悩み等と同じように見てしまいます。また、幸せな気分でいる時に私たちは、その状況に水を差すにもかかわらず、長期間にわたって記憶に残りがちな不愉快な思い出で心をいっぱいにしてしまう、という行為をたびたびしてしまいます。私の言っていることは〝苦しみを無視するのではなく、より広範な状況においてそれを考えてみよう〟ということなのです。それは、履いている靴に違和感を覚える場合に似ています。もちろんあなたは、その理由を見つけようとします。しかし、同時に私たちは、その靴の良い面も考えねばなりません。あなたは即刻その靴を投げ捨てたりはしないでしょう」

これを聞いて私は次のように主張しました。

「もし私たちの苦しみが根深いものだったらどうでしょうか？　以前私は、将来への不安でほとんど絶望の淵にいる人々に会いました」

「苦しみが深刻な時、私たちはその原因を見つけようとせずに、こまごましたことを考えて、外に現れる兆候の微妙な点を読み取ろうとします。そのような時私たちは、その痛みや激しい感情をすぐに和らげるように行動しなければなりません。もし誰かが高熱のためうわ言を言っているとしたら、その人を助ける行動をとる前に、異なる発熱状態の時の症状を列挙したりしますか？　まずは体温を下げるための処置をすることが先決です。人々が深刻な苦しみにあえいでいる時も同じなのです。私たちはまず、彼らの苦しみを緩和し、彼らを勇気づけねばなりません。苦しみの軽減は、私たちが最初にしなければならない作業です。そうすることによって感情が沈静化し、彼らがそれによって打ちのめされなくなるのです。この段階では、どんな方法であれ、効果的であれば受け入れねばなりませんが、苦しみの緩和が最初に取るべき手順です」

「分かりました。しかし、その後はどうなるのですか？」

「その後は、苦しみを永久に緩和することはできませんので、問題そのものを解決しなければなりません。もしもそうしないならば、間違いなく困難が再び生じてしまいます。激しい否定的な感情が制御されて落ち着きが得られたあと、そのような感情や苦しみの原因を探し始めるのです。その解決策は、過去にさかのぼってその状況を詳細に検討することによって出てきます」

「苦しみはその原因が見つかった時点で簡単に消え去る——そういう意味ですか？」

セザールは改まった口調で言いました。

「いや、原因が分かっただけでは充分ではありませんが、苦しみが引き起こされた過程を理解すれば、それは減少します。残念ながら、たとえ私たちが過去の問題を完全に理解していたとしても、人生の異なる環境や状況に置かれると、それが息を吹き返す可能性が高いのです。その問題が長期間にわたって生じなければ、苦しみを本当に除去したことになります。この方法は、私たち自身の最も奥深い面を使いますが、すでに話したように、それは明晰な心と判断に基づくのです。苦しみを和らげることが可能なら、どのような方法も重要です。しかし、その効果は一時的にしかすぎません。それでもなお、本質的な問題は、苦しみが完全に除去できるかどうかを知ることです。苦しみを引き起こす特定の出来事が何であれ、苦しみとのもともとの結び付きを永久に断ち切ることが必要であり、それは苦しむ人々各々の完全な変容によってのみ達成されるのです。そのためには、まず初めに苦しみの原因を確認し、確実な心の明晰さに基づいて救済策を見いださねばなりません」

私は論理的推論に従って言いました。

「もし心の明晰さが得られれば、苦しみとの当初の繋がりを断ち切ることができるので、もはや苦しみは生じない――そういうことですか？」

セザールは即座に私の間違いを正しました。

「いや、そうではありません。心の明晰さだけでは不充分です。苦しみを完全に無くす技術は存在しません。なぜなら、たとえ苦しみの主たる原因を理解したとしても、それが全てではなく、それと共に別の何かが必要なのです。この点をもっとよく理解するためには、〝どんなに苦しみが強くても、決してそれは完全に私たちを打ちのめせない〟ということを実感する必要があります。苦しみが私たちに大きく影響することは事実ですが、どんなにそれが強烈であっても、それが到達できない隠された〝場所〟があるのです。人がひどく苦しんでいる時でさえ、その人のある部分は苦しんでおらず、逆に、その問題の原因と解決策の両方を実質的に知っています。これは人間の進化の本質を理解する上で、欠くことのできない根本的な点です。なぜなら、激しい苦しみを上手く克服することは、進化の梯子を上るための重要な一歩になるからです。心の内にあるこの隠された場所に近づけば近づくほど、苦しみを感じなくなるのです。もはや私たちは苦しみに共感しなくなる、というのがその理由です。苦しみが消えることはありませんが、その場所に特有の安寧と静謐が根本的に私たちを元気づけ楽にしてくれます。そこに繋がってそれとの深い一体感を得たいと願うなら、たとえ苦痛が持続したとしても、私たちは即座にゆったりとくつろぐことができて静謐な気分になれるのです」

私はセザールに言いました。

「この点において、私はまだ何か不明瞭なものを感じています。もし苦しみが軽減すれば、苦痛もまた和らぐのではありませんか?」

セザールは首を横に振って否定しました。

「確かに苦痛と苦しみの間には繋がりがありますが、あなたが考えている意味における繋がりではありません。わずかな苦痛であってもひどい苦しみを伴う人もいますが、苦痛が激烈でもあまり苦しまない人もいます。私が話した隠れた中心点は私たちの誰にも存在し、苦しみが入れない場所ですが、ある人々はそれを直感的に見つけることができます。しかし、まだその認識からは程遠く、さらにそこからかけ離れた歩みを続けている人々もいます。これが先ほどの説明になります。そのような人々は、彼ら自身の内に存在するこの極めて精妙な場所を知りませんので、苦しみが増幅するのです。これは失われた自制心を探し求めるように常に私たちに告げている声のようなものです。それはまた、人々が一般的に〝心の声〟と呼んでいるものになぞらえることができます。あなたはすでに気付いていますが、これは私たち各々の内に存在する〝至高の自我〟のことです。実のところこれが、苦しみが到達できない神聖な場所なのです」

セザールは話を終えて再び時計を見ました。そして、出発までの時間に休息を取る必要があることを私に告げました。貴重な説明と助言をしてくれたことに対し、私は心底から彼に感謝し、翌朝6時の出発に間に合うように準備しておくことを確認しました。これまで理解することができなかった数多くの点を明確にすることができましたので、私は幸せと安らかな気持ちでベッドに入りました。自分の人生の次の期間に特別の出来事や予期せぬ驚きに直面する――これを仮定すれば、今回のセザールとの議論は、そのための精神的な舞台装置のようなものでした。アルファ基地が極秘計画・秘密作戦のためのルーマニアの重要な拠点であることは充分に分かっていましたが、たとえそれを全く知らなかったとしても、私は既にその一部になっていて保護されているように思いました。なぜなら、私の目標は全く有益なものだからです。青の女神『マチャンディ』のことを考えながら、私はすぐに眠りに落ちました。

調査隊メンバーの集結と出発

早朝、訓練室に下りると、建物の外にあるヘリポートへ行くように指示されました。そこにはすでに大型のヘリコプターが飛び立つ準備をしていました。その隣には若者が三人いて何かを話していました。さらに彼らの隣には、数個の軍用収納ボックス、バッグ、および私が特定できない装備品が置いてありました。それらはすべて調査探索のために用意された装備品であることが分かりました。彼らと丁重なあいさつを交わした後、二人はアメリカ人で三人目はルーマニア人であることに気付きました。単純計算によると、もしも何も変更が生じなければ、調査隊は、隊長を務めるセザールと私を含めて全部で五人から構成されることになります。二人の外国人のうちの一人は、米国海軍の将校、もっと正確に言えば大尉であり、もう一人は民間人で『アイデン』と自己紹介しましたが、彼の風采・態度にはちょっとばかり戸惑いました。中肉中背、髪は金髪が微妙に混じった明るい茶色をしていて、落ち着きのない外見をしていました。特に強い印象を受けたのは、彼がとてもほっそりしており、常にイライラして落ち着かない状態だったことです。調査探索における彼の役割は分かりませんでしたが、後ほどセザールが説明してくれるだろうと思いました。三番目は、ゼロ局で働いているニコアラ大尉で、後で分かったのですが、彼はゼロ局諜報部最重要メンバーの一人でした。もう一人のアメリカ人は『トゥルージョ』と自己紹介しました。トンネルの調査探索は二年前に初めて実施されましたが、トゥルージョ大尉は、ニコアラ大尉と同様、その調査隊から編成された特別チームの一員でした。彼はメキシコ系で、私がスペイン語に堪能であることから、少々彼の母国語で話をしたのですが、彼にとってはうれしい驚きで、その場の雰囲気が一気に和やかで友好的になりました。

そうこうしているうちに、ヘリコプターのパイロットがセザールの勤務場所と同じ方向からやってきました。そして、持ってきた一連の書類に注意深く目を通し、何かを書き込みました。彼がヘリコプターに乗り込むと、間もなくローターの動き始めた音が聞こえましたが、それは、もうすぐ離陸するという合図でした。四人の兵士が到着し、装備品や装置類を大型ヘリコプターに積み込みました。強い気流を避けるために、私たちはパイロットの後ろの席に座りましたが、気流はすでに増幅し始めていました。騒音は非常に大きく、大声で叫ばなければ互いに聞き取れないほどでした。そのため私たちは、セザールの到着を無言で待つことにしたのです。約二分後、セザールが彼のオフィスのある建物から急いで出て来るのが見えました。彼は長身でがっちりした体格で、安心と冷静さの特別な雰囲気を醸し出していました。親愛の情が湧き上がって波のように押し寄せ、私の魂に溢れるのを感じましたが、彼への感謝の気持ちと共にその波が彼に届くことを願いました。自分が運命の導きによってセザールの生命の糸に結び付けられたことを、私は知っています。それゆえ、どこであろうと最後まで彼の後についていくつもりです。ここ数年間の経験を通じて、彼が最も賢い人間のひとりであり、彼の誠実さ・公正さ・善意に基づいて、誰もが信頼を寄せていることを真に実感しました。これらの資質・人柄全ては、彼から特別に放たれている微かなエネルギーによって倍加されています。彼のそばにいる誰もがごく自然にそれを感じるのです。

セザールは、卓越した霊性面の進化を達成しているとともに、地域社会および地球全体のさまざまな面を細部に至るまで理解しています。彼がいかにして独力でそれを成し遂げることができたのか、しばしば私は自分自身に問いかけました。私が知る限り、それは主としてセザールが過去生において立てた功績やその際に培った実力・長所によるものであり、多分これが、極めて容易に急速な進化を実現することができた理由なのです。彼は以前打ち明けてくれましたが、その秘訣は、彼が自分自身に課した訓練を格別な根気強さと忍耐力で実践することであり、その訓練とは、たとえ上手くいかない場合があったとしても、それによって落胆しない強靭さを身に付けることでした。そのような弱い気持ちが出てきたとき、彼は決してそれに身を委ねることなく、自分の意思・集中力・強い願望をさらに高めるために一層努力してきたのです。彼が強調した最も重要な点――それは、常にすべての内なる力を神に向けて集中させ、その純粋さ・優美さ等を神に共鳴させ続けることでした。

「私たち各々には永遠無限の神秘的な高み・深みが隠されており、あなたが自分の周りのすべてを正しく洞察する力を開発すれば、それはすぐに顕現するのです。この点を決して忘れてはなりません。この考え方は、失敗の恐れを感じることなしに、いつも私を成功へと導いてくれます。これがあなたを本当に幸せにしてくれる唯一の方法なのです」

セザールのこの言葉は、あたかも火の文字で刻印されたかのように、今でも鮮やかな記憶として残っています。自分の無知のゆえに私は「それは選ばれた特別な人々だけが持つ資質ではないですか？」とセザールに尋ねました。すると彼は、辛抱強く次のように説明してくれました。

「あなたの考えは間違っています。私たちすべてには永遠の幸福を獲得する権利が与えられています。しかし、あなたの考えはそれを制約してしまうのです。誰もがその人独自の役割を果たすために存在していますが、人生における大部分の時間、人々はこの役割を理解しないまま社会生活の中で自分を見失ってしまい、生きるための主たる理由を忘れてしまいます。比類のない存在である神を実感するための唯一の方法は、私たち各々もまた比類のない優れた存在であることを知ることです。そのためには、私たちの〝至高の自我〟と一体化し、それに溶け込んで一つにならねばなりません。その他すべてのことは二次的であり、あまり重要ではないのです」

その時私は、彼のこの話の意味をよく理解できませんでした。私はこの事実を認めねばなりません。しかし、その背後には、一般的な知覚方法や分析手法では見いだすことができない深遠なる真実が隠れているものと推測しています。さいわい、私の霊性面の視野は格段に広がり、少なくとも理論上は〝それが均衡のとれた人生と真の幸福を獲得するために人類の進むべき唯一の正しい方向であること〟を明確に理解できています。これらすべては私たちの内面から出てくるのです。

これらの過去の記憶をたどって沈思黙考していた間に、セザールはヘリコプターのすぐそばに来ていました。そして、パイロットに離陸の合図をしてヘリコプターに乗り込み、私の隣に座りました。私に防音式のヘッドフォンを手渡してくれましたので、それを装着したところ、即座にヘリコプターの騒音が除去され、彼の声が明瞭に聞こえるようになりました。このヘッドフォンは特別に開発されたものであり、無線増幅器が内蔵されていて、小さなアンテナが付いています。セザールの説明によると、これは、二年前にスタートしたルーマニア政府とのパートナーシップに基づいてアメリカ側から提供された設備の一部だそうです。首に付けられた小さなマイクロフォンを使って、セザールと楽に話ができましたので、飛行時間を有効に利用して、ある程度彼から調査探索について話を聞くことができました。

厳しい規制のゆえに、調査探索に関してはこれまで何一つ聞いていなかったのです。最初に分かったことは、アイデンはコンピュータ分野の天才的専門家であり、とりわけ暗号解読に優れていることでした。ペンタゴンの職員として米国の軍事経済面の利益に資するため、世界中のさまざまの秘密基地の壁の間でのみ人生を送っています。アイデンがそのような制約された生活リズム・条件に耐えられることは、まさに驚きでしたが、近くに寄って見ると、彼はまさに、自分だけが知っている異なる宇宙の中で生きているように思われました。さらに彼について、セザールは次のように説明してくれました。

「今回の調査探索に特別な測定と非常に複雑なコンピュータ分析が必要なのですが、その仕事には彼が最適任なのでペンタゴンが彼を派遣したのです。他の二人の役割は、ベストの状態で調査探索を実施すること、および、予期せぬ事態に対処することです」

私の目的と役割について尋ねたところ、次のような答えが返ってきました。

「表向きは、難解な謎・秘儀分野のコンサルタントですが、シエン博士と連絡を取るというあなたの役割を考えると、これはあながち外れてはいません。しかし実際は、あなたの参加を要請するために、私が特別にその状況を利用したのです。あなたが本を書く上でこれが非常に役立つことでしょう。ルーマニア政府は何度か躊躇しましたが、最終的に私は上層部から了承を得ることができました。すでに話したように、実情はもっと込み入っているのですが、今はその詳細には立ち入りません」

大切な記憶／ホログラフィー投影で見たもの

しばらくの間、私たちは静かに飛行を続けました。高速かつ低高度で飛ぶヘリコプターの窓から、丘や山脈で特徴づけられた景観を楽しむことができました。都市部の上空を通り過ぎることはありませんでしたが、私にとってはその方が快かったのです。なぜなら、自然がより近くに感じられ、目的地に近づきつつある、という気持ちになれたからです。丘の上には家々が散在し、大規模な田園地帯や森が見えました。数千年前、これらの場所には誰が住んでいて、どのような物事に没頭し、どんな生活に終始していたのだろうか、と私はあれこれ思いを巡らしました。彼らはどんなことを考え、どのように人生を送ったのでしょうか？　私はブセギ山脈地下のチャンバーで見たホログラフィー投影を思い起こし、その断片を再構成してみました。すると、ルーマニアの山々は、この地域に住んでいた超古代の人々の主たる生活拠点だったことが分かりました。実質的にこの地は、彼らが日常の活動を準備し計画した場所だったのですが、これらの野原にはほとんど居住者がいなかったのです。私の知る限り、あのホログラフィー投影に現れたものは、おおよそ今から８０００年ないし９０００年前の時代だったと思います。

あの連続したホログラフィー映像には、私たち人類についての真実が映し出されていました。それは、これまでの長い歴史を通じて一般の人々に知らされないまま隠されてきた情報であり、極めて衝撃的で驚くべきものでした。残念ながらこれらの映像情報は、その大部分が開示を許されていません。ホログラフィー映像の最後の部分には、おおよそ今から一万年前のルーマニア国土についての詳細な情報が含まれています。その一部に関しては本に書く許可が得られましたので、それをこれからお話しします。

そのホログラフィー映像を見て、あまりにも居住者の数が少ないのに驚きました。集団的生活地、都市あるいは要塞のようなものは、実際のところ皆無でした。人々はほぼ例外なく山の上に住んでおり、彼らが享受した自然の産物は、羊と花蜂から得たものだけでした。羊は私たちが現在知っているものよりも大きく、また人々自身も私たちより長身でした。男の平均身長はおそらく2m、女の場合はそれよりも少し低いように思われました。農業と羊の放牧を除けば、彼らの生き方は私たちの生活と全く異なっていました。ほとんどの時間彼らは独りだけで無言の生活をしており、目を閉じて深い瞑想状態に入ることを好みました。一人の男がバケツを持って川に水汲みに行っている影像がありました。バケツが数メートル先の川辺にまで流されていたにもかかわらず、彼は跪《ひざまず》いて目を閉じた状態をずっと続けていたのです。

沈思黙考だけが当時の人々の関心事だったようです。女性は羊からミルクを搾乳し家に持ち帰りました。彼らの食物は乳製品と農作物だけでしたから、料理はしませんでした。現在私たちが見かける仕事と類似したものが、ときたま映像に含まれていました。その一つが機織《はたおり》と裁縫《さいほう》です。実のところ女性たちは、非常に簡素な木の道具を使って、羊毛製の白くて長いシャツを織っていました。それはとても柔らかくて薄く編まれていました。人々は皆同じ衣類を身に付けていました。シャツは膝のちょっと下まであり、胸の部分が開くようなデザインでした。腰の周りには羊毛製の帯を巻いていました。

彼らの家は木造で非常に高く、ピラミッド形状の屋根が付いていて、部屋が一つだけありました。半円形の高い入り口を通って外から直接家の中に入るような簡素な構造で、ドアや窓は付いていませんでした。また、犬・猫のようなペットや野生動物は全く見られませんでした。彼らの生活は極めて質素で平和に満ちていましたが、それにもかかわらず、彼らの生活水準は私たちよりも高かったように思えました。彼らの動きは堂々としていて気品があり、動作は非常に正確で、慌ただしさは皆無でした。毎日の仕事の最中でさえ、ほんのまれにしか身振り手振りをしませんが、非常に手際が良く効率的な仕事ぶりでした。焦ったり慌てたりすることは決してなく、常に余裕を持っているような印象を与えました。明らかに彼らの動作はゆったりとしているのですが、それでも、いったん始めた仕事はすべてやり終えてしまいます。

当時は時間の経過が私たちの時代よりも遅かったようです。それだけ一日の時間が長く、夏の季節の映像を見てもそれは明らかでした。日中、活動の真最中でさえも、男たちは突如として地べたに座って瞑目し、深い沈思黙考の状態を数時間にわたって続けました。そしてそれが終わると、すぐさま活動を止めたところからそれを再開しました。特別な習慣や儀式は見られませんでしたが、夕刻、女性たちは山の頂に上って沈む夕日に向かい、耳に隣接して両手を斜め上に伸ばしました。それは〝すべてを捧げると同時に与えられるあらゆるものをすべて受け入れる〟というしぐさでした。それは祈りに同一視される唯一の行為であり、無条件にすべてを神性にお任せするという意思表示だったのです。なぜかと言えば、神を表すものや祭壇、あるいは宗教的実践の象徴となるものが何一つ見られなかったからです。彼らは仲介者を通すことなく、万物の根源に直接つながっていたように思われます。彼らの生活は完全に霊性に基づいていて、仕事の最中であろうと、あるいはゆったりとくつろいでいる時であろうと、常に絶え間のない瞑想に身を捧げていました。

日中、男は羊と一緒に山に行っていましたが、夕刻になると、再び連れ合いと一緒になりました。男は羊の群れの先頭に立ってゆっくりと歩き、羊たちは迷うことなく彼の後に従いました。適切な場所に着くと、男は目を閉じてしばらくの間そこに立っていましたが、その後、東西南北四地点をある一定の時間間隔でゆっくりと回り始めました。多分それは私たちの時間感覚で一～二時間続いたものと思われます。それから彼は草の上に座って瞑目し、動くことなくその場に数時間とどまりました。日差しや風、雨等、彼の平安を乱すものは何一つありませんでした。

ホログラフィー投影のある時点で、私は瞑想中の羊飼いの近接影像を見たのですが、彼は目を閉じていませんでした。私があまりにも彼に近寄ったので、もしも手を伸ばせば彼の顔にほとんど触れられそうでした。その映像があまりにも感動的だったため、涙が溢れ出てきました。その理由を説明する前に、まず彼の身体面の特徴を理解しておく必要があります。彼は金髪で私たちよりももっと肌が白く、ある種の輝きをもっていましたが、それは微かな感覚を通してのみ知覚できるものでした。男は全員顎ひげを蓄えており、それはほとんど白色に近い金色でした。しかし私が最も感銘を受けたのは彼の表情でした。彼の鼻は真っすぐでやや幅が広く、口には見事に均整の取れた唇が付いていて、精悍な顎は複雑な性格・個性を表していました。頬はやや外側に盛り上がっていて、広い額にはしわがありませんでした。また。髪の毛は真っすぐで肩まで伸びており、彼が身に付けている羊毛製シャツの一部にかぶさっていました。彼は目前の山を見ていましたが、彼の目は空のように青く、無限の深みを湛えているようでした。目は物質世界の現実から完全に引き離されているように思われましたが、彼の微かな存在のすべては、私たちの理解をはるかに超える彼の先祖の世界にとどまり続けているようでした。彼のその表情があまりにも超然としていて、素晴らしい安らぎの波動を放っていたため、突如として私は泣き出してしまったのです。

ホログラフィー投影はさらに続き、彼らのある日の活動を映し始めました。常に羊飼いは、夕刻の瞑想を終えた後、立ち上がってゆっくりと家路につきます。即刻羊の群れは、彼に心配をかけさせることなく、整然と彼のあとを追います。帰宅して連れ合いと顔を合わせると、二人は抱き合い、しばらくの間動かずにそのままでいます。それから食事をしますが、それはいつも家の外です。夜のとばりが降りると、彼らは家の中に入ります。

この先の投影の内容は、これまで公開が禁じられていたものです。それによって私の存在自体が打ち砕かれてしまったのですが——。残念ながら人類はこれまで、近代科学が主張してきたような進化ではなく、退行の道を歩んでしまったのです。

夫婦が家の中に入るとすぐに、まるで魔法がかかったかのように部屋全体に明かりが灯ったのですが、光源らしきものが何もないことは明らかでした。それは超自然的な光で、目に優しい黄白色でした。その光は特別に優れていて、部屋の中にあるものすべてがはっきりと見えました。それは驚くほど清らかであり、同時に夫婦の生命の一部であるように思われました。その後、ホログラフィー映像は、家の入口に近づき、敷居のところで静止しました。そこからは部屋の内部を完璧に見渡すことができます。部屋の大きさは、間口約三メートル、奥行き約四メートルであるように思われました。部屋には、簡易ベッドらしきものだけがあり、床からの高さは五十センチほどでした。床は皮を剝いだ木の幹を隙間なく並べたものでした。

私は自分の見たことが信じられませんでしたが、夫婦がベッドに入り上を向くと、部屋の明るさが半減し、不思議な青色の光に変わったのです。この現象はきっと、夫婦の微かな意志により、自然的かつ何の努力も要せずに生じたに違いありません。もしも彼らの純然たる意志によってこのような変化をもたらすことができるのであれば、他にも驚くべきことがたやすく実現することでしょう――もし彼らが望むならば。それにもかかわらず、彼らの生活は極度に質素で、彼らが明らかに所持している巨大なパワーに頼ることなく、大自然およびそれが与えてくれるものに対して、極めて謙虚な生き方をしていました。私のこの推測は、あの時代のルーマニア地域に関する最後の一連のホログラフィー映像に基づきます。私が見たこれらの出来事は、西カルパティア地域（アプセニ山脈）のどこかで起きたものと思われます。

突然映像が変わり、この地域の共同体の〝霊性に基づく親睦会〟と思われるものを見せてくれました。私が言うこの〝共同体〟は、三つないし四つの山間の谷にわたって散在していたものです。家屋はまれにしか存在せず、居住者の数もわずかでした。実際のところ、町は言うまでもなく、村さえもなかったのです。奇妙ではありましたが、子供や老人が写っている影像は皆無でした。私が見た人々の年齢は、男女とも三十五〜四十五歳ぐらいに思われました。ホログラフィー映像が映した場所は広大な山の頂上で、そこからは山の両側を見渡すことができました。それは信じられないほど素晴らしく美しい景観でした。

山頂に集まった人々の数は全部で九人（男五人、女四人）でした。彼らは真円状に座り、全員が深い瞑想に入っていました。瞑想のある時点で、事前の通告なしに全員が同時に立ち上がり、互いに手をつなぎ合いました。その数秒後に起きたことに、私は自分の目を疑いました。彼らが形作った円の真ん中に、白い光の柱が突如現れたのです。その光があまりにも明るかったため、私は無意識的に自分の目を手で覆ってしまいました。そうすることによって、かろうじて何が起きているのかを見ることができたのです。天空に向かって高く伸びた光の柱は、神聖さに基づく強烈な感情を生じさせていましたので、私でさえも、ある種の共感および〝失われた太古の時代に顕現した精妙なエネルギーの自然発生的な伝達〟を感じることができました。

山頂における人々の集いの目的および光の柱が顕現した理由は分かりませんが、その後の夕刻、円陣を組んだ同じ人々が依然として動くことなく座していましたので、それが相当長い時間続いたことは確かです。その集まりは真に比類のないものであり、超自然的な美しさにあふれていました。山全体が光の柱によって荘厳に輝き、遠く離れた谷間や近くの山々の頂きさえも明るく照らしました。その荘厳さを正確に言葉で表すことはできません。なぜなら、私自身が完全にそれに圧倒されていたからです。その後、光の柱の光度が減り始めて最後には消えていきましたが、それが起きる前、九人の人々が座していた山頂は、前述した夫婦の家に明かりが灯った時と同じように明るく照らされたのです。九人の人々は互いの手を放し、しばらくの間同じ場所に留まりました。それはわずか二分足らずの時間でしたが、その直後衝撃的なことが起きました。九人の人々が、数秒の間隔で一人ずつ視界から消えていったのです。最後の一人がいなくなると、山頂が暗闇に包まれました。

以上、ホログラフィー投影室で私が見た映像の一部について、その内容をお話ししました。それは私に深い感銘を与え、私の内に強烈な感情を引き起こしました。直感的に私は、映像に写っていた人たちが太古の昔に生きていた私たちの遠い祖先であると考えましたが、それが、私にこのような感情を生じさせた理由でしょう。ホログラフィー映像は極めて正確でした。まずそれは、カルパティア・ダニューブ地域全体の景観を映すことによって場所を特定し、その後、ルーマニアの他の地域の映像を混ぜながら、徐々にアプセニ山脈南端の地域に焦点を当てていきました。これらの映像については語ることが許されましたので、まず初めに私はそれらをすべて説明したいと思ったのです。それらは超古代におけるルーマニア地域を限定的に映したものでした。私が先ほど述べた最後の映像は全くと言っていいほど非現実的であると思われます。しかし、それは私が実際に見たものであり、高い集中力に基づいてはっきりと知覚されたのです。テクノロジーに頼らずに人類の過去の時代の状況を知ることができる人であれば、私の述べた情報が正しいことを証明してくれるものと確信しています。

再び地下の巨大施設へ／物理的トンネル内の非物質テクノロジー

まだ出発後1時間以内でしたが、ブセギ山脈の秘密の場所を思い出させる最初の山々が遠方から見えました。山の入り口から五十メートルほど離れたヘリポートに無事着陸しましたが、二年前の状況と比べて、根本的な変更が加えられているのがすぐに分かりました。ヘリコプターから降りて、周りを注意深く見渡したところ、武装兵士二列による防御体制はすでになく、物資を軍事基地に搬入する道路だけが残されていて、貯蔵スペースがあった場所にヘリポートが建設されていたのです。半球状のモジュール構造があった所に、屋根付き通路に隣接する巨大な格納庫の入り口が建造され、気密状態が保たれていました。「格納庫の内部に存在した研究室は移動させられ、格納庫自体は貯蔵スペースとして使われている」とセザールが説明してくれました。ブカレストには内密に運営されている専門研究所があり、そこには米国陸軍が出資した新世代の研究分析装置が設置されています。調査を要すると考えられたすべての証拠物件は、まずそこで分析され、そのうち最も重要なものだけが、さらなる詳細な分析のために米国に送られているそうです。全体的には、ブセギ山脈のこの秘密の場所は〝単純化〟されました。つまり、それが周りの植生と一体化するように自然の地形に沿って修復されたのです。セザールによれば、それはあくまでも見掛けだけであり、実際は、幾重もの極めて精巧な警告防御システムが設置されているそうです。彼からそれ以上の説明はありませんでしたし、あえて私も求めませんでした。

米国人将校が私たちを出迎え、セザールにあいさつしました。彼は最重要の立場にある米軍の代表者で、現地における業務を指揮していました。セザール以外の四人全員が、米国人大佐の持参したデータシートに基づいて確認照合を受けました。三人のルーマニア兵士と三人の米国人兵士から成る哨戒隊が私たちを取り囲み、左側の屋根付き通路に先導しました。その一方、米国人大佐とセザールは外側に残って話をしていました。再度この場所を訪れたことにより、二年前にここで過ごした数時間の記憶がよみがえって胸が高鳴りました。私たちは巨大な屋根付き通路の入り口に近づきました。それは山壁の裏側に巧妙な方法で偽装されていました。過去二年間に、巨大な壁が屋根付き通路の入り口およびトンネルの入り口の両方に建造されていました。それらは気密構造になっており、必要の際は滑って動きます。私たちは全員、右側にある二番目の入り口から中に入りました。屋根付き通路は非常に大きく、明るく照明されていました。

左側には非常に大きな箱と軍事装備品が保管されており、右側には武装人員運搬車が二台出口を向いて駐車していました。この巨大チャンバーはグランド・ギャラリー（大広間）とホログラフィー投影室から構成されています。それらの内部を高速移動するための電気自動車が数台整列しており、その向こう側に、車を保護するための大きな防水シートが見えました。二年前には、右側の入り口から数メートル離れた所に、急造された縦長の研究室が三つ並んでいました。現在も同じ構造物がありましたが、それらは、ここに長期間滞在している職員（主として米国人）のための娯楽休養施設に改造されています。ルーマニア人衛兵は毎日交代し、基地からこの施設のすぐそばまでやってくる軍用トラックで往復しています。

最高レベルの軍事協定に基づき、セザールがホログラフィー投影室と地下トンネルに関

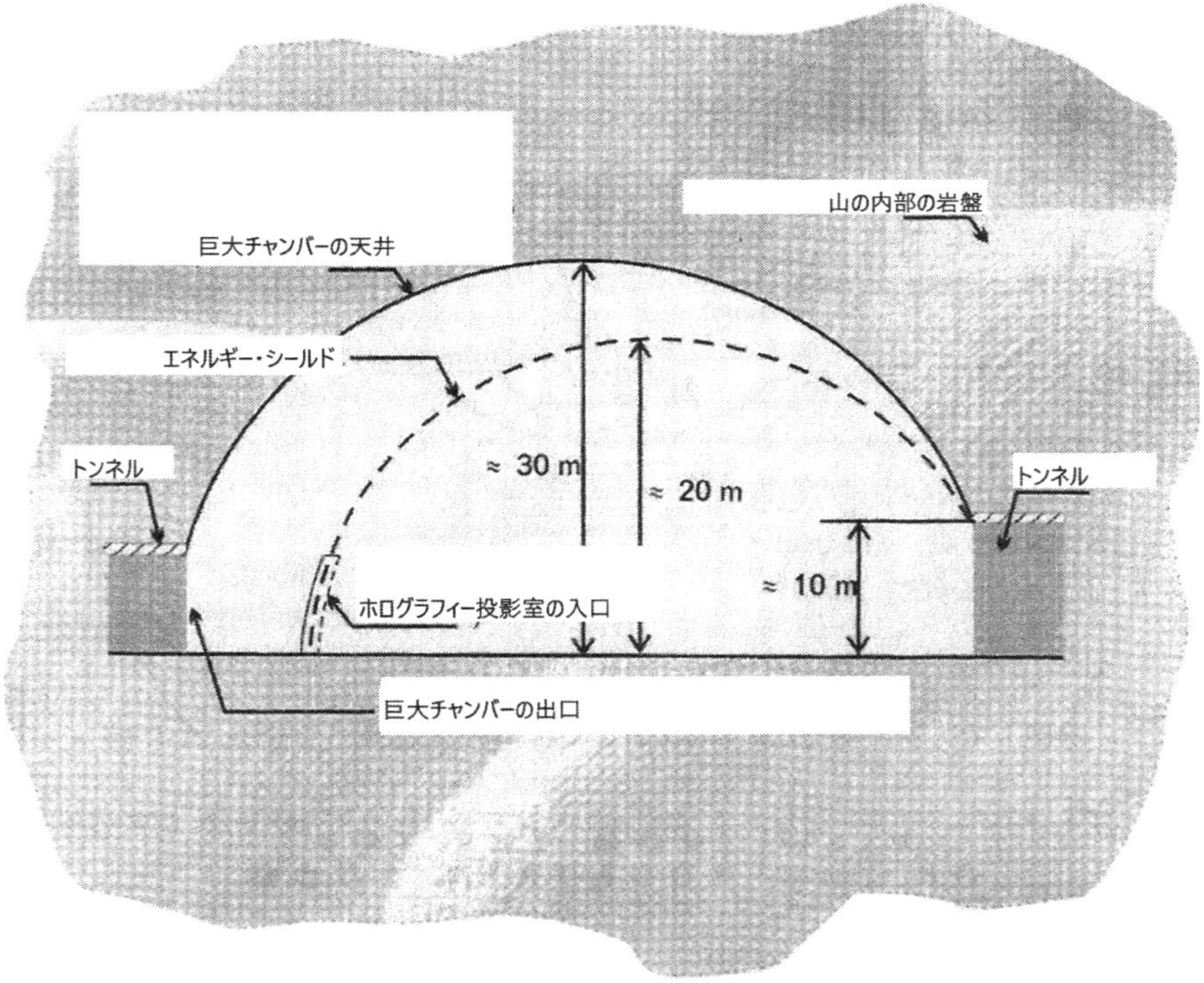

山の内部にある巨大チャンバーの断面図（ホログラフィー投影室を含む）

連する業務の担当責任者に任命されています。この複合施設の警備・安全管理の責任者は、私たちが到着した際に会った米国人大佐ですが、名前は分かりません。

私たち四人は最初の建物に入りました。そこは列車の客室のようなコンパートメント構造で、右側が五つの小部屋に分かれており、左側がロッカー付きの長い廊下になっていました。手前の四つのロッカーに案内されましたが、その各々に名前入りのラベルが付いていたのには驚きました。私のロッカーは三番目でした。その中には調査探索の際に身に付ける装備品が入っており、それは完全に米国製でした。バックパックのように見える特別なリュックサックもありました。それは、胸のところで対角線上に交差する幅広のベルト付きで、人間工学的に設計されていました。ビニールのように見える素材からできていて、背中と背骨の位置に基づいて折り畳まれる構造になっていました。リュックサックの中はコンパートメント状になっており、濃縮食品や応急処置用品を含む数多くの製品がきちんと配置されていました。衣服は一見潜水作業用のものに見えましたが、それよりも斬新なデザイで、ネオプレンよりもさらに薄く摩耗しにくい素材でできていました。

私たちに与えられた靴は実に革新的なものでした。鹿皮製の厚底靴のように見えましたが、足首のところが高くなっていて靴底の外側に突起物が付いていました。また靴の側部には、いくつかの重要な生理的パラメーターを連続的に分析する複雑な構造物が付いていました。それらの評価は、靴底内部に装着された二つの強力な集積回路によって為され、結果の情報は特別のセンサーから発信されます。分析結果に基づき、パラメーターが連続的に再設定されフィードバックされて、自動調整する靴底突起物の動きとして、靴の特定部分にしかるべき圧力を生み出します。こうして、高度な要求条件に対する人体の物理面・精神面の抵抗が大幅に軽減されるのです。

何となく気恥ずかしかったのですが、私用の靴を履いてみました。すると驚いたことに、即刻鹿皮が私の足にぴったり適合したのです。不快な感じは全くしませんでした。ニコアラ大尉の説明によると、この靴に使われている素材は〝インテリジェント（知的）〟なのだそうです。彼が参加した2年前の調査の際、彼の履いた靴はこの特性を持っていませんでした。しかしその後、米国側がこの革新的な靴を新たに設計したのです。

装備品が用意できたので、私たちは建物の外に出ました。ヘリポートに隣接した場所には誰も残っていませんでしたが、しばらくしてから、セザールがトンネルから出て私たちの方にやってきました。「すべての手配が済んだので数分後に出発する」と言ってから屋根付き通路に入っていきました。その後間もなく、彼自身も準備を整えて出てきましたので、私たちは全員が完全装備の状態で巨大トンネルの入り口に向かいました。巨人のようなスライド式ドアが一・五メートルほど右側に滑らかに動き、私たちが中に入るのに充分なスペースが生まれました。

セザールが最初に入り、大佐の補佐と思われる米国人将校から受け取った一連の書類に署名しました。その間私たちは入り口のそばで待っていましたが、その際私は、過去二年間に変更された部分を詳しく観察することができました。偽装された引き戸によるトンネルの閉鎖は別として、内部の照明設備が以前よりもはるかに改善されていたため、細部までが非常によく見えるようになっていました。即刻私の注意を引いたのはトンネルの最初の部分でした。その分の長さは約十メートルで左に曲がり、実質的に山の岩にドリルで穴をあけたものでした。それは衝撃等を吸収する特別の材料で完全にカバーされ、さらに銀色の金属の箔《はく》に覆われていました。その素材はチタニウムで、壁の絶縁は宇宙船に使われる米国の最新テクノロジーによって為されたことが、その後分かりました。

トンネル全体が清潔で明るく照らされ、快適であるように見えました。分厚いゴム製のカーペットがトンネルの床全体に敷き詰められていました。壁には赤色信号を発するブイ（浮標）が取り付けられていました。この複合施設に深刻な問題が生じたとき、保安体制が侵害されたとき、あるいは、ホログラフィー投影室から延びている三つのトンネルのどれかに調査遠征隊が派遣されたとき、そのブイは連続的に赤色信号を発し続けるそうです。

このトンネルの入り口およびドア後方の黒ゴム製カーペットの上に、米国製の二人乗り電気自動車が四台駐車していました。それらは私が二年前に見たものと同じで、チャンバー内の高速移動に使われています。

セザールが書類に署名すると、米国人将校が、入り口右側の小さなキオスクから出てきて彼にあいさつしました。そのキオスクには、ルーマニア人兵士も一人駐在していました。それから私たち五人は電気自動車に乗り込みました。二人の米国人が最初の車に乗り、セザールと私が二台目の車に乗りました。ニコアラ大尉だけが一人で三台目に乗りました。この実用的な車のデザインが極めて洗練されていることに、非常な感銘を受けました。楕円形でボンネットは付いておらず、前半分が二座席の運転室になっていて、後ろ半分に荷物が積み込めるようになっていました。セザールの話では、私たちが屋根付き通路内で着替えている間に、兵士たちのチームが、必要な物資をヘリコプターからこのチャンバーに運搬し、電気自動車に積み込んだのだそうです。

私たちがこのドアのない車に乗り込むと、即刻ダッシュボードが点灯し不思議な青い光に輝きました。この電気自動車は、このような場所における理想的な移動手段です。この車には高性能の四輪同時旋回システムが搭載されています。それによりこの車は、位置を変更せず実質的に向きを変えることが可能になり、極めて狭いスペースに無理やり入ることができるのです。セザールがダッシュボードのボタンを一つ押すと、車がゆっくりと動き出しました。その後間もなく速度が時速三十キロメートルに上がりましたが、騒音がほとんど出ないのが印象的でした。

私たちは左に曲がり、グランド・ギャラリーの入り口に向かって真っすぐ進みました。スライド式の巨大な石の門が左側に開きましたが、その前に、複雑なレーザー保安システムが設置されていました。セザールは車を止め、書類に署名するのと同じ手続きをしました。そこに駐在していた米国人将校が、書類上のデータに基づいて再度私たちを確認・照合しました。彼にはルーマニア人将校が付き添っていました。セザールが網膜スキャナー装置の前に立ち、警報装置が三十秒間切れるように、それをリセットしました。私たちが門を通過できるようにするためです。その後彼は車に戻り、私たちの車は三台ともグランド・ギャラリーを通り抜けました。私にとってこの特別の場所への再訪は、大いなる感情の高まりを伴うものでした。それに気付いていたセザールは、私がここのすべてになじむための時間が取れるように、低速度で車を走らせてくれたのです。二年前に私の興奮をかき立てた未知の謎——それにより私は、紛れもない武者震いを感じていました。私はギャラリーの高い天井と完璧に仕上げられた壁を見ました。それらは微妙な陰影を醸し出すような輝きを放っていました。この場所の完全なる静寂さを乱すものは、私たちの車から出ているほんのわずかの騒音だけでした。誰もが無言でした。一瞬後ろを振り向くと、アイデンがこの壮大なギャラリーに驚嘆している様子が見えました。

　同じ通路を今回は徒歩ではなく車で進んだのですが、受ける感じが前回と異なることに気付きました。車の速度は徒歩よりも速い程度ですが、それでも充分催眠にかかったような気持ちになってしまうのです。それは、水面のさざ波のような微妙・精妙な陰影に起因しており、チャンバーの壁を覆っている組織から創出されています。夢見心地になるぐらい非常に心地良く、最終的には眠りに落ちてしまうほどの効果をもたらします。実際のところセザールは、これまでの経験から、低速走行によって催眠作用が減少することを知っていたため、あえて車をゆっくり走らせたのです。口元にかすかな笑みを浮かべながら、セザールは次のような説明をしてくれました。

「過去に米国人将校が高速走行したことがありましたが、そのとき彼はすぐに眠り込んでしまったのです。幸い私が彼の隣に座っていたため、即刻運転を代わることにより事故を避けることができました」

　そして彼は笑いながら言いました。

「この現象が、この経験から見いだされたもう一つの新たな謎であり、この複合施設の建造者が意のままにしていた最先端テクノロジーに基づくのですが、残念ながら私たちには、そのテクノロジーの効果しか分からないのです」

私たちは、ホログラフィー投影室を遮蔽しているエネルギー・シールドのすぐ前に到着しました。それは不思議な青い光を放っていました。セザールは、他の二台が駐車して装備品を下ろすのに充分なスペースを残しつつ、自分の車を止めました。そのとき私は感無量の状態のままでした。この場所はまさに壮大さと謎に満ちています。それを言葉で表すことはできません。私は以前このチャンバーを訪れており、この内部に何があるのかを知っていただけに、現在そのような感情の高まりを、一層強く経験しているのです。

微かな繋がりが、この複合施設を建造した超古代文明の人々との間に創り出されたような気がしました。そして私は、不思議にも彼らに親しみを感じたのです。それは〝瞬時にして私をそのような先祖の時代に連れ去った無意識の流れ〟なのかもしれません。この複合施設の建造目的は何なのだろうか？　テクノロジーの面では、彼らはどのようにしてこのすべてを創ったのだろうか、また、私たちに残したかった彼らの隠されたメッセージとは一体何なのだろうか？　まるで私は、〝ゆっくりと静粛に歩きつつ魂の特別の次元について熟考するように〟という指示を、この壮大かつ繊細で驚くべき建造物から受けたかのようでした。このような感情が生じることは前回訪れたときから分かっていたのですが、今それを内面的に一層強烈に感じていたのです。

このような感慨に浸っていた私は、急激に現実の世界に引き戻されました。なぜなら、

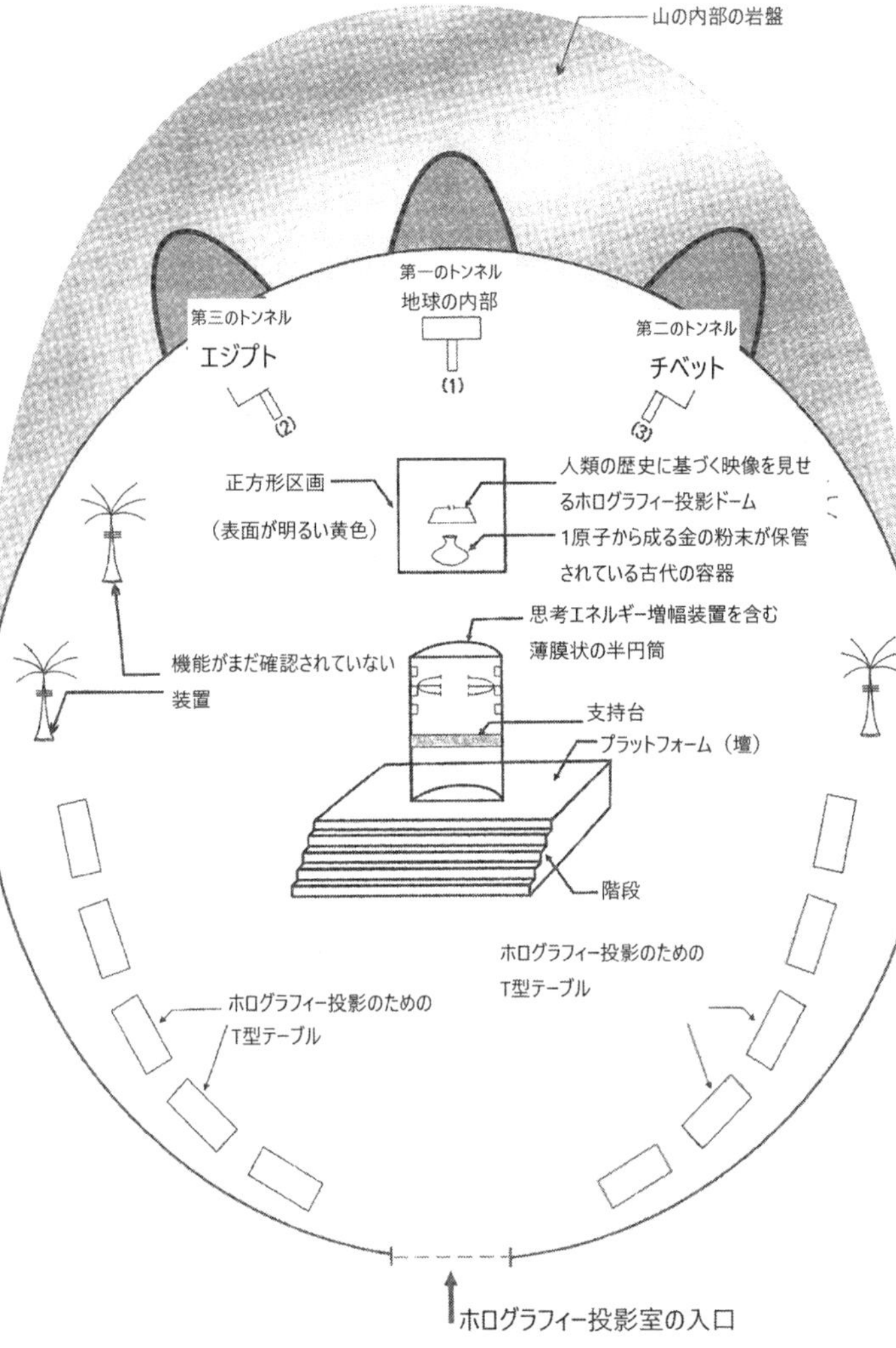
山の内部の岩盤
第一のトンネル
地球の内部
(1)
第三のトンネル
エジプト
(2)
第二のトンネル
チベット
(3)
正方形区画
（表面が明るい黄色）
人類の歴史に基づく映像を見せるホログラフィー投影ドーム
1原子から成る金の粉末が保管されている古代の容器
思考エネルギー増幅装置を含む薄膜状の半円筒
機能がまだ確認されていない装置
支持台
プラットフォーム（壇）
階段
ホログラフィー投影のためのT型テーブル
ホログラフィー投影のためのT型テーブル
ホログラフィー投影室の入口

ホログラフィー投影室の内部

私たち全員がエネルギーの壁を通り抜けてホログラフィー投影室に入る時が来たからです。投影室の中に入ると、ほのかな喜びが私の魂に溢れ、我が家に帰ったような気持ちになりました。同時に、深い感謝の気持ちが自分の内から湧き上がってくるのが感じられました。ここには時が止まったかのような完全なる静粛さがあり、あたかも壮大な大聖堂の中にいるような感じでした。吸音材が使われているため自分の足音はほとんど聞こえなかったのです。

入り口の近くにある一連の〝T形テーブル〟および部屋の真ん中に座す〝プラットフォーム〟が目に入りました。このプラットフォームの上には透明な半円筒形の装置が設置されています。そして遠方に、薄緑の光に照らされた三つのトンネルの入り口が見えました。もうすぐ私はこのうちの一つに入って未知の場所に向かうのだ――そう考えると一種の身震いのようなものを感じましたが、すぐに勇気を取り戻しました。セザールが既に一度調査探索に行っているので、それについての基本的な情報は入手済みだからです。

すべては二年前と全く同じでした。唯一の変化は、信号を発するブイ（浮標）およびレーザーに基づく追加の保安システムが、米国人技術者のチームによって各々のトンネルの入り口に取り付けられたことです。チャンバー内は静穏でしたが、動きはありました。数えてみたところ、八人ほどの兵士が、三つのトンネル、特に最も左のトンネルの前付近で、素早く正確な動作に基づいて仕事をしていました。彼らは、自分たちが何を為すべきかを非常によく理解しているようでした。彼らがいなくなると、他の兵士たちが来て同じ作業を続けました。兵士の一人が、最初のトンネルの指令操作卓の隣に立っていました。すると、それほど大きくないホログラフィー映像が、彼の前に投影されました。時々そのホログラフィーの内容が変化しましたが、距離が離れていたため、それが何なのか私には分かりませんでした。

私はプラットフォームに付いている踏み段の一つに座りました。セザールは大尉二人を伴い、トンネルに向かって進んでいきました。しばらくすると、アイデンがやってきて私の隣に腰を下ろしました。彼は特別製の箱からコンピュータを取り出し、あたかも放心したかのような顔つきで、この壮大な部屋を見渡しました。

「私は前に一度ここを訪れたことがあるけれども、今回も再びあなたと同じほど感銘を受けています」とアイデンに話してから、彼の持っているコンピュータがどんなものなのかを尋ねました。すると彼は、次のように説明してくれました。

●それは、彼からの綿密な指示に基づいて設計された他に存在しない唯一のものであり、彼は決してそれを自分の手元から離さない。

●ペンタゴンからの委託に基づいて米国の有名な研究所によって特別に設計された。

●現在知られているどんなものよりも二十年以上進んだ最先端テクノロジーに基づいている。

私はあらためてアイデンを注意深く見ました。彼が三十歳を過ぎているとは思えません。しかし彼は、地球上で最も傑出した天才の一人のようなのです。

彼のコンピュータは、私がこれまで見たことのあるどんなものとも異なっていました。アイデンがその蓋をプッシュしたところ、通常のノート型パソコンのようには開かずに、前方にスライドしました。そして同時に、コンピュータの表面が多色の光で控えめに点灯したのです。しかし、私が本当に驚いたのはその性能だけではありません。そのメニュー（ディスプレーに表示されるプログラムの一覧表）には三次元投影の機能が含まれており、ある時点でアイデンが指でそれに〝触れる〟と、即座にその結果が現れるのです。彼の指の器用さ・巧みさはまさに驚異的でした。私は何度も見たのですが、単に彼が三次元投影の浮き彫り状の部分に向かって手を動かしただけで、すぐさまその結果が現れたのです。度肝を抜かれた私は、どのようにしてそんなことが可能になるのか、アイデンに尋ねました。

「実のところ私にもよくわかりません。これまでの私の人生で、ほかには何もしていませんから――」

そう言いながら彼は、そのとてつもないコンピュータを操作し続けました。

「これが私の世界であり、ともかくも私が安心できる唯一の場所なのです。私はこれと特別の繋がりを持っています。この中の電子回路の処理手順さえも、電子の流れとテレパシー的にコミュニケーションできるところまで感じ取ることができるのです。そして電子そのものが、あたかも私の意図を知っているかのように、最終的に私に従います。電子の繋がりやその障害となるもの、およびその暗号化が私には〝見える〟のです。すべてを瞬時に理解できますし、どこでどうすればよいのか、どうやったら問題が解決するのかが分かります。しかし、たまには、このような機能が〝不機嫌〟になり〝問題〟が生じてしまいます。私にはそのように感じられるのです」

まるで彼が別の世界から来た人間であるかのように私には思えました。〝私はこれまで数多くの物事を見てきた〟と思っていましたが、彼の話はまさに驚きだったのです。アイデンはさらに次のように説明してくれました。
●最先端テクノロジーを用いることにより、水晶との繋がりに基づく膨大なデータ格納容量が生まれた。
●計算能力も非常に大きい。しかし、奇妙ではあるが、このコンピュータは三次元物質世界を超える高次元の世界と繋がる能力をも持っている——これが最も重要な点である。

これを可能にした科学的原理は、新たな種類の数学テンソルと構成的観念が加えられたヒルベルト空間の複雑な組み合わせである。

●このような驚異的な性能特性により、このコンピュータは最難関の問題も解決することができて、最も困難な状況をも上首尾に打開できる。三次元予測でさえも実質的に可能である。

「このノートブックはこのような状況で使われる小型版ですが、もっとずっと高性能のデスクトップタイプも存在し、ペンタゴン本部とその秘密基地の一つに設置されています」と彼は私に耳打ちしました。彼はさらに、水晶をより広範に使うことによって可能になる技術上の進歩について説明し始めましたが、ちょうどそのときニコアラ大尉がやってきて、私たち二人にトンネルの入り口に行くように言いました。

いよいよその時がやってきました。これまで足を踏み入れることが許されていなかった場所に、私が初めて入場します。私とアイデンは、左側のトンネルの入り口に向かって進みました。大きな金色の正方形をした区域に、人類の歴史に基づく過去のホログラフィー映像を投影するドームが立っています。そこに近づくにつれてますます神経が高ぶってきましたが、この探索調査の間じゅうセザールと一緒であること、および〝最も困難な状況をも乗り越える経験をこれまで積んできている〟という過去の実績を考えて自分自身を励まし、何とか気が静まるように努力しました。

しかし、たとえそうであっても、巨大なトンネルの入り口を見ると力が失せて足取りが重くなってしまいます。その内部は淡緑色の控えめな光に照らされています。指令操作卓がトンネルのすぐそばに設置されていましたが、そこに立っていた米国人将校が、何らかの技術データをセザールに伝えていました。セザールは巨大トンネルの入り口に立ってお り、最後に残されていた装備品の運搬作業を監督していました。程なくして、その米国人将校は、時空が歪んでいる場の強度について話していることが分かりました。それは一体何のことだろうと思いましたが――。

私はトンネルの入り口に向かって進みました。ここまでトンネルに近づいたのは今回が初めてです。それが与える印象はまさに強烈でした。まるで途方もないパワーがトンネルから放たれているかのようで、私はめまいを感じました。この最初の衝撃を少しでも和らげようと考え、私は振り向いて巨大チャンバーを見ました。しかし、私の目は、操作卓の前に映し出されていたホログラフィー映像に留まったのです。それは大広間の内部を映していたのですが、私にはそれが、これから調査探索するトンネルの映像であることがすぐに分かりました。また、半透明のカーテンのようなものが見えました。それはじょうごの形をしており、その最上部はトンネルの進む方向に平行して、とてつもない速さで振動し

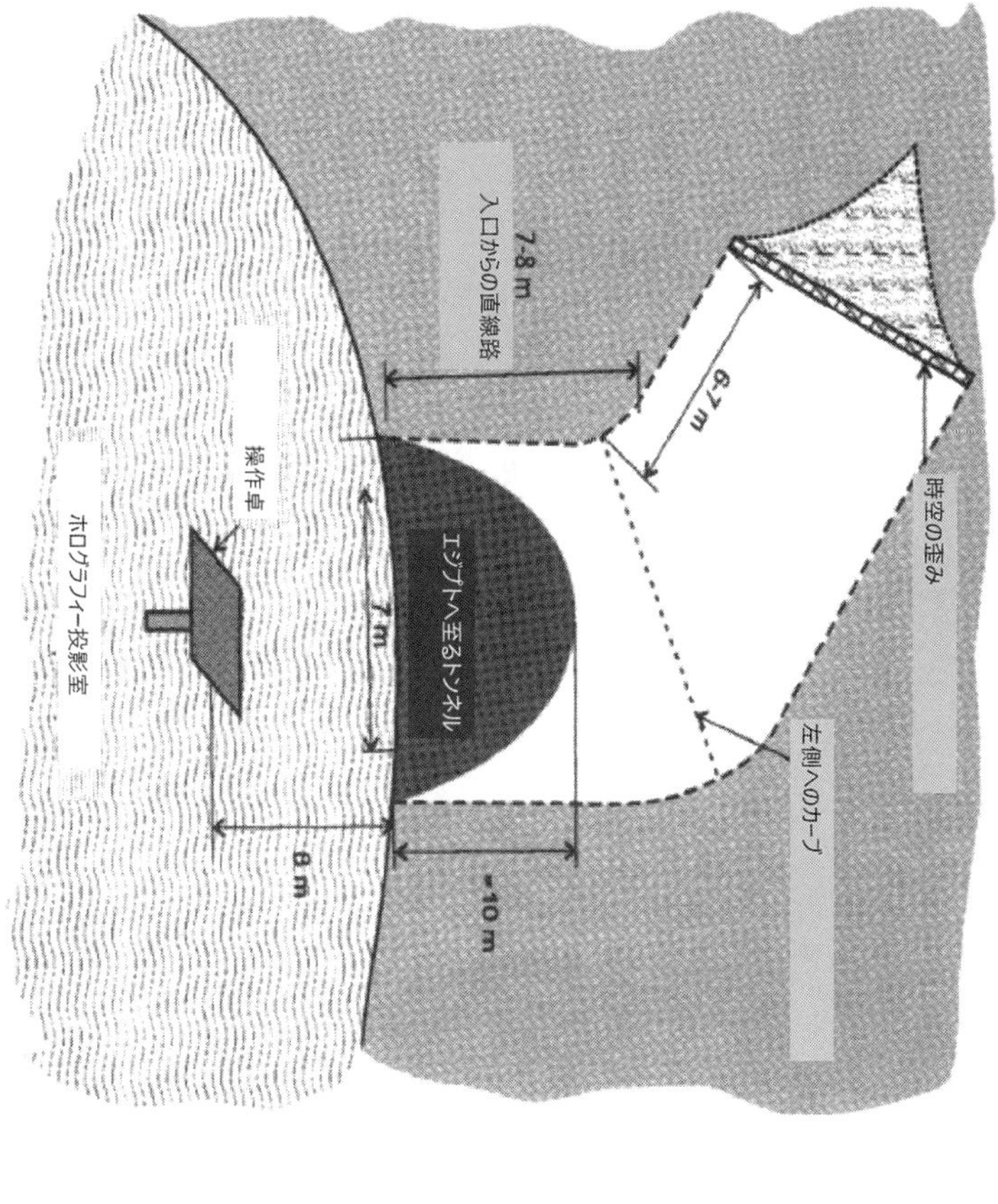

エジプトへ至るトンネルの入口の構造

ていたのです。最終的にそれは安定したのですが、その基本的な動きは素早い脈動でした。そのとき突如として時空間の歪みが消失し、その奥にトンネルの延長部分が現れました。驚愕した表情の私を見てセザールが言いました。

「我々にとってさえ、これは大変な驚きでした。私たちが初めてトンネルに入って十五メートルほど進んだとき、突然真っ暗になったのです。そのとき我々がどれほど驚いたか、ちょっと想像してみてください。その後内部が充分照らされるようにしましたが、そのときでさえ、〝真っ暗闇〟についての情報は全く得られなかったのです。それはトンネル内をさらに進むための一種の〝暗号〟でした。しかし、私たちの前のあまり遠くない所にエネルギー障壁があったため、そこには到達できなかったのです。しかしながら私たちは、操作卓上の特定のコマンドを選択することによって、すぐにその問題を解決することができました。ホログラフィー映像は、そのアクセス・パラメーターの設定方法を示していたのです。私たちが見ていたのは人工的に創り出された時空の歪みであることを、私たちの科学者のチームはすぐに理解しました。もちろん私たちは、その必要性について自問自答したのです。

山の内部にこの複合施設を建造した人々はトンネルを通って移動する技術を使っていた――私たちがこの事実に気付いたのはしばらくたった後でした。それはいまだに謎のままですが、時空の歪みの背後には、非常に純度の高い水晶が使われた幾何学的装置があるのです。それらの水晶はトンネルから絶縁された状態で埋め込まれています。見せてあげましょう。こちらに来てください」

　そう言ってからセザールは、トンネルの中に入っていきました。私は大きく息を吸ってから彼に追随しました。そしてその際、完璧に仕上げられたアーチ形の壁を注意深く見ました。トンネルの大きさは、おおよそ間口七メートル、高さ一〇メートルと思われます。壁を覆っている材料はグランド・ギャラリーの壁と同じように見えましたが、トンネルの方が薄くなっていて燐光を発する緑色をしていました。もしも単に一瞥《いちべつ》しただけであれば、その材料の細部にまで目を留めることはほとんどなかったでしょう。それには特別の輝きがあり、どういうわけか視線が〝逸《そ》れてしまう〟のです。私は一瞬ためらいましたが、セザールのすぐ後をついていきました。

　最初の七～八メートルトンネルは真っすぐで、その先は左に急カーブしていましたが、さらにその先は直線から逸れることなく真っすぐに伸びていました。急カーブの先八～九メートルの所でトンネル内部の色が変わり、燐光を発するすみれ色になっていました。そして、さらに数百メートル先からは、下向きに緩やかなカーブを描いていて、地下に潜るようになっているように見えましたが、そのさらに先を視線でたどることはできませんでした。まさにそれは、この世のものとは思えないような不可思議な感覚を生じさせていたのです。

数人の兵士が携行品の最後のものを持ち込んで、三台の車に積み込みました。それらは特別な形をしていて即座に私の注意を引いたのですが、ちょうどそのとき、セザールがトンネルの側面を私に指し示して説明し始めました。「時空の歪みがこの場所で起きています」と言って、想像上の線を私に示したのです。そこには、特別な物質に埋め込まれた溝のように見える菱形の幾何学形状がいくつか見えました。これらの溝には特殊形状の穴が開いていて、そこにはいくつかの大きな水晶柱が埋め込まれていました。これらの水晶は非常に純粋で各々が異なる色をしていましたが、トンネルの両側面におけるそれらの配置およびそれらが埋め込まれた溝の幾何学形状は、完全な対称を成していることが分かりました。これらの水晶柱は五mの長さにわたって配置されていて、それはちょうどトンネルの色が淡緑色から燐光を発するすみれ色に変化する変わり目の場所だったのです。

私は水晶に近づいて注意深くそれらを見ました。それらはすべて同じ大きさで、高さは五〇センチ、幅はおよそ一〇センチでした。先端が四面体形状をしたこれらの水晶柱は、ほとんど透けて見えるほど非常に純度が高かったのです。これらの水晶柱は、トンネルの側面に左右一二個ずつ配置されていました。そして、それらの上に五～六センチ幅の溝がトンネルの高さの半分の位置に、水晶柱が配置されている長さ五mにわたって掘られていました。セザールが説明を続けました。

「ここには間違いなく何か別の装置があると思われますが、我々はそれについての情報や証拠を何も持っていません。それが決定的に重要な意味を持つ場所であることは明らかであり、十中八九それは、この複合施設を建造した人々によってトンネル内を移動するための推進力として使われたのでしょう」

いつの間にか近くに来ていたアイデンが会話に加わりました。

「この水晶の配列は、特別の種類の原子結合が使われていることを示唆しています。彼らが使っていた移動手段は私たちがこれから使う古典的な方法以外のものだった、と私は確信しています」

セザールはアイデンの意見に同意して言いました。

「その通りです。これは私たちが見たホログラフィー投影の間接的な結果に相当するのですが、それを明瞭に示したものはありませんでした。ここではあらゆるものが隠されて秘密になっています。なぜ彼らがそのように決めたのか、その理由は分かりません。とにかく、時空の歪みはその過程において非常に重要なのですが、彼らは我々のために物理的なトンネルを創ってくれたのです」

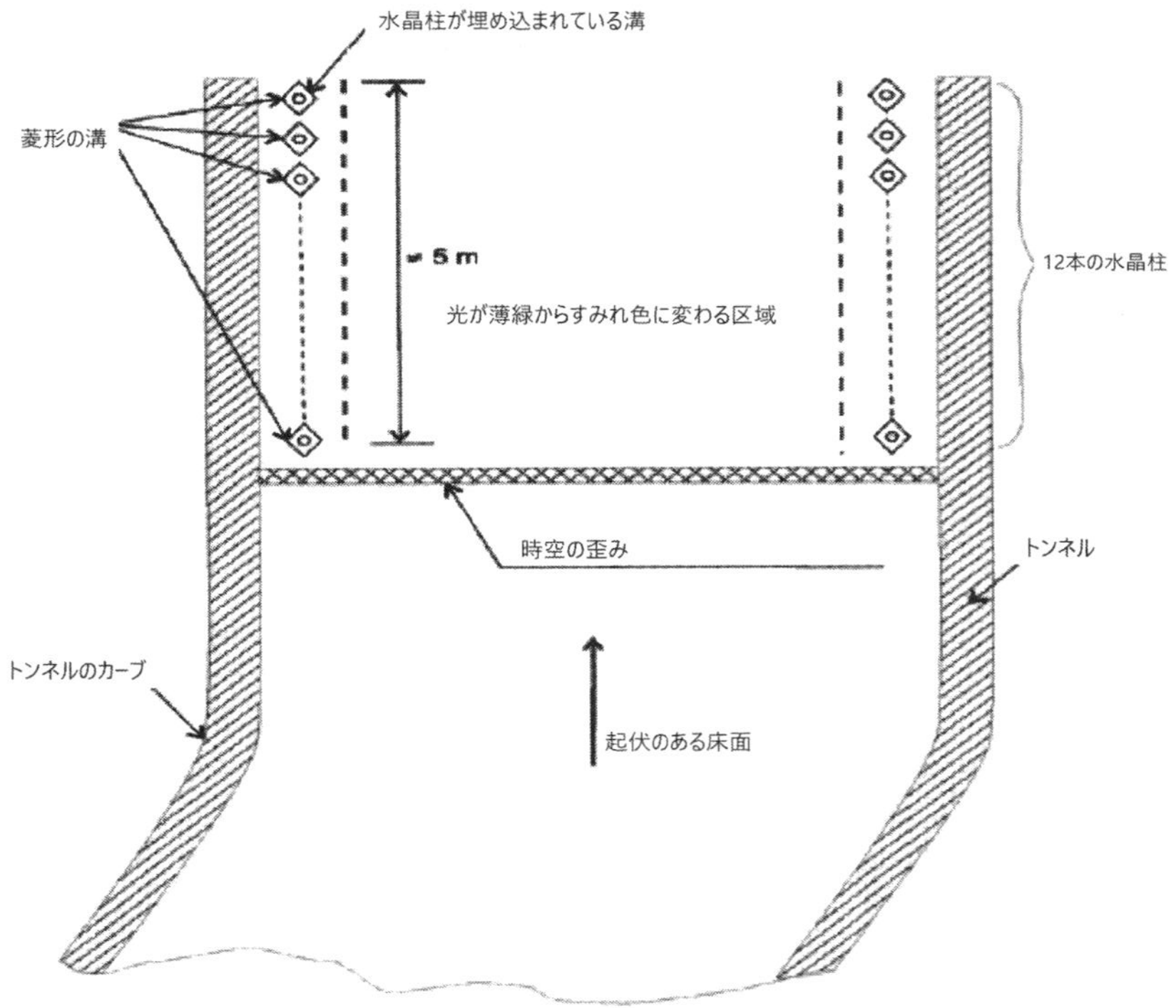

水晶柱のある区域（上面図）

注意深く水晶を調べながらアイデンが言いました。

「そうです。これは素晴らしいテクノロジーです。少なくとも並行移動、あるいはある種の光・電波の照射に基づく移動手段が用いられたことは確かです。これはホログラフィー投影では説明が難しすぎる、あるいは、私たちの心と体の構造が全くまだそのような移動手段に適応できていない――彼らはそのように考えたのかもしれません」

私は彼の話を受けて「それが私たちのために物理的なトンネルが創られた理由ですね」と推論したのですが、アイデンは少々懐疑的でした。

「もしもそうであれば、何のために時空の歪みが設けられたのでしょうか？　彼らが桁外れのエネルギー源を持っていたことは明らかです。多分それはこの場所の地下にあるのでしょう。歪みが安定したとき、トンネルの物理的な大きさがどことなく変更されたように見えるのです。私たちはトンネル内を移動し続けますが、それでもやはり私たちは、ある意味〝脇に置かれた存在〟なのです。通常は、トンネルの終点にこれと同じ変換器があるべきなのですが――」

アイデンが低い声でこのように付け加えると、セザールがほほ笑みながらそれを裏付けて、次のように言いました。

「その通り。このすみれ色のトンネルがいかに奇妙なものであるか――この点をすでに科

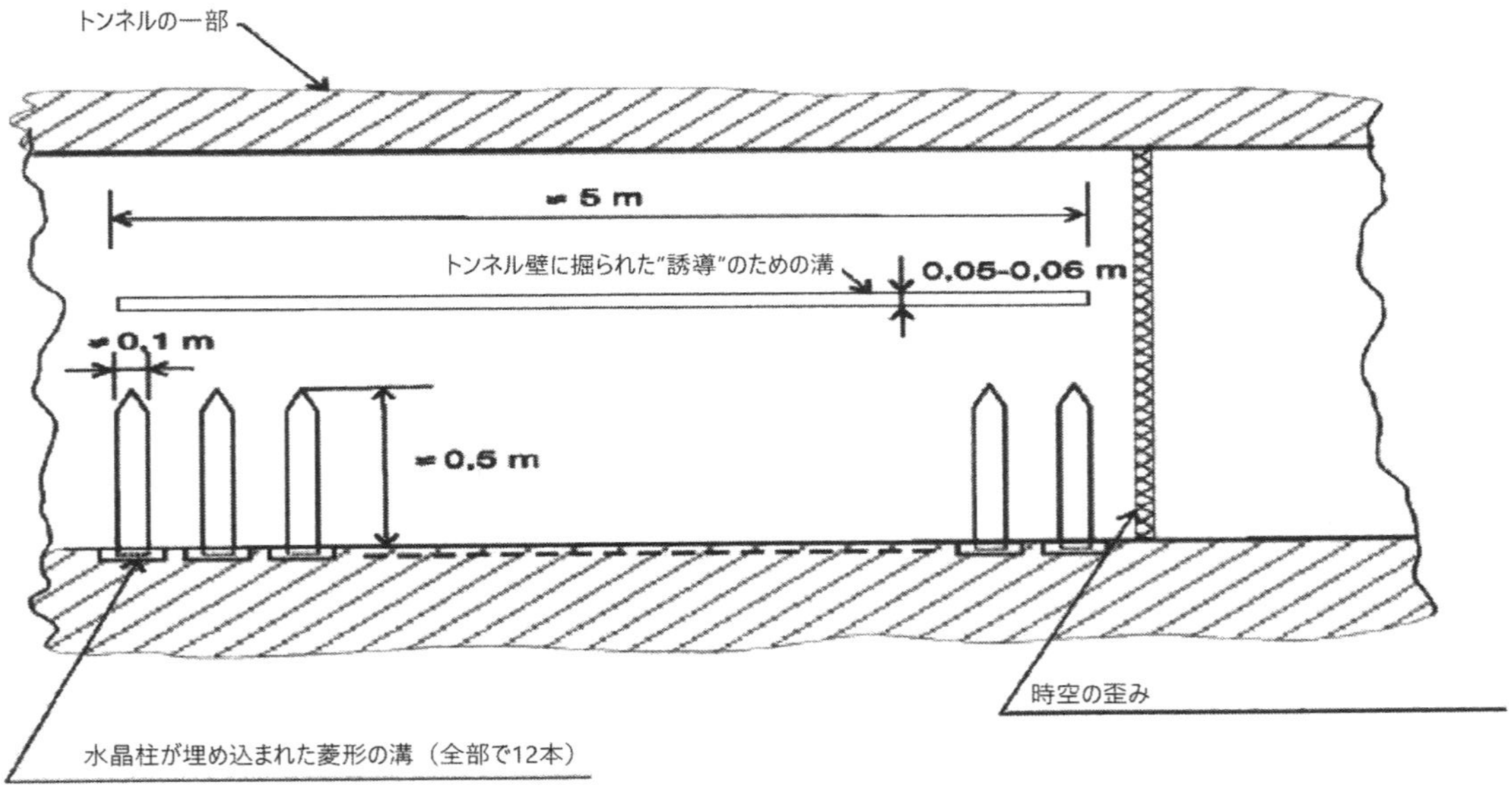

水晶柱が埋め込まれている区域（断面図）

学者のチームが確認しています。つまり、トンネルは物理的な形をとっているのですが、実際には大地を貫通していません。それは本物そっくりに創られた〝仮想トンネル〟なのです。たとえ我々がそれを使ったとしても、なぜそんなことが可能なのかは理解不可能です。解明できない謎がさらに数多くあります。例えば、今話している状況は、カイロ近郊のギザ台地に至るこのトンネルだけに当てはまり、他の二つのトンネルは、それぞれの目的地までずっと地面の中を掘り下げられているのです」

そのときルーマニア人将校がやってきてセザールに、すべての物資が車に積み込まれたことを告げました。セザールは、出発の用意をするように私たちに言いました。そして、最後の指示を与えるために投影室に戻っていきました。好奇心に駆られた私は、待機中の三台の車に近寄りました。それらはグランド・ギャラリーの中で使われた電気自動車よりも大型で形も異なり、空気力学的なデザインに基づいていました。前者と比べて、後者には屋根が付いており、荷物は車の後部に収納されるようになっていました。前者と同様に電気エンジンに基づいて機能しますが、より一層高性能・高出力です。この点は、そのテクノロジーについてよく知っているアイデンが保証してくれました。三台の車は水晶システムが設置されている場所に一列に並んでおり、まるでレーシングカーのように見えました。前部は先が尖っていて低くなっていますが、後部は荷物を載せるために持ち上がっています。

　この車は、ブセギ山脈地下の複合施設が発見された後、すぐに米国で設計されたそうです。〝トンネル内を通って高速で走る〟という条件に完全に適合する車にするためでした。この電気自動車が開発されたとき、それは米国軍事技術の密かな〝お目見え〟だったのですが、その当時、それは別の目的のために使われました。その後、ブセギ山脈地下のトンネルを通って高速移動するための最善の手段と考えられ、それに必要な調整・修正が加えられたのです。車体はカーボン・ファイバーで作られ、車の前部には幅広の金属片が付いていて、その裏側には車体と一体化した箱状のものが装着されていました。私の内心の驚きを察してトゥルージョ大尉が説明してくれました。

「それはレーザー誘導装置です。トンネル内通路の表面は非常に滑らかで突起・隆起等がないため、走行の自動化が相当のレベルまで可能になり、運転者に休息が与えられます。自動操縦装置と高性能のコンピュータが付いていて、入力情報に基づいて計算をしてくれるのです」

　車の真ん中の上部には投光器が二つ付いていました。トンネル自体は光を放っており、車は主として自動操縦なのですが、二年前の最初の調査探索の際の経験から、これらの投光器を装着することになったのです。

そうこうするうちにセザールが戻ってきて私たちの話に加わり、次のように説明してくれました。

「これは極めて特別のトンネルです。すみれ色の光が、ちょうど良いタイミングで精神活動が倍増された状態を創り出します。それは意識状態から睡眠状態への移行に類似しています。精神面があまりにも弛緩し過ぎてくつろいだ状態になってしまうため、生存に不可欠な面を特に受け入れる傾向が強まってしまうのです。些細な事故は許容されますが、チーム全体が覚醒状態でなくなることは許されません。何らかの変更が必要であることは明らかでした」

そう言ってからセザールは出発の合図を出しました。グランド・ギャラリー内での移動の場合と同じく、セザールと私が先頭の車、トゥルージョ大尉とアイデンが二番目、ニコアラ大尉が三番目の車に乗り込みました。私たちは投影室に残っている人々と別れを告げました。そして出発の合図がギャラリーの山の入り口に送られました。

車の内部は飛行機の操縦室のような感じでした。たくさんのボタン、いくつかの小さなディスプレー、そして大きなスクリーンの付いた中央コンピュータ・システムがありました。そのスクリーンにはさまざまのデータや図表・グラフが表示されていて、一見してとても複雑そうに見えました。ハンドルはなく、その代わりに飛行機と同様の操縦桿がありましたが、それにはいくつかの指令用のボタンが付いていました。車の内部は非常に快適でした。ディスプレー全体は橙赤色でしたが、メッセージは黄色で表示されていました。実のところ、車の内部が操縦席のように見えた理由がもう一つあります。それはこの車がガルウィング・ドアを採用していたことです。座席は人間工学に基づいて設計されていました。それはとても座り心地が良く、充分な広さがあるのに驚きました。外から見たときはもっと狭い感じだったのです。気密窓を通して謎めいたトンネルの入り口が見えたとき、身体がゾクゾクしました。それは、私の人生における極めてまれな瞬間であり、一連の驚異的な出来事の出発点でした。私は深く息を吸ってうなずきました。すると突然トンネル内の光がすみれ色になり、前方の空間が真っ暗になりました。

第三章

USAP：世界で最も深く隠蔽された最重要機密

私は背筋に震えが走るのを感じました。結局のところ、全く未知の目標に向かって出発するのですから、私の身体がそのように反応するのはごく自然のことなのです。それはまさに驚きに満ち満ちていることでしょう。セザールはすでにそのような調査探索を経験していますが、それは困難な状況の下で実施されたそうです。そのときから二年が経過しました。その期間に何かが起きているかもしれないのですが、それを知る人は誰もいません。探索用の装備、測定装置、制御システム等におけるいくつかの重要な技術面の変更を実施するために、このような長い中断期間が必要だったのです。

これらの変更はすべて、最初の調査探索の具体的な結果に基づいて着想されました。セザールは、二年前の調査探索について詳しいことはまだ述べていませんし、このトンネルの終点で私が一体何を見るのか――その点についてもまだ話してくれていません。正直なところこれはうれしいことではないのですが、すぐに私は気付きました。このような調査探索においては、予見できない要素が極めて重要であり、確率の視点から考えると、非日常の驚くべき出来事や発見が期待できるのです。

アルファ秘密基地から出発する前に、私は秘密保持契約および〝すべてのリスクに対して私自身が一切の責任を負う〟という契約に署名しました。もしもセザールを知っていなかったとしたら、それらに署名したかどうか分かりません。今から一年前、セザールはすでに三つのトンネルの調査探索を終えてルーマニアに戻っていました。彼はさまざまな発見の主たる面については説明してくれましたが、極秘事項については話せない、と言っていました。そのとき私は、すでに署名済の協約に基づき、ある程度の極秘情報を知る権利が与えられていましたが、そのときでさえもセザールは〝他の二つのトンネルの調査探索に関する一部の詳細情報は開示できない〟と言っていました。私がゼロ局の将校でないこと、および、それらが最高軍事機密であることが、その理由だったのです。

さらに、契約の付属書には〝私に開示される情報は特定の部類の機密に限られ、今回の調査探索で入手可能なものに限定される〟と明記されていました。しかしセザールによれば、上層部がこの件に関心を示しているため、多分私は次の調査探索にも参加できるだろう、ということでした。

桁外れのテクノロジー／仮想トンネル内での走行

出発してからしばらくの間、私は、この調査探索ミッションでこれまでに見たことや感じたことばかりを考えていました。私たちがいる車内の空気は、光の不思議な反射によってすみれ色に〝染まっている〟ように思われました。間違いなくそれはトンネルが発している光による影響であり、それは心を落ち着かせくつろがせる効果を持っていたのです。セザールが言いました。

「もしもこの光があなたを落ち着かない気分にするのであれば、この車が備えている不透過率制限器を使ってそれを補正できます」

彼は自動操縦の進路を設定し、座席の背もたれに寄りかかってくつろいだ状態になりました。トンネルの横壁の方向を見たところ、車がかなりの高速で走行していることが分かりました。コンピュータ・パネル上の速度計は、マイルとキロメーターの両方で時速を示していましたが、そのときの速度は時速一二五キロメートルでした。走行速度が極めて高いことが分かり少々不安を感じたのですが、私を安心させるためにセザールが次のような説明をしてくれました。

「二年前、最初の調査探索から戻った後、ペンタゴン配下の研究所および設計実験室の間で、数か月間にわたる情報のやり取りがありました。私たちは調査探索時に記録したデータを彼らに提供し、システム・装置の故障やうまくいかなかった点等について説明しました。彼らはそれらの情報を分析し、いくつかの解決法を考え出しました。私たちはそれに基づいてすぐに最後の選択肢を見いだし、その結果、最初の調査探索の際に露呈した欠陥や好ましくない面が是正されたのです。とりわけこの車は新たに設計され、テクノロジーの観点から見て大きく改良されました。走行に関しては、私たちの経験に基づいていくつかの選択肢が検討され、〝この大きさのトンネルに対する最適な走行速度は時速一二五キロメートルである〟という結論に至ったのです。車の性能としては時速二〇〇キロメートル以上出せるのですが、なだらかな起伏を上り下りする場合を含めて、一定速度で走行できるような最適設計がなされました。事実上、この車は全自動で運転されます」

まさにこの車は、宇宙産業に使われた知識や材料が全面的に適用された〝テクノロジーの宝石〟なのです。この点についてはあまりよく知らなかったのですが、一般の人々が路上でこの車を見るのは、まだしばらく先のことでしょう。セザールによれば、すべての面が考慮されたそうです。それらには、空気力学に基づく車体設計、冗長レーザー誘導装置、外気パラメーターの計測に基づく制御システム、予備酸素による運転室内の再過圧、さらに、重大事故発生時に一定期間人工的に生命の維持を可能にする最新式システムが含まれています。また、衝突が起きた場合の安全装置は非常によく設計されていることが分かりました。通常のエアバッグは別として、差し迫った衝突を感知するセンサーが作動したとき自動的に開く超衝撃吸収バッグが、新たに車の両側面に装着されたのです。

これらすべてが分かったとき、私は一層の安心感を得ることができました。そして、セザールと一緒にくつろぎの状態で過ごせるこの時間を、建設的な目的、すなわち、まだ明確になっていない問題や質問に対する答えを見いだすために使おうと考えました。それをセザールに話すと、彼はすぐに同意してくれました。

「エジプトまでの移動にはほぼ二日かかり、それには睡眠や食事のための小休止が含まれます。時間は充分あるのです」

私は大いなる高揚感に満たされ、セザールとの議論の最初のテーマを切り出そうとしていました。するとその時、車のコンピュータが、私たちの車が最初の〝中継所〟に近づいていて五分以内にそこに到着することを告げたのです。問いかけるような面持ちでセザールを見ると、彼は次のような説明をしてくれました。

「最初の調査探索にはより多くの人が参加しましたが、移動の手段はまだ進化の途上にありました。また、連続走行可能距離は最大で四〇〇キロメートルだったのです。その時使われた車は特別なものであり、最新の機器が装備された軍用車だったのですが、その燃料源は特別製の充電式電池でした。そのため、交換用の予備電池だけを運ぶ車も必要だったのです。私たちは、トンネルの途中に中継所をいくつか設置し、帰路、その場所に予備電池や食料を残して保管したのです。私たちが投影室を出発したとき、調査隊全体は一七台の車から構成されていましたが、そのうちの八台は、予備電池や食料を中継所に運ぶことが目的でした。それらの車は私たちの車に追随し、中継所への補充が済み次第、投影室に戻りました。それゆえ、最終的には、九台だけが探索調査隊の車として残ったのです」

「分かりました。それで今、その中継所には充分な数の予備電池があるのですか？」

「もはや私たちはそれらを必要としません。この新型車の燃料源は原子エネルギー電池なのです。信じられますか？」

セザールは微笑みながら私の反応を待っていました。私は心底驚きました。もしもアメリカ側がこのようなテクノロジーをこれまで秘密にしていたのであれば、それ以上に驚くべきものが他にあり得るのでしょうか？　私は考え込まざるを得ませんでした――世界の人々がいかに誤った情報を伝えられているか、あるいは、蚊帳《かや》の外に置かれているか――ということを。彼らは〝今もなお石油が主要なエネルギー源である〟と信じ込まされているのですから。そのとき、私のこのような思考を遮るように、セザールの声が耳に入ってきたのです。

「その原子エネルギー電池は常温核融合に基づいています」

私は驚愕しました。すると、私の気持ちを察したセザールが言いました。

「あなたの気持ちは分かります。世界の人々がさまざまな物事について分からないままにされている、というのは、極めて残念な事実であり悲しむべきことです。人間による挑戦的で巧みな核技術の操作・取り扱いを知っている人々の多くは、それが地球への呪いであると考えていますが、彼らは間違っています。そのように考えることにより、彼らは自らに限界を設けてしまうだけでなく、後ろ向きで否定的な考えの連鎖反応を引き起こしてしまうのです。あたかもそれは降伏するようなものです。地球の運命はそれとは異なります。そして、間もなく起きる変化・変容によって多くの物事が明らかになるのです」

自動運転を手動制御に切り替えるため、セザールは話を中断しました。彼の説明によれば、車が再充電のために設けられた中継所に近づいたとき、突如として車が〝巧みな操縦〟をしてしまう可能性があり、それに備えて安全を確保するために、手動制御への切り替えが必要なのだそうです。食料や厳密に必要とされるものが保管された箱が、片側に三個ずつ二列、トンネルの両側面に置かれているため、通路の走行可能幅が狭くなっていました。たとえ走行速度を下げたとしても、特別に注意を払う必要があるのです。これら一二個の箱は、対称的かつ注意深くトンネルの両側面に配置されていました。それらの近くに、二つのブイ（浮標）が設置されていて、一定の間隔でオレンジ色の信号を出していました。

その時〝時空の歪み〟が私の脳裏によみがえってきました。そして、私たちは仮想トンネルの中を走行している、という事実を思い出しました。中継所や信号ブイが設置されたことにより仮想トンネルに変化が生じ、それを包含する仮想トンネルが再度創出されたの

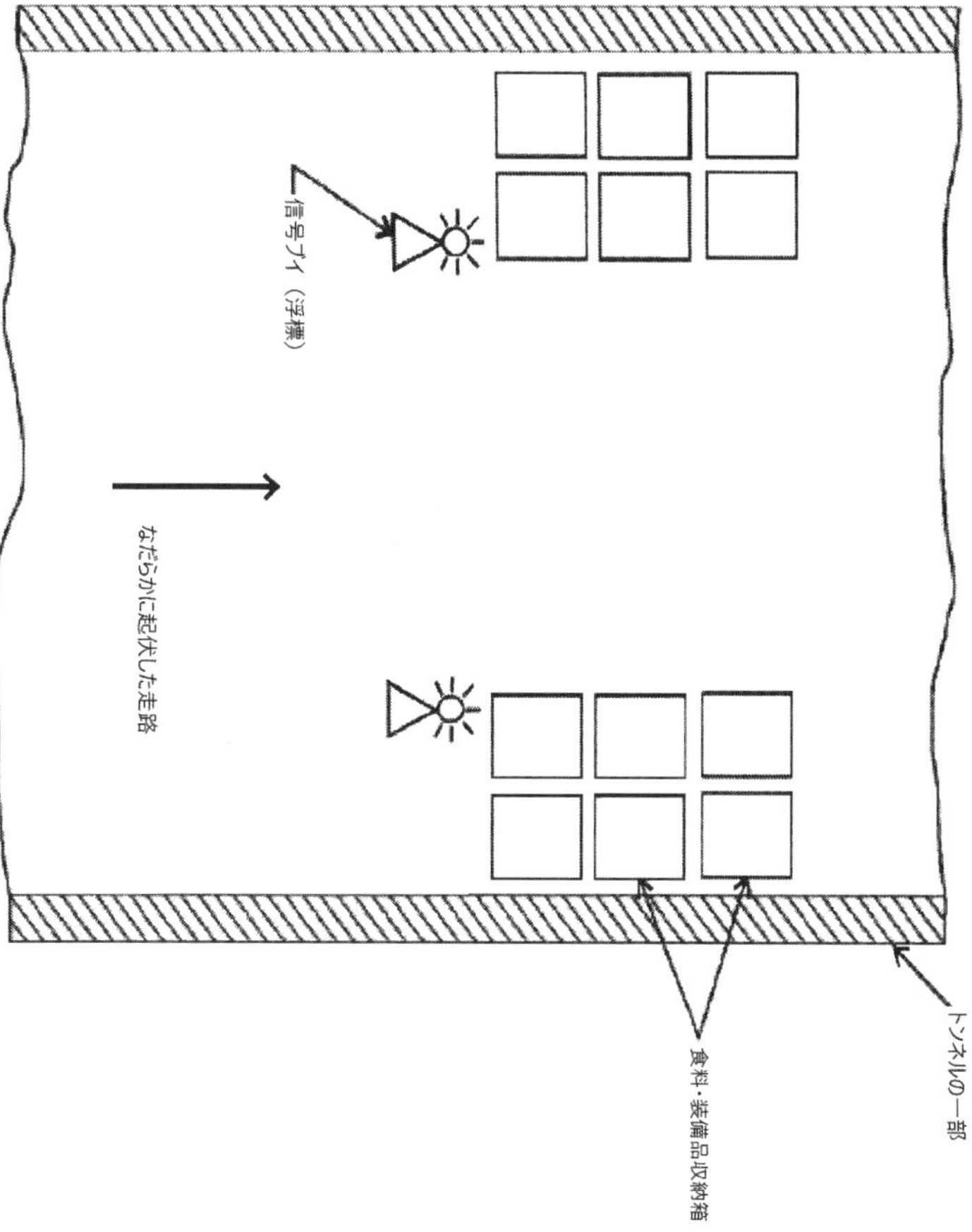

トンネルに沿って設置された中継所（上面図）

ですが、いかにしてそれが可能になったのかが分からなかったのです。すると、毎度のことながら、セザールが私の思考を読んで、即刻説明をしてくれました。

「それは大きな問題ではありません。当然、私たちが通り抜けているトンネルは今現れていますが、その後は消滅します。それは内なる〝記憶装置〟を持っていて、それにもたらされるすべての変化を〝記憶する〟のです。トンネルのこのような不可思議な顕現を可能にするプロセスは一体どのようなものなのか、私たちにはまだ分からないのですが、科学者たちの推測によると、それはトンネルを覆っている特別な物質に関係しているようです。間違いなく、一種の微かな相互作用が起きているのですが、私たちはまだそれを理解できません。極めて先進的なテクノロジーによって引き起こされる不可思議な現象です。私たちに分からないことがここにはたくさんあるのです」

人類の運命／この世に在るすべてのものを超える

私たちが中継所を通り抜けるとトンネルはさらに先に延び、私たちの前に謎めいた藍色の光を放射していました。車は再び自動操縦に切り替えられ、車速は時速一二五キロメートルの巡航速度に戻りました。私たちに追随している二台の車は互いに一キロメートルずつ離れて走行していましたが、セザールは、それらを音声と映像で確認してから車の椅子の背もたれに寄り掛かり、最も快適に感じる姿勢を取りました。以前述べたように、この椅子は人間工学に基づいて設計されたものです。そこで私は、すでに始めた議論のテーマをさらに明確にするために、この機会を利用することにしました。

「あなたは黙示録の中で述べられている壊滅的な出来事について話しているのですか？」

私は意図的に議論の方向を、少し前から私を悩ませている事柄に向けました。一年前——それはセザールが最初の調査探索から戻った後ですが——彼は人類の未来についての事柄をいくつか話してくれました。それは全く驚くべき内容でした。私は今でもなお〝あの話にはまだ続きがある〟と思っているのですが、その後セザールはその話を避けてきたのです。そのうえ、彼から聞いた話の内容について本に書いたり話したりしないように、私に念を押しました。それゆえ私は、セザールと一緒にいるこのときがこのテーマについてさらに話を聞かせてもらう絶好の機会である、と考えたのです。

私の質問に対し、セザールが次のように答えました。

「大惨事あるいは地殻の大変動・大洪水等の大激変が世界的な規模で起きる可能性があり、それらによって人類に必要な変化・変容が認識レベルや精神構造に生じるでしょう。そのような現実が予想されますが、あなたが推測するように、それは、悪・邪悪な存在を利することにはなりません。それは時間そのものが収縮しているためです」

私は次のようにコメントしました。

「もちろん私はそれを理解していますし、それについて書かれた所見を読んだことさえあります。その出来事は、時間の主観的性質に密接に関連しています。明らかに数年前に比べると、同じ条件で同じことをするのに必要な時間が少なくなっているように感じるのですが、その理由を説明することができません」

セザールは頷いて私の話を是認しました。

「この非常に重要な出来事については原因がいくつかあります。それらを軽視してはなりません。特に、時間の加速という現象は西暦2000年代のこの特別の期間に関係しており、数百年もの間、何億もの人々によって〝この時代の終わりに関連する黙示録的な時期である〟と考えられてきました。しかし、霊性の観点から言えば、黙示録的世界の顕現は、悪から善への移行のような〝人間性の重大な変革〟と見なされるべきであり、それによって地球全体が善に方向づけられるのです。現在、退行と悪の増幅・拡大が主たる傾向になっています。あなたは自分の目で容易にそれを確かめることができます。もしもこの状況がこれまでに永続化してしまっているのであれば、その〝けじめをつける〟ときがやって来ます。そして、否定的カルマの巨大な蓄積をもたらした人々が、それに見合う償いをすることになるのです。このような視点から見ると、それは多くの人々を狼狽させ、さらに怖がらせることになります。しかし、あなたがよく知っているように、これは〝元の均衡のとれた状態への回復〟すなわち〝私たちが位置している宇宙の区域に絶対的に必要な浄化〟にすぎません」

私は背筋がぞっとしました。自分たちが安全でないことを知りたい人は誰もいませんし、私たちすべては、できる限り長く生きて素晴らしい生活を楽しめることを願っています。しかし、このような時代においては、あらゆる物事が不安定・不確実になるようです。そしてその多くは、さまざまな変遷を経て結局は水泡に帰するように思われるのです。すでにセザールから教えてもらいましたが、このような状況下では、楽観的で積極的な心構えをすべきであり、何事も肯定的に考えるべきなのです。彼が一緒にいてくれる限り、それを達成するために必要な準備は充分できそうです。しかし、その後はどうしたらよいのでしょうか？

そのとき私は、自分が再び悲観的になって間違った心構えをしたことに気付き、自分自身を叱責しました。そして、神への想いの中に避難所を見いだして神を信頼し、完全に神に自分自身を委ねる明確な必要性を、さらに一層感じたのです。そして、自分の内なる直感でもって次のことを理解することができました。たとえ私がこの解明不可能な創造の秘密を充分に把握できなかったとしても――です。
(1)この世に在るすべてのものを超える何かが存在する
(2)自分が完全に信頼を置くことのできる何かが存在する
(3)それがすべての問題や疑問に対する答えになる

これはすべてセザールが教えてくれたことです。それはまだ、遠くから吹いてくるそよ風にすぎませんが、喜びの種となる考えであり、決して打ち砕かれることのない唯一確実なものなのです。このような元気づける考えに基づいて、私は、セザールが先ほど話した出来事がいつ起き始めるのか、また、それがイエスの再臨に関連するのか、これらの点を聞いてみました。彼の答えを聞いて私は思わず口元に笑みを浮かべました。なぜならそれは、私自身の考えを確認するようなものだったからです。

「それは多くの人々を悩ませている問題です。言うまでもなく、父なる神だけが聖書の記述に従う〝その時〟を知っておられます。これに基づいて私たちは〝神がしかるべき時が来たと考えられたとき、イエス・キリストが栄光に包まれて再びやって来られる〟と言うことができるのです」

そこでセザールは一息つきました。彼が何か具体的なことを考えていて、注意深く言葉を選んでいるのではないかと感じました。

「間もなく私は、トンネルの終点で発見されたものに直接関係する驚異的な出来事について、あなたに話します。あなたはそれを聞いて驚くと同時に喜ぶことでしょう。あなた自身もそれを経験したいと願うでしょうが、それはまさにあなた次第なのです。とはいえ、少々の忍耐が必要ですが――」

私は彼の話に一心に耳を傾けていましたが、すでに話をしていたテーマとの繋がりを失わないように、急いで彼に質問しました。その点についてさらに説明してほしかったのです。

「〝栄光に包まれて再びやって来られる〟というのはどういう意味ですか？　そのときイエスはどのように見えるのですか？」

「あなたが知らねばならないこと。それは、イエス・キリストの再臨は三次元物質世界における実体化に基づいてなされるので、二千年前の〝誕生による受肉〟は必要ない、ということです。今回は真に具現化による再臨なのです。そして、地球全体に霊性の顕現がなされ、それによって神の栄光に輝く再臨が実現するのです。それは二千年前にイエスがこの世界から去った場合のちょうど正反対です。

もしも聖書がキリストの昇天について語っているのであれば、今回のイエス・キリストの再臨は天空において栄光に輝く新たな出現であり、イエスは地球へお戻りになった後、しばらくの間、地上に滞在されるでしょう。これが極めて非現実的な考えであると思われたとしても、それは地球全体にとって画期的瞬間になります。それを確信してください。しかし、再臨の時期は依然として謎に包まれており、イエスでさえ知りませんし、父なる神だけがお決めになるのです。ある意味ではそれは、すでに存在が知られていて私たちの内に激しい感情を生み出すたぐいまれな人物を、私たちの家に迎え入れる準備をするときのようなものです。それゆえ私たちは、偏見のない魂と落ち着いた心でそれに備えることが必要です。それによって私たちは、その人物から送られる霊性面のメッセージを受け取ることができるのです」

私はセザールに言いました。

「私も何度となく、イエス・キリストの再臨に立ち会う最善の方法は何であるかを自分自身に問いかけました。もしもそのときに私たちが生きているとしたら、それは間違いなく私たちの人生における最も素晴らしい瞬間になると思われますが、それはさておき、真の問題は、それに対し私たちがどの程度準備できているか、であると思います」

「いかにもそれは最も重大かつ重要な問題です。なぜなら、大いなる霊性面の飛躍を達成するための潜在的な可能性がその対象になっているからです。もしも人類が依然として身勝手で排他的なままであり、あたかも何の努力もなしに神からすべてを受け取れるかのようにただ待ち続け、キリストの再臨がきっかけとなって彼らの救済が引き起こされて神のような存在になれる、と考えているならば、それは全くの間違いです。多くの人々はそのように考えていますが、ことわざに言う通り〝天は自ら助くる者を助く〟ということを明確に理解しなければならないのです」

その時点で私は彼の話に口を挟みました。

「私の見たところ、大部分の人々は、日常の問題や困難さにほとんど向き合うことができない、と愚痴をこぼしています。どのようにしたら彼らは、そのような状況下で霊性面の努力をする必要性を理解できるでしょうか？」

これに対するセザールの答えは、「人々が彼らの人生における優先順位を不正確に見極めているため、彼らの努力やエネルギーが間違った方向に向けられている」というものでした。

人生の問題、および、熟慮された分別のある解決策

「ある人々の場合、解決すべき問題がなければ彼らの進化は止まってしまいます。霊性に基づく生き方を望まない人々の場合も、問題が生じて生存に係わる危機が起きるならば、

進化する機会が与えられるのです。もしもそれについて疑問を投げかけ、力を結集し、無気力状態から脱出しようとするならば、彼らは進化します。しかし、もしもそうでなければ進化しません」

私は少しばかり困惑し、次のように質問しました。

「そのような人々は、進化するために常に未解決の問題を必要とする――あなたはそのように言っているのですか？」

セザールは微笑みながら答えました。

「いや、もちろん違います。大体の場合彼らは、自分たちが直面している困難な状況は絶望的であると考えています。しかし、失望・落胆の状態や希望の欠如は彼らにとって最大の敵なのです。それゆえあなたは、希望を捨てて陰鬱な気分に身を任せることのないように、常に気を付けねばなりません。あなたの心構えや気分・精神状態次第で、必要とする助けをもたらすことが可能になる――これに気付いたことはありませんか？　もしも私たちが自信に満ちていて、心構えが強固かつ楽観的であれば、明らかに問題を抱えていたとしても、助けが呼び起こされてその問題が解決するのです。残念ながら、多くの人々はこの考え方に確信が持てず、闘いが始まる前にそれを断念してしまうのです」

しばらくの間私は、黙って彼の言ったことを考えていました。

「それは難しいでしょう。どのようにしたら、そのような心的状態や心構えを維持できるのですか？」

「あなたが一瞬一瞬に生み出している考えや気分を通して行うのです。入念に忍耐強くそれを訓練すれば、そんなに難しくはありません。決してあきらめてはならないのです。直面している問題に解決策はないと考えている人々は、根本的な真理が分かっていません。彼ら各々が自分の人生において経験することは、かつて自分が考えたことなのです。希望がないと考える人々は、そうすることによって、助けを得る可能性を自ら排除しています。信じ難いように思われますが、適切な考えや心構えは、それにふさわしい適切なエネルギーを引き寄せます。そして、それによって人生における困難な状況が根本的に変わり得るのです。しかし、もしも人々が否定的な考えであれば、問題に対する解決策を見いだすことはできません。なぜなら、彼ら自身がそれを妨げているからです」

彼の説明を聞いて私は言いました。

「しかし、人生における困難な状況は、その人の運命なのかもしれません。もしもその人が最後までその困難を耐え抜くつもりならば、それを変えるのは非常に難しいと思われます」

「調和のとれた人生を運命等が妨害する以前に、人々自身が否定的な考えによって困難な状況を生み出すがゆえに、状況が深刻になるのです。問題を抱えているという事実は別として、彼らには建設的な心構えを自ら生み出す必要があるのです。もしも神の力に基づく助けを希求し、それに頼りたいのであれば、それにふさわしい心構えを創り出さねばなりません。それによって、予期せぬ助けが得られる可能性が高まるのです」

これを受けて私は言いました。

「理論的には正しいと思いますが、忘れないでください。大変な問題を抱えている人々は、すでに周章狼狽《しゅうしょうろうばい》状態にあって頭が混乱しています。大抵の場合、彼らはもはや状況を正しく理解することができません」

するとセザールが次のように説明しました。

「それは、自分が大きな問題を抱えていると彼らが思い込んでいて、その思い込みを解き放つことができないからです。人が人生において直面している困難な状況は、その人の心の中に緊張状態やストレスを生み出します。もしも状況が異なれば、この緊張状態は創造力の源になり、問題の最終的な解決に至る一連の方策が生み出されるきっかけになり得るのです」

彼の説明を充分よく理解できましたので、私は次のように自分の意見を付け加えました。

「それは〝神が全知全能で同時にどこにでも存在する〟という事実の間接的な証拠になる

と思います。それを知っているイニシエイト（注1）は、そのようなシンクロニシティ現象に直面しても、もはや驚きません」

セザールは頷いて私の意見を是認しました。

「あなたがその重要な点を理解したことをうれしく思います。なぜなら、多くの人々はこの世界におけるシンクロニシティ現象を単なる偶然の出来事と見なしますが、シンクロニシティは神が全能であることを明確に立証しているのです。もしも人々が真に注意を払うならば、ほとんどの場合彼らは、自分たちがひどく必要としている答えが現れる奇跡的と言ってもいいような方法に驚嘆し、精神的に圧倒されることでしょう」

私はじっくり考えてから言いました。

「多分そうだと思います。もしもそのような状況がもっと頻繁に起きるならば、人々はさらにシンクロニシティに気付くようになるでしょう」

するとセザールが答えました。

「その点は間違っています。とりわけ問題が深刻で、ある段階ではその解決策がないように思われるとき、この種の助けはあなたが考える以上に頻繁に与えられているのです。多くの場合、そのような〝答え〟は問題に直面している人々に宛てて与えられるのですが、彼らがあなたの近くにいるときは、それを目撃することさえも可能でしょう」

注1　イニシエイト：高次意識への到達を目指して霊性開発に献身し続けている人。

「そうですね。しかし、彼らがその機会を見逃す可能性があります。なぜなら、彼らはそれが表す心身全体に焦点を合わせているからです。その場合、彼らが自由に使える解決策の範囲が狭まってしまいます」

するとセザールが答えました。

「この問題は少しばかり慎重な扱いを要します。人間は単に身体と心から構成されているわけではありません。他にも非常に重要な面があり、それらが私たちの存在を特徴づけています。それらを無視すべきではありません。例として挙げれば、呼吸、五感、それらの間の関係、そして生き方です。これらすべては一体として機能します。もしもこれらの内の一つに何らかの変化が起きれば他の要素にもすぐさま変化が生じる、と考えて間違いありません。さらにもう一つ絶対に欠くことのできない要素がありますが、あなたがそれを一層明確に理解できるように、私がシエン博士から聞いた話に基づいて説明します。それは私が何年も前に軍の基地で訓練を受けていたときに教えてもらったものです」

ぜひともセザールの話を聞きたいと思い、私は、より座り心地良く感じられるように椅子の位置と角度を調整しました。トンネルの藍色の光の不思議な反射が、フロントガラス越しに見えます。ほんのわずかの間ではありましたが、私は自分が現在置かれている状況に思いを馳せていました。それは二〜三年前には想像もできなかったものです。私は今、秘密の地下トンネルの一つを通って、別の大陸に存在する神秘的なチャンバーに向かって走行しています。私はまた、ルーマニア・シークレットサービス（諜報部）の中で最も謎めいた組織の一員になっていますし、現時点で最も先進的なテクノロジーが用いられた車の中で、セザールと霊性についての話をしているのです。私はセザールのすぐそばに居て大変心地良く感じていました。私にとって彼は霊性面の真の導師であり、このようなまれに見る機会に恵まれたのはすべて彼のおかげなのです。私はかつて、おぼつかない足取りで霊性面の変容・進化に至る道を踏み出したのですが、その道程においてさえも、大いなる恩恵をセザールから受けているのですから――。このようなことを考えているうちに、私はすっかりくつろいでゆったりした気分になりました。そして、セザールの話が始まりました。

昔々、ある国を治めていた王様が、自分の命が脅かされていることに気付きました。しかし、その脅威から自分を護るためには何をしたらよいのかが分かりませんでした。彼はすべての家来や相談相手に助言を求めたのですが、納得のいく解決策を提示した者は誰もいなかったのです。ある時王様は、その国の人々が山の中の修道院で隠遁生活を送っている賢者について話をしているのを耳にしました。そこで王様は、彼を訪ねて助言してもらうことに決めました。それは長旅で、命が脅かされて心休まらぬ王様にとっては、決して心地良いものではありませんでした。

やっとのことで修道院に着くと、一人の老人が庭で仕事をしているのが目に入りました。王様は早速自分の身分と名前を言ってから訪問の目的を話し、彼を悩ませている問題の解決策を提示するようにその老人に命じました。しかしその老賢者は、王様の命令にもかかわらず、彼を見上げることさえもせずに、ただ黙って仕事を続けたのです。最初王様は激怒しましたが、すぐに老賢者の静かで規則正しい身のこなしを注視し始めました。そして彼は、何か手伝えることがあるかどうかを老賢者に尋ねました。すると老賢者は首を縦に振って、近くに置かれていた道具を指さしました。それから二人は、その庭仕事を一緒に無言で長い時間続けました。やがて王様は、その庭仕事と寡黙な仕事仲間を好ましく思い始めたのです。このようにして王様の心は安らかになり、落ち着きを取り戻しました。

突如武装した男が、庭の塀を飛び越えて侵入してきました。しかし、彼は注意を怠ったため庭に落下し、その際手に大怪我をしてしまったのです。それを見た王様はすぐさまその男に駆け寄りました。そして自分のシャツを脱いで引き裂き、即席の止血帯を作りました。するとその男は、王様の足元にひざまずいて礼を述べ、許してくれるように懇願したのです。驚いた王様は、何も悪いことをしていないのになぜ許しを請うのか、その理由を尋ねました。するとその男が答えました。

「お許しください。私はあなた様を殺しに来たのです」

仰天した王様が老賢者の方を向くと、彼は微笑んで言いました。

「ご覧の通り、あなた様はすでに、ご自分を悩ませていた深刻な問題に対する解決策を見つけられたようです」


セザールが言いました。

「たとえあなたの置かれている状況がどんなに厳しいものであったとしても、実行可能な解決策に至る可能性を決してあきらめてはなりません。これがその理由です。しかし、あなたもお分かりのように、救いとなる解決策を見いだすためには、内なる変容を経て、その問題に対するより優れた理解を得ることが必要です。それがないと、以前と同じ利己的で身勝手な願望や強い欲求の周りを心がぐるぐる回り続けてしまいます。このような状態では解決策に至りません」

セザールが話してくれた例は、私にとって非常に納得のいくものでした。なぜなら、私はすでに、彼がそれ以前に話してくれた概念を極めて実践的な方法で統合していたからです。私はセザールに心から礼を述べました。そして、先ほど彼が言及した〝心と五感と呼吸に関連した点〟について、さらに詳しく説明してくれるように頼みました。そのテーマについては、いくつかの本がすでに出版されていましたので、私も読んだことがあるのですが、その時点ではまだ明確に理解できていなかったのです。それらの考えすべてが互いに結び付けられて統合された単一の概念、それが私には必要でした。セザールはそれを創り出すことに同意してくれました。なぜなら彼も〝私たち人間の霊性面を進化させる上で、とりわけその最初の段階においては、そのような考えが極めて重要である〟と信じていたからです。

「まず初めに、その仕組みを理解することが必要です。呼吸、五感、および心は、すべて互いに影響し合います。もしもその一つに何らかの問題が起きれば、他のすべてがその影響を受けます。これら三つのうち、心が支配権を握っているように思われますが、それにもかかわらず心は、呼吸の変化から容易に影響を受けてしまうのです」

確認のために私は彼に言いました。

「それは呼吸法のことですね。〝ヨガの律動的な呼吸を実践することにより、並外れた成果が得られる〟と聞いています。それは真の科学に基づいているように思われます」

「そうです。呼吸は生命を維持しますが、その一方、それは非常に神秘的なのです。空気だけが関連しているのではないのです。死体も空気に囲まれていますが、それを利用することができません。ヒンズー教の聖典には、呼吸と五感と心に関する不思議かつ面白い話が書かれていますので、それをあなたに話しましょう。『ウパニシャッド（注2）』を読ん

注2　ウパニシャッド：紀元前500年頃にサンスクリット語で書かれたインドの哲学書。

だことがありますか？」

「いいえ、私が読んだのは、エリナーの図書室にあったその要約だけです」と私は答えました。

「これはとても合点がいく話です。『ウパニシャッド』の聖句は、隠喩的な方法で次のように言っています。

『心』と『五感』と『呼吸』の間で口論が始まりました。彼らは、自分たち三人の中で誰が最も重要であるかを知りたかったのです。霊性開発の導師に助言を求めたところ、〝それ無しには全体が生き残れない者が最重要である〟という答えが返ってきました。そこで彼らは、短い間に代わる代わる身体から抜け出て、その結果どうなるかを見ることにしました。最初に身体から離れたのは『五感』でしたが、生命は維持されました。次に『心』が身体から離れたところ、単調ではありましたが生命は継続しました。しかし、『呼吸』が身体から抜け出そうとしたところ、『五感』と『心』も、身体から離れることを余儀なくさせられるように感じたのです。それゆえ、彼らは潔く兜を脱ぎ、『呼吸』の優位性を認めました」

微笑みながら私は〝賢明であれば、物事は極めて簡単かつ納得できるような方法で説明できる〟と思いました。セザールは呼吸の話に戻って説明を続けました。

「従って、生命は呼吸と深いつながりがあり、呼吸が私たちの活動すべてに影響することが明確になりました。しかし、何らかの活動をするためにはエネルギーが必要であり、それは主として呼吸によって与えられるのです。これで、〝呼吸を適切にコントロールすることにより、人間の精妙な部分と最も有形で具体的な部分の間のエネルギーの流れに影響を与えられる〟ということがはっきりと理解できたことでしょう」

私はセザールに言いました。

「私は羊皮紙に書かれていた五つのチベット式テクニックを実践し始めました。それは少しばかり恥ずかしい試みにすぎませんが、それでも、呼吸を制御することにより巨大なパワーを引き起こせることを実感しました」

するとセザールが次のように続けました。

「それについては、根気よくある程度の期間続けることが非常に重要です。私たちは〝得体のしれない〟複雑な呼吸法を実践する必要はありません。とにかく覚えておいてください。呼吸のプロセスに思考を伴わせることが最も重要なのです。このような状況においては、〝あなたが呼吸を意識している〟という純然たる事実が、神秘的な方法で、あなたを高次の意識と知覚に繋げる架け橋を創ってくれるのです」

私はしばらくの間、考え込みました。意識状態でこのような変化を引き起こすものが何であるか、私には分からなかったのですが、セザールはすぐさまそれを説明してくれました。

「この神秘的な反応は、私たちが自分たちの呼吸に注意を集中させるその方法に大きく依存します。酸素と二酸化炭素の間の均衡が重要でないとは言えませんが、肺のレベルで行われる単なる化学交換以上のことを呼吸に期待できるのです。人々はいわゆる〝呼吸の化学反応〟にのみ関心を抱いています。しかし、呼吸が制御されたときに起きることを観察し、それによって酸素を必要としない次元が与えられることを理解するのが望ましいのです。呼吸を完全に制御することによって意識が自己の内奥の深いレベルに到達すれば、肉体の生理面の要求がほとんどなくなり、酸素無しに生命機能を維持することが可能になります。エネルギーが精妙な次元から直接引き出されて、肉体の物質面の必要性を満たすのです」

その時トゥルージョ大尉から連絡があったため、セザールは説明を中断しました。彼は技術面の詳細情報をいくつかセザールに要請してきたのです。私はフロントガラス越しに巨大トンネルのしなやかな形を見ました。私たちはその中を高速で走行しているのですが、少しばかり燐光を発する奇妙な藍色の光が私に魔法のような影響を及ぼし、どういうわけか通常の認識から私を切り離して、並行宇宙（パラレルワールド）に浮かばせるように思われるのです。具体的に見えるものは何もありません。深い安心感、自由、および安らぎが感じられ、同時に、私の周りの現実や私が乗っている車、そして私たちが走行しているトンネルにも漠然と気付いていています。しかし、この現実世界はますます不明瞭になっていき、より高次の経験を得る余地を私に与えてくれるように思われるのです。私が最後に覚えている状況は、セザールがもはや話をせず、深い瞑想状態に入ってしまったことです。彼の椅子の背もたれが垂直になっていたことがその理由です。そして私も深い眠りに落ちていきました。

停車／空間の歪みに関係する中継所

私が目を開けたとき、セザールは中継所に隣接する場所に車を駐車させていました。「ここで食事をしてから休憩を取ります」と彼が言いました。ほんの短時間しか眠らなかったように思えたのですが、その後すぐに分かりました。投影室を出発してからすでに十二時間が経っていたのです。睡眠中に夢を見たのかもしれませんが、何一つ覚えていませんでした。どうやら私は、三次元物質世界のみならず、夢の精妙な世界からも完全に引き離されていたようです。

車から降りて地面に立った時、まるで足元がふらついているかのように思えました。それはあたかも身体を自分で支えられるかどうかが分からないような感じだったのです。トンネルの表面はすべて特別な質感の物質で覆われていました。同時に、藍色の燐光を発する〝空気〟の層が、その表面を保護しているようでした。私がトンネルに入ってから感じていた摩訶不思議な感覚は、とりわけ、トンネルの一風変わった性質に起因するのではないかと思われました。それが相対的不安定の感覚を引き起こしていたようです。

他の二台の車も私たちの車の後方に停車しました。ニコアラ大尉と二人の米国人は、野営に必要な荷物を車から降ろしていました。その中に磁気マットレスと呼び得るようなものが含まれていました。それは細長い形をしており、独り用ですが、かなり分厚いものです。装置も二つあり、一つはオシロスコープ、もう一つは三脚でした。アイデンが、その三脚の上にアンテナを内蔵した円筒形の装置を取り付け、少し離れた場所にデジタル式ディスプレーを設置しました。そして、コンピュータのスイッチを入れ、非常に集中した状態で作業を始めました。時々彼は、円筒形の装置の画面に表示される情報を見ていました。

私に割り当てられた仕事は、各人に食べ物を配ることでした。これはとても簡単な作業です。なぜなら、今回の探索調査で必要とされる食べ物は〝宇宙食〟であり、それはすべて、正確かつ適切に仕切られた金属製の箱に収納されているからです。ニコアラ大尉が、

〝宇宙開発プロジェクトの際に宇宙飛行士が食べた特別の種類の食べ物を、私たちも実質的に食する〟という事実に言及し、よくそのような呼び方をしていたのです。私もアルファ基地で、宇宙食の種類、中身、一人に必要な量、食べる順序、等に関わる予備トレーニングを受けました。実際のところ、それらはミネラルやビタミンを含む棒状の濃縮食品で、それほどおいしくはありませんが栄養満点です。私個人としては濃縮された大麦製のバー（棒）が好きです。水分補給のためには、充分な量の無発泡性ミネラルウォーターおよび柑橘類の果実から作られたビタミン入りのお茶がありました。このお茶は非常においしい飲み物です。

全員に配り終えてから私も食べ始めましたが、それと同時に、現在停車している場所を注意深く観察しました。全体の配置は極めて単純でした。トンネルの両側に標準サイズの箱が三つないし四つ置かれていて、補給品や測定装置および前回の探索調査の際に残された充電式バッテリーが入っていました。私はセザールに、このような中継所やそれに関連する兵站《へいたん》業務を維持するのはかなり難しいのではないか、と尋ねました。すると彼は、次のように答えました。

「逆説的ではあるけれども、問題はありません。このトンネルはとても不思議です。それは実際に存在しているように見えます。私たちはその中を走行していますから、それは私たち物質世界の現実の一部なのですが、それが存在していないと言うこともできるのです。投影室の操作卓から出ている〝空間の歪み〟に関わる指令が取り消されれば、このトンネルは完全に消失するのですが、空間の歪みを復活させればトンネルが消失直前の情報に基づいて戻ってくる、ということが分かったのです。つまり、その内部で生じたどのような変化も、トンネルが復活すればそのまま正確に再現される、ということなのです。その後間もなく私たちは、このような時間の超越が可能であることに気が付きました。時空連続体が、ある種の不可思議な記憶に基づき、消失直前の形状と状態でもって再創造されるのです。それはちょうど、仮想上の〝保存〟のようなものです。たとえ私たちがこの謎を全く理解できなくても、この状況は私たちにとって非常に好都合なのですが、実際には、中継所の変更はほとんど不可能です」

どのようにしてこれが可能になるのか、私にも理解できませんでしたが、間違いなくそれが現実なのです。すでにこれまでに少しばかり話したテーマなのですが、あらためてセザールに尋ねました。

「このトンネルは極めて特別のようですが、なぜ建造者はこのような選択肢を選んだのでしょうか？」

「誰にも分かりません。ある時点で私たちは〝投影室から延びている三つのトンネルのうち、このトンネルが最後に造られた。それは他の二つのトンネルの完成後、長い時間が経ってからなので、より高度のテクノロジーが使われた〟と考えました。もちろんこれは憶測にすぎませんが――」

トンネルをさらによく見ると、私は再びめまいを感じ始めました。あたかも何かが私を身体から引っ張り出そうとしているかのようでした。少しばかり燐光を発する藍色の光と、ゆっくりと壁の上を動いているその陰影と完全なる静寂が、人間の心に極めて強烈な影響を及ぼすのです。私はアルファ基地ですべての心理学テストに合格しました。そのうちのいくつかは非常に難しかったのですが――。しかし、たとえそうであっても、トンネルの及ぼす複雑な影響は驚くほど強力であり、私の持っている自己統制力すべてを全面的に使わねばなりません。

これまで走行してきたのと同じ方向に歩いて行き、中継所から十メートルほどの所で止まりました。その場所ではトンネルは完璧に真っすぐで、藍色の光が微かにきらめくその開口部は巨大であり、とても現実の世界とは思えませんでした。そのとき、突如として心中に微かな狼狽の感情が生じ、あたかも自分が隔離されているかのように感じたのです。他の四人が私の後方わずか数メートルの場所にいるにもかかわらず、現実の世界の外に漂い出ているような感じでした。その孤独感はあまりにも圧倒的で抗し難いものだったため、私は急いで〝野営所〟に戻りました。

ちょうどそのときアイデンが、幾何学上の視点から見て私たちが今地球のどの地点にいるのかを、ホログラフィー投影に基づいて説明していました。これまで走行してきた地下トンネルを通って一本の道路がしなやかに延びており、私たちがすでに地中海の下にいることが示されていました。それはホログラフィー投影で表示された大陸台地の中の大きな空洞として描かれていたのです。アイデンの説明によると、彼のコンピュータと三脚に取り付けられた円筒形の装置の間で共通に使われるある種の〝言語〟があり、それを用いた複雑な補間計算によって、現時点における私たちの地球上の位置が特定されるのだそうです。この若い米国人は、さらに詳しく説明したかったようですが、残念ながらそれは許されていないようです。

三品から成る〝宇宙食〟を食べてすっかり満腹になった私たちは、セザールの提案に基づき、各々マットレスの上に横たわって睡眠をとることになりました。すでに私は車の中で数時間眠っていましたが、それでもなお、横になって目を閉じ、夢見の状態に入る必要性を感じていました。トンネル内は極めて特異の状態にあり、それが私に特別の影響を及ぼしていることを実感していたのです。もしも私がトンネル内により長く留まれば、私の内なる認識および客観的認識の両方に変化が生じることは明らかでした。まず初めに圧倒的な感情が生じ、それが私の内でどんどん広がっていきます。たとえ私が自分の身体を正しく知覚していたとしても〝自分がその外にもいる〟と感じてしまうのです。そして思考がより流動的になります。あたかも以前何も知らなかった物事についての理解が得られたかのように感じますし、まるですべてが内なる自由の意識を背景として起きているかのように思えるのです。この意識は非常に有益であり、私のすべてを説明不可能な幸福感でもって満たします。マットレスに上向きに横たわり、藍色の光によって非物質化されたように見える壮大なトンネルの天井を見上げると、私は瞬く間に眠りに落ちました。

エジプト・ギザへの走行／心が沈静化して注意の域を超越した状態

二時間後に目を覚ました私たちは、使った荷物を梱包し、エジプト・ギザへの走行を続けました。このトンネル内の走行は〝三次元物質世界から少しばかり外れるけれども、同時にその一部でもある〟と思われます。あるレベルに達した後、私の心はこの〝トンネル内の走行〟になじもうとしていました――これは私が自信を持って言えることです。たくさんの相反する情報が私の潜在意識の中で混じり合っているのですが、その情報のほとんどすべてが、現在走行中のトンネルに関連しています。まず初めに、その起源が奇妙なのです。それは実質的に時空の歪みから〝創られた〟のですが、それ自身をほとんど完璧に保存できるのです。そしてトンネルそれ自身が、二つの異なる創造領域の境界に位置している、というような感じを抱かせます。

アイデンは、停留中にある程度の近似計算を行い〝私たちは今、位相の散逸した二つの現実世界が交差した場所に位置している〟という仮説を立てました。しかし、このような条件下でトンネルの安定性の確保がいかにして可能になるのか――この点は彼にとっても謎のままだったのです。私は彼よりもより現実的であり、この安定性が確保されていることをうれしく思っていました。なぜならそれは、私たちの物質面・身体面の全体性を維持するうえで何の障害にもなっていなかったからです。私がトンネル内でより長い時間を過ごすに従い、特別な超自然的状態が徐々に私の支配権を握るようになりました。しかし私自身は、そのような状態に魅了されてしまったのです。

この心の状態は間違いなくトンネルの特別なエネルギー状態およびそれを覆っている〝材料〟に関連している、と私は推測しました。その表面の形状は、奇妙ではあるが、各部分が総合され調和のとれた全体性に寄与している他の一連の特別な状態と同様に、非常に単純であるものの、とても印象的であり人目を引くものでした。たとえば、内部の温度は常に摂氏二十六度でしたし、すべてが完璧にきれいな状態でした。事実、この探索調査の期間中、ほこりや塵に気づいたことは一度たりともありませんでした。また、トンネル内は水を打ったように静寂であり、電気自動車のモーター音だけがそれをわずかに乱していたのです。私にとっては、藍色の光が最も強い影響を及ぼしたように思います。私が理解できないような仕方でそれが魂の中に懐旧の念を引き起こすため、私を取り囲んでいる現実世界との接触がすんでのところで失われそうになります。そして、強烈な磁石のように私を引き寄せる啓発的な何かが私の内に存在するように感じられ、私はそれを求めて自分自身の内に飛び込みそうになるのです。

セザールの説明によれば、そのような状態は内観や深い瞑想のためには理想的だそうですが、私たちの現在の状況には適切ではありません。精神状態への影響という観点から考えると、私たちには機敏さと緊張感の維持が必要なのです。この理由から彼は、トンネル内走行や藍色の光の知覚がもはや私に強い影響を及ぼさないように、フロントガラスの透過性を調整したのです。その後間もなく私は、この調整の効果をはっきりと感じることができました。再び好奇心が湧いてきて、新たな物事を見いだしたいと思うようになったのです。あえて分析的観察さえも行い〝実際のところそれらの感覚は黙想であり、心をしっかりとコントロールすることにより完全に制御できる〟ということに気づきました。

セザールは控えめな笑みを浮かべ、このテーマをさらに進展させました。

「一般的に言うと、心は時間の主人のようなものであり、それゆえ絶え間のない気配りを必要とします。望み通りに時間を処分するのではありません。ほとんどの人々は心の特性・特質に従って〝機能〟しますが、それは〝人々が自分たちのエゴに気づくずっと前に心の発達が始まる〟という事実のためです。彼らはすべて、遺伝的な影響や文化面の感化を数多く受けるだけでなく、個人的な経験にも苦しみます。そしてそれらが、彼らの周りで起きる物事について、考え、反応し、感じる〝やり方〟を形成します。つまり、心はこれらの要素に基づいて個々人に特有のやり方で形成され、それにより、彼らの周りの世界の構成要素が確定されて、彼らがそれをどのように見るのかが決まるのです」

私は霊感に触発され、素早く言い足しました。

「この場合〝心はそれが経験するさまざまな面から直接的な影響を受ける〟という事実を考えると、心を豊かにするためには、前向きで積極的な状況や様相に心をさらさねばならない、ということになります」

私の意見に同意してセザールが言いました。

「もちろん、その可能性は充分あります。実際のところ、東洋の実践心理学に基づいて発展したポジティブ思考の理論全体が、まさにそれに立脚しているのです。残念ながら、それに伴う神秘的な面を自ら進んで思案・熟考し、注意深く分析する人はほとんどいません。

善意があり〝自分自身を変容させてポジティブ思考を身につけたい〟とさえ望んでいる人々を、あなたは何度も見たと思います。しかし、彼らは力なくその時の状況に流されてしまい、喪失感を味わっているのです」

それを聞いた私は、自分がまさに好個の一例であると思い、次のように言いました。

「そうです。その通り。しかし、なぜそのようになるのですか？」

「その理由は心の主たる特質、すなわちゆらぎにあります。もしもあなたに、わずか数秒であっても自分自身を観察するだけの辛抱強さと好奇心があれば、心が絶え間ない変容を経ていることが分かるでしょう。永久不変な状態は存在しません。あなたはこの現実を受け入れることを出発点とすべきなのです。要約すると、誰もが少なくとも一回は経験している心の三つの状態を識別することができます。

①強い興奮状態、あるいはそれと反対の無気力状態

②注意を払っている状態と無頓着の状態の間で振り子のように振れている不安定状態

③心が沈静化して注意の域を超越した状態

これまでに、このトンネルの中ではほとんど自然に三番目の状態になりがちである、ということに気づきましたか？」

私は首を縦に振って同意しました。そして、これらの心の状態に関するさまざまな面を

もっと詳しく話してくれるように頼みました、なぜなら、それらは私にとって非常に重要に思えたからです。結局のところ、毎日毎日、それらの心の状態次第で満足感が得られるかどうかが決まるのです。心が不安などのためにドキドキ、イライラしたり、あるいは緊張状態、興奮状態にあれば、思いやりを示したり満足感を得ることは不可能なのです。セザールが次のように話を続けました。

「すべては意識的にあなたの心を観察する能力次第なのです。しかし、望ましからぬ心の状態を前向きの状態に切り替える簡単な方法がいくつかあります。心が興奮あるいは緊張している時、私たちは激しい感情に圧倒されがちなのですが、たいていの場合、その後私たちは鬱《うつ》の状態に陥ります。このような場合の効果的な対処法は、先ほど私が話した意識的な呼吸です。数回深呼吸をするだけで心が非常に落ち着くのです。心が不安定の時、どんなに心が取り乱されていようとも、呼吸法はとても効果的なのです。その目的は心の状態を変えることであり、その結果、注意が広く行き渡り、より長い時間持続します。

一般的に言えば、人々はすぐに、明晰で集中した心の状態――から、注意力散漫で混乱した心の状態へと変わってしまいます。私は〝注意力の集中が変容の過程において最も重要である〟と繰り返し言いましたが、これがその理由です。それは、注意力が常に観察する能力を改善するためです。それは料理のようなものです。もしもあなたがフライパンを洗うことなく使って何年間も玉ねぎの天ぷらを揚げていれば、そのフライパンで調理するどんな食べ物も玉ねぎの味がします。しかし、もしもあなたがフライパンを使うたびに意識的に洗うようにしていれば、それを使って調理するどんな食べ物もその本当の味がするのです。もしもあなたが心を定期的に〝洗浄〟すれば、物事や状況を、それ以前に見たものによって影響されることなくあるがままに見ることができる――この点を、この例えを用いて説明したかったのです」

すでにお話しした〝羊皮紙に書かれた秘伝〟には呼吸法が含まれています。私はそれに基づく手法を実践し始めた自分を幸運に思いました。それらは心にも直接言及しています。そして〝それが実質的に同じことである〟とセザールが言ったことに気づきました。セザールが説明を続けました。

「混乱した重苦しい心は汚れた椀《わん》のようなものです。呼吸法は人間にとっていつも自由に使うことができる最高の洗浄剤の一つですが、まずそれを希求し、少なくともその方向で最小限の努力をすることが必要です」

このような場合、生理面・精神面の状態がどのようになるのかを知りたいと思い、セザールに尋ねました。

「心が穏やかで完全に落ち着いた状態にある時、一体何が起きるのですか？」

「そのような場合、心はどういうわけか注意力のレベルを超えて平安になり、観察対象と完全に一体化します。この格別な心の状態には静穏さが伴います」

真のマスターとの特別な関係

しばらくの間セザールは沈黙しました。私も口を閉じました。最近入手したすべての情報を整理したかったためです。もしもセザールが説明してくれなかったとしたら、おそらく私は何年もの長い間、知識を求めて、暗闇の中で手探り状態を続けていたことでしょう。たとえ私たちの意図が素晴らしいものであり、さらなる進化のためにより多くの知識を得たいという強い欲求があったとしても、多くの場合私たちは独りでは無力です。それゆえ私たちには有能な指導者が必要なのです。再度私は、セザールへの感謝の気持ちで胸がいっぱいになりました。霊性面の知識の複雑な糸を介して、彼は少しずつ着実に私を導いてくれたのです。

次に私は考えました。私たちはしばしば、単純な物事を理解する上で混乱し、落胆して弱気になってしまいます。その一方、人類のテクノロジー面の進展は疑う余地のないほど明白であり、科学は格段の進歩を遂げているように思われます。しかし、たとえそうであるとしても、大抵の場合、このような知識やパワーは、先ほど述べたような問題が生じるのを阻止してはくれません。例を挙げると、人生における特定の出来事が大きな影響を及ぼすことがありますが、私たちはその理由を本当に理解しているでしょうか？　テクノロジーの進展が顕著であるにもかかわらず、私たちはたびたび無力感を感じてしまいます。強くて有力と思われていても、明らかに取るに足らないような出来事によって突如として弱体化してしまう人々がいますが、それはなぜでしょうか？　心を制御できているように見える人間が、なぜ不安を感じるのでしょうか？

実のところ私たちは、周りの世界との関係を新たに築き直し、人生に起きる出来事との関連を見直すことができるのです。この新たな知見は極めて単純かつ平易であり、それゆえ、その応用が難しいのです。妨げとなるすべてのものを突き止めて取り除かねばなりませんが、どちらかというと私たちは、その反対の傾向を持っています。私たちは、提供されるものを判断・偏見・先入観なしに受け取る鏡のごときものにならねばならない――私の意見はこうなると思います。私の考えでは、この基本的な見地・見方によって、文化の壁を乗り越えることが可能になるのです。私たちは、多くを知れば知るほど他の意見に耳を貸さなくなります。大抵の場合私たちは〝すでに知っている〟あるいは〝もっとよく知っている〟と思ってしまいます。すると、助言などを喜んで受け入れなくなり、意見などに耳を傾けることもなくなってしまいます。そして、現実をありのままに見なくなってしまうのです。このような場合私たちは、〝木を見て森を見ず〟ということになってしまいます。慣れ親しんだものや記憶に残っているもの、存在すべきだと自分が考えるもの（実際は存在しない）だけを認めがちなのです。

セザールによれば、この新たな能力は、二つの要素（一つは鏡、もう一つは自分を見ようと努める顔）に基づくプロセスの間に、時間をかけて徐々に獲得されるそうです。セザールがこのテーマに言及することはめったにありませんが、そのようなまれな機会に、彼から次の点を教えてもらいました。

霊性面のマスター（導師）は弟子との出会いの際に忠実に弟子を映す鏡であり、真の弟子は学ぶことを願っていて常に真のマスターに囲まれている。

私は何度も自分を叱責しました。なぜなら私は、セザールへの質問のみならず新たな真理を見いだして思考の面で進歩を遂げたいという願望が彼の邪魔をしたのではないか、また私の単純な思考やこだわりが彼を苛立たせたのではないか、と考えたからです。しかし、彼の答えは親切心や愛に満ちていて私の心を妙なる喜びで満たしてくれました。

「二人の人がテーブルに向かって座っていて、彼ら各々の前には空のカップが置かれています。一人はその状況に満足しており、もう一人は〝このカップの目的は何だろうか？

これには何が入っているべきだったのか?〃とあれこれ思いを巡らしています。この人は、良き弟子に欠くことのできない資質、すなわち〃進化したいという願い〃と〃物事の意義や不思議さ・不可解なことの意味を正しく理解したいという願望〃を持っています。その弟子は、適切かつ的を得た質問をして最高のマスターを得ることでしょう。しかし、空のカップを前にして満足している弟子は、人生の問題を適正に対処する準備ができていません。私たちは困難に直面することによってそれまでの行動や行為を再検討せざるを得なくなり、〃自分の苦しみ・悩みの原因は一体何に起因するのだろうか? 私が理解すべきその奥深い意味や重要性は何だろうか?〃と自分自身に問いかけるのです。その弟子は、師の教えを実践してそれに基づいて自分自身を知るようになります。しかしそれは、人間としてのあらゆる側面・様相が含まれる長期間の訓練を伴います」

私は少しばかり悲しくなり、自分の魂が落胆するのを感じました。自分が望んでいる進歩および霊性面の進化が達成できないのではないかと考えていたのです。そのような不安な気持ちを伝えたところ、セザールは次のように言って元気づけてくれました。

「何も心配はいりません。しかし忍耐は絶対的に必要です。辛抱強くあるということは、当分の間、たとえ何かが起ころうとあるいは起こるまいと、それには関わりなく自分の道を進むことを意味します。私たちのマスターと私たちの間の関係を呼び覚ますことによって、エネルギーと忍耐力が与えられます。東洋においては、大抵の場合、マスターが真の弟子を評価するために使われる唯一の基準は忍耐である、と言われています。また、準備ができたと考える弟子がすぐに目的を達成したいと願う場合がしばしばあります。その場合マスターは、その弟子が自分の能力と欠点を段階的に理解する助けにならねばなりません。しかし、あなたが知るべきことは〝忍耐は弟子だけでなくマスターにとっても必須である〟という事実です。マスターはどのように弟子を尊び重んじたらよいのか、そしてどのように彼の成長を待つべきか——これらの点を知っているべきなのです。

多くの場合、物事はゆっくりと進展します。弟子がマスターに示す敬意や信頼の気持ちは極めて重要です。なぜならそれらが助けとなって自分の中心点が分かるからです。これがマスターと弟子の間の正しい関係にまつわる神秘的な面なのです。次第に、弟子の天与の資質がマスターの天与の資質によって明らかになります。マスターの心と弟子の心の間で時が満ちれば、説明しがたい魔法のようなことが起きるのですが、これは彼ら二人の個性・人格には左右されず、二人の間に確立される正しい関係に依存して生じるのです。この正しい関係は、尊敬と信頼の気持ちに基づいて樹立されます。〝マスターの内に神性を見れば、私たちが自分たちの内にも神性を見いだす〟ということが立証されるのです」

フリーメイソン、シークレット・サービス、ペンタゴン「影の政府」とトンネル

セザールとの議論は、依然として私の記憶の中に刻印された状態で残っています。私の存在すべてがそれに関わったからです。セザールが言ったのと全く同じように私も感じたのですが、それによって私は素晴らしい幸福感を味わうことができました。そして〝自分はこのような偉大なマスターによって、霊性の完成に至る道に導かれている〟と思うと、私の心は大いなる平安に満たされました。彼のそばにいると、私は絶対なる安心感を得て、人生における次なる課題に取り組む準備ができるのです。このような素晴らしい思いに満たされた私は、再び言いようのないくつろぎと安らぎの状態に入り、深い眠りに陥りました。おそらく私はこのような状態で数時間眠ったものと思います。なぜなら私は、車が次の中継所に着いた時目が覚めたからです。そこで私たちは、食事の時間を含めて約一時間滞在しました。

アイデンはより一層、彼のコンピュータを使った計算に没頭していました。中継所での休憩時間に、セザールがハードディスクのようなものをアイデンに手渡していました。それには、エジプトにおける目的地に関わる超極秘データが入っていたようです。若い米国

人の天才は、それを使ってますます深く計算に集中していきました。あまりにも集中度が高くなったため、彼を取り巻く現実から完全に切り離されてしまったようでした。食べ物を配給するために彼のそばに近寄っても、彼は私が来たことに全く気づいていないようでした。私はいまだかつてそのようなことは見たことがありませんでした。彼はまさに没我の境地にあったのですが、それはまるで彼の心が実際にその最先端計算装置に接続されているかのようでした。彼の顔を見たところ、あたかも変性意識状態にあるかのように目が半分閉じていたのです。彼のコンピュータ・インターフェース（注3）の上には小さなホログラフィー映像が現れていて、彼の指が素早く動いてその映像の一つの点あるいは別の点に触れるとそれが変わるのですが、彼はそれを真っすぐ見つめていました。閃光とともに画像が連続的に変化するのです。建造物や回廊が断片的に現れ、それらは、異なったデータが表示される縦の列に並んでいました。

ある瞬間私は、カイロ近郊の三つのピラミッドが出現したことに気づきました。その後、ホログラフィー映像の焦点は大ピラミッドに移りました。そして、映像の焦点は地表へと下降し、さらに大ピラミッド基底部の下へ潜りましたが、そこは暗く、私たちが走行してきたトンネルの光のような藍色でした。その時点で突然、アイデンの動きが止まりました。彼は微動だにせずホログラフィー映像を凝視していましたが、それは実際には何も示して

注３　インターフェース：コンピュータ・システムにおけるハードウェア同士の接点、または接点となるプログラムのこと。

いなかったのです。アイデンはまるで麻痺状態になったかのようでした。しかし、私には直感的に分かりました。それは極めて細心の注意を要する時であり、彼は自分のコンピュータと緊密に連携していたのです。〝彼のような天才はどんな心を持っているのだろうか？彼の精神構造は一体どのようになっているのだろうか〟と自問せざるを得ませんでした。彼は外の世界をどのように知覚し、自分のコンピュータとの微かな結びつきが実質的に形成されたこの重大な瞬間をどのように感じているのでしょうか？

　彼の右手の薬指と中指がコンピュータの物理インターフェース上でゆっくりと動いているのが見えました。そのインターフェースの中央に円形部分があり、それは同心円構造になっていますが、それ以外は通常のノート型パソコンのキーボードとはほとんど何の関連もありません。その表面の残りの部分には、異なる大きさと色の長方形が縦横に並んでいました。そしてこれらの長方形には、いまだかつて見たことがない種類の記号が刻印されていて、それらには数字が付随していました。数字は別として、私にはそれらの記号の意味がまったく分かりませんでした。アイデンが触れると、長方形部分が控えめに点灯しました。しかし、その境界線（長方形の辺）はもっと強く輝いたのです。非常に重要であり、私たちが現在向かっている目的地に直接関連している何か――アイデンは今それに集中していることが私には分かりました。それが何かは知りませんでしたが、すでにそこで驚くべき発見がなされていたのではないかと思いました。

それは非常に巧妙に秘匿されてきたようですが、その理由は極めて明らかです。例によって、シークレット・サービス（秘密情報機関）、とりわけ米国諜報部の内部でこの情報を得るための熾烈な抗争が為されたものと思います。しかし、フリーメイソン国際組織の高位の代表が、発見されたものを支配しようとしてあらゆる手を尽くそうとしていることは間違いありません。この点に関する米国国防総省（ペンタゴン）内の意見の不一致は、すでに危険度の限界点に達しているようです。民間の小さな組織が政治・軍部の両方に強大なパワーを有していて、それがペンタゴンに圧力をかけている、というのがその主たる理由です。私は思い切ってセザールに、このような自分の考えを伝え、それがこのトンネルの終点に存在する発見物に関係しているかどうかを尋ねました。

セザールは低い声で答えました。

「それは確かな事実です。私たちの社会のような退廃した世界における物事のありようは、真実を反映していません。数多くの勢力が特権、すなわち最高の権力を得るために争っています。しかし、それらが民間のグループであろうと軍であろうと、この〝最高権力〟は各々の代表者によって異なる理解がなされており、その大部分は〝彼らの影響力・支配力の拡大〟という表現に限定されています。その例として、一つの国あるいは大陸地域が彼らの意図や狙いを満たすのに充分である、と考えてみてください。彼らのパワーはそこまでに限定されてしまいますが、それは彼らがそれ以上を望まないためではありません。彼らが属する厳格な階層型組織において、その頂点に君臨する恐るべき勢力によって彼らもまた支配されているからなのです」

私は驚愕しました。私はフリーメイソンおよび彼らが与えている恐怖についてはかなりよく知っています。シニョーレ・マシーニ（第一章：注5参照）に関する事例はすでに明らかになっています。セザールは以前、世界全体に広がっているフリーメイソンの組織構造に関する点をいくつか述べたものの、決して自分の意見を力説するようなことはなく、また、私も、そのテーマに関する本やその他の資料を見つけることは、全くと言っていいほどできなかったのです。どちらかといえば私は、過去二年の間、秘教・秘伝の研究や自分自身の霊性の開発に没頭していました。しかし今、フリーメイソンの問題およびその人間社会への影響やそれから予想される結果等が非常に重要である、ということを明確に理解したのです。

「明快かつ理性的に考えて、もしもあなたが、いつぞや私が提供した情報を総合するならば、利害関係が複雑に絡み合ったネットワークをフリーメイソンがすでに構築してしまった、という事実を理解できるでしょう。とりわけそれらは、銀行ローン、恐喝・ゆすり・

武力による脅し、マスメディアを通じた人々に対する巧みな心理操作に基づいています。彼らの主たる目的は、人々を最大限支配し管理することです。彼らの支配下にあるということは、自由に行動し発言することがもはやできないことを意味します。これは私たちの国（ルーマニア）だけでなく、世界のその他の国々（特に先進工業国）においても起きるのです。

しかしあなたに理解してほしいことは、これらの活動や利害はすべてフリーメイソン世界組織の最高機関の下位に置かれている、という事実なのです。驚くかと思いますが、それはあたかも秘密の政府のように陰に潜んでいるグループであり、私たちが知っているあらゆる政治面の資金力や民間・軍部の財力を凌ぎます。彼らは独自の空軍および海軍を持ち、莫大な資金を引き出すことのできる独自の財政機構のみならず、いわゆる〝国益〟に相当する利益を得るための〝ひな型〟を不屈の努力でもって追求する能力——このようなパワーをも有しているのです。それは外部の権威によるあらゆる支配を超越するものです。この観点からみると、常に影に潜んで行動するこの世界政府は、あらゆる法律・法規の外にあり、どんな法からも影響を受けません。現在彼らの絶対的地盤は米国にあり、そこで多大の影響力を行使しています。

しかし、このグループのメンバーにとって、世界の他の国や地域で起きていることは重要ではないのです。この点ははっきりと肝に銘じておいてください。とりわけ私が言っているのは、対立・紛争、あるいは社会に対して、さまざまの異なった手段によって引き起こされる際立った傾向や風潮です。それは彼らにとっては何も秘密ではありません。なぜなら、これらの出来事はすべて、彼らの悪魔的頭脳によって描かれた計画に基づいて起きているからです。軍産複合体の形成が急速に進み、それが有利に働いて、フリーメイソンのメンバーだけから構成されるこの隠れた世界政府が設立されたのです。現状はこれよりもさらに複雑です。なぜなら彼らは、この三次元物質世界を超える他の現実世界にも注意を向けているからです。これが彼らへの抵抗をさらに困難にしているのです。

彼らが最も恐れている〝彼らへの対抗手段〟は、一般大衆すなわち世界の人々が彼らの存在に気付いて、その否定的な影響力を排除するために活動を始めることです。そうなれば、彼らは速やかに駆逐されてしまいます。彼らが数において劣る、というのがその理由です。彼らが用いている間接的心理操作や支配機構が彼らのパワーの源であり、それゆえ彼らは常に他の人々に依存して目的を達成しているのですが、世界が臨界点に達して、充分な数の人々が彼らの存在に気付けば、すべてが彼らに背を向けるのです」

セザールと私は、中継所に置かれた箱を背にして座り、静かに食べながら話をしていました。アイデンは依然としてコンピュータを使った自分の仕事に没頭しており、他の大尉二人は車の近くの場所で話をしていました。理由は分かりませんが、私は、非常に明確に自分の強さと能力に自信を感じたため、はっきりとセザールに言いました。

「これまでにブセギ山脈とエジプトで発見されたすべてが彼らの基本方針および行動計画における最優先課題になっている、ということですね」

「今話したこととほとんど同じほど重要な点が他にもあるのですが、あなたは後ほどそれに関する事実に気付くでしょう。そうです。それらの発見は私たちの現在の可能性をはるかに超えるテクノロジーを象徴しています。私は最近、良き友人であるペンタゴン当局者と重要な話をしました。彼の話では、一番大変な戦いは中東や他の地域の戦争ではなく、彼らの組織の内部における争いだそうです。彼は私に次のように打ち明けました。〝あとどれだけ現状に耐えられるか分からない。数多くの命令が互いに矛盾している。その一方私自身は大変な責任を負っているが、そのすべては一般市民の声に対して彼らが特別に過敏になっているからだ〟。立場上最高機密書類や情報を入手できるので、彼は反重力テクノロジーやフリーエネルギー・テクノロジーがすでに充分開発されていることを知っています。これらのテクノロジーは人類が直面している主だった問題をほとんど即座に解決できるものです。彼はそれらの試作品さえも見ました。なぜなら、それらは種々沢山存在するからです。それらのシステムの驚くほど効果的な働きは、彼自身が充分に納得できるものでした。正直に言って、彼が堕落せずに現在の高い立場を上手く獲得したことは、まさに驚くべきことです」

あまりにもびっくりしたため、私は食べるのを止めてしまいました。

「分かりました。しかし、どうやったら人類をいわば未発達の段階に留めておけるのですか？　なぜ彼らは新たなテクノロジーを全世界にくまなく普及させないのですか？」

セザールは彼の分のバー（棒状の食べ物）を一口食べてから、集中力を高めるために前方を見ました。

「もしも彼らがそうすれば、全世界の社会面・経済面・政治面の秩序や体制がほとんどと言ってよいほど変わってしまうでしょう。おそらくそれは、人類の歴史にかつて記録されたことがないほどの大変化になると思われます。逆説的に言えば、これは人類最大の秘密ではありません。それが常軌を逸した発明、あるいは奇抜な思い付きのように思われるからではなく、それによって極めて甚大な事態が引き起こされる可能性があり、それが人類に深刻な影響を及ぼすからです。いまさら言うまでもありませんが、それらのプロジェクトすべてを支配下において管理している人々は、そのような変化を好みません。この理由から、たとえ意識的に気付かなかったとしても、彼らは人類社会をこの嘆かわしい過ちや苦しみの状態のまま維持しようとするのです」

好奇心に駆られた私は次のように質問しました。

「国の大統領や国家主席は、このような情報やプロジェクトにアクセスできますか？」

「いや、できません。そのため、このようなプロジェクトは〝ブラック・プロジェクト（超極秘プロジェクト）〟と呼ばれています。なぜなら、これらのプロジェクトに資金を供給し支援しているごく少数の人々を除き、これらのプロジェクトやその応用について知っている組織や当局者は皆無だからです。私が言っているのは、フリーメイソンの最高位に座する代表者から構成される影の政府のことです。彼らは最高の管理能力を持っていて、社会の支配層から何の監視も受けませんので、彼らは世界の安定性に対する直接的な脅威となるのです。もしもあなたが注意を払っていたならば、過去数年の間にこれらの脅威が増加の一途をたどっていることに気付いたことでしょう」

いくぶん困惑した私はセザールに質問しました。

「それなら、誰がこれらのプロジェクトにアクセスできるのですか？　誰がそれらを実行するのですか？　誰が研究開発を実施し、データベースを作成するのですか？　フリーメイソン精鋭集団のトップだけがそれらに対して資金を提供し管理するものと私は推測しますが――。人員についてはどうなのですか？　誰がその情報にアクセスできるのですか？」

矢継ぎ早の質問を受けたセザールは苦笑しながら答えました。

「私たちがとりわけ今ここで話しているのは、米国で計画・立案されたプロジェクトです。また、このように言うこともできます。世界中の生命体および最重要の公的機関（フリーメイソンによる寡頭政治の本部を含む）に影響を及ぼす最高位の勢力が存在します。彼らはあらゆる民間団体や軍組織よりも上位に位置しています。ＣＩＡ、米国議会、米国大統領府、あるいは国連の最上位の代表者でさえも、人類の未来に関するこれらの機密事項を知りません。もしも彼らがこれに関する情報を得たとしても、あまりにもその考えのばからしさに憤ってしまうため、即刻その話を打ち切ってしまうことでしょう。当然のことながら、当事者はすぐさま精神異常の疑いをかけられてしまいます。ペンタゴンおよびＮＳＡ（国家安全保障局）のごく少数の当局者だけが本当のことを知っていて、他の人々は全く知らないままの状態で日常生活を送っています。

しかし、これらの当局者には人事異動があり、二〜四年ごとに変わるのです。この点を忘れてはなりません。彼らはたくさんの国家プロジェクトおよび国際プロジェクトを手掛けており、財政方針や領土に関する政策を立案しています。しかし彼らは、人類にとって真に重要な事柄についての情報にはアクセスできません。結局のところ、これらのプロジェクトは正式に認められておらず、それゆえ〝実質的には存在しない〟と言うことができるのです。それらはＵＳＡＰ（注４）（Unacknowledged Special Access Program）として知られています。それは極秘のプロジェクトで、公認されることなく完全に秘匿されています。普段、最高機密情報を入手できる当局者でさえも、USAPについては非常に特別なアクセス権が必要なのです。これは次のことを暗示しています――USAPへのアクセス権を持っている当局者は、たとえ上司あるいは国の大統領からUSAPについて尋ねられたとしても、「そのような極秘プロジェクトの存在については全く知らない」と答えることになっています。彼らはそのプロジェクトを隠蔽し、間違った情報を、一般大衆およびそれに関心を示す当局者に最大限の努力でもって伝えます。USAPは世界で最も上手く隠蔽された極秘事項なのです」

「それらは水素爆弾についての機密情報よりもさらに重要なのですか？」

セザールは決然とした声で答えました。

「そうです。水素爆弾に関する情報は漏洩してしまいました。しかしUSAPの場合は、たとえそれが何に言及しているかについて国際的に知られたとしても、公式声明は何もありません」

私は頭がかなり混乱しました。〝水素爆弾にかかわる機密よりもさらに重要〟などというものがはたしてあり得るでしょうか？

「皮肉なことに、人類にとって最も重要な機密事項は、すでにフリーメイソン世界

注４　USAPはUnacknowledged Special Access Programの省略形で〝特別なアクセス権を必要とする公式に認められていない特別のプロジェクト〟を意味します。この情報は超極秘で完全に隠蔽されており、それを知るには極めて特別のアクセス権が必要です。この組織は、世界のあらゆる民間社会・軍事社会体制よりも上部に位置しており、CIA、米国議会、米国大統領行政府、国連でさえも、USAP情報を入手することはできません。ペンタゴンとNSAに属する極めて限られた数の人間だけが、この真実を知っています。

政府、および国際マスメディアによる巧みな情報操作によって、あまりにも矮小化され模擬化されてしまったため、どういうわけかその重要性が薄れてしまい、ばかげたことあるいはとんでもない情報とみなされてしまいました。その具体例は異星人の存在および彼らが地球で生活しているという情報であり、それには異星人の宇宙船等が含まれます。その問題はあまりにも大袈裟に取り上げられ、複雑に絡み合っているため、もはや人々は真実と虚偽を完全に見分けることができません。それゆえ、人々はそれら全部が空想の産物・悪ふざけ、あるいはうそであると思ってしまうのです。おそらくこれは、人々が保存・維持本能に基づいて行動するからであり、新たな考えや勇気ある心構えを持つのではなく、むしろ安全の維持のために、それを否定する方を選んでしまうのです。人々は、新たな考えや勇気ある心構えは彼らの人生や生活を面倒にする、と考えているのです」

その時セザールは、私がトゥルージョ大尉を見ているのに気付きました。

「あなたの推測は間違っていません。彼はUSAPへアクセスすることができます。それは疑う余地のない事実です。なぜなら、もしもそうでないのなら、彼はここに来られるはずがないからです。軍における階級〝大尉〟は総称であり、単なる隠れ蓑にすぎません」

そう言い終えた後、セザールは他の三人に出発の合図を送りました。そしてその数分後、私たちはエジプトの目的地に向かってトンネル内を走行していました。ニコアラ大尉が言ったように、あとわずか二時間半で目的地に到着するのです。話が中断する前にセザール と議論していたテーマは、私にとって非常に興味深いものでした。そこで私は、出発後すぐにさらなる詳細を話してくれるようにセザールに頼みました。

「ともかくもこのテーマは、ブセギ山脈およびエジプトで私たちが発見したもの、およびこのミッション（任務）に関係しています。しかしこの場合、事態はフリーメイソンの影の政府が持っている知識さえも超越しています。彼らは今非常に動揺しイライラしているのですが、これがその主たる理由です。彼らを最も困惑させていることは、私たちの発見したものがテクノロジーの面で彼らのアクセスできる現実世界よりもはるかにレベルが高いだけでなく、それらが全面的に役立つものであり、人類の進化の促進につながり得る高い霊性の段階にある、という事実なのです。間もなくあなたは、私の話していることの意味が分かるでしょう。人々の霊性面の進化は、より高い自由度を意味し、思考や構想におけるさらなる自由と調和は、支配や心理操作・情報操作等の時代の終焉を意味します。それは実質的に、フリーメイソンおよびその悪魔的な計画の終わりを意味するのです。

私たちの発見がブセギ山脈のどの場所なのか――この点に関するゼロ局の活動を完全に掌握することを彼らは決意しています。そこに何があり、何がそこから始まるのか――これは彼らの持っている機密のレベルを超えており、地球における彼らの存在理由や活動の根拠を脅かしています。フリーメイソンは私たちの国の政治組織の中に強固な拠点を築いており、そこを介してこれまでゼロ局の活動に容赦なく介入・干渉してきました。今でもなお彼らは、政治レベルでの攻撃を企てていますが、事態は極めて明らかです。私たちの国には有利な状況があります。誰もが邪悪な魂を持っているわけではなく、より高いレベルの決定権を持っている人々もいるのです。しかしながら、彼らの圧力ははっきりと感じられますし、正直に言って、それはとてつもなく大きなものです。何とかそれらを回避するには、卓越した力量・配慮および忍耐が必要なのです」

自分の意見として、私は次のように言いました。

「私が理解している限り、互いに対立関係にある勢力の間の争いは一層深刻になっています」

「ブセギ山脈における発見にかかわる状況は、比較的安定していると思います。三年前に署名されたルーマニアと米国の間の秘密協定は、たとえフリーメイソンが望んだとしても、容易には変更できません。影の世界政府は、ブセギの投影室とその内部のすべてをUSAPリストの最優先事項に位置付けました。ルーマニア人以外で、その場所にアクセスできる人間は世界でわずか八人しかいません。他の人間は、たとえこの施設に関連した業務に従事していたとしても、まったく誤った情報を与えられています。しかし、そうであったとしても、困難・面倒・厄介な物事は山ほどあるのです」

私はしばらく前から悩まされていたことについて、セザールに尋ねました。

「人類が経験するあらゆる危機的な状況には、その始まりというものがあります。フリーメイソンにとってさえも、地球外文明との接触はおそらく驚きだったことでしょう。彼らが私たちへの干渉を決意し、不誠実かつ危険な計画を立てたのは、多分そのあとだったと思われます」

「いかにもその通り。最初からこのような状況ではなかったのです。トルーマン政権（1945〜1953）とアイゼンハワー政権（1953〜1961）の時期、この件は機密事項でしたが、基本的な方策は善意に基づくものである、というのが一般的な認識でした。ある意味では、単に彼らは問題を先送りしていたのです。彼らはそれを必要と考えていました。なぜなら、両政権に属していたかなり多くの公務員が地球外文明の存在を知っていて、それに対する政策の立案にさえかかわっていたからです。恐らくそれはＮＳＡ（国家安全保障局）にとって容認できないことだったと思われます。しかしその後、状況が変わり始めました。この機密情報にアクセスできる人間が次第に削減され、アクセスそのものが禁じられたのです。

ペンタゴンの友人から聞いたのですが、故アイゼンハワー大統領は、それ以降この件についての最新情報を得られなくなっていて、それに非常に憤慨していたそうです。彼はすでに異星人と面会していて、彼らの宇宙船も見たのですが、自分が徐々に蚊帳の外に置かれるようになったと感じていたのです。恐らく故ケネディ大統領が、この極秘事項を部分的に知っていた最後の米国大統領だったと思われます。1963年に行われた米国陸軍高官との会談において、ケネディは、異星人の宇宙船や彼らが行っていた地球文明との交流に関して、彼自身がある程度の知識を持っていることを認めました。そして「なぜそれに関する書類全体が自分の自由にならないのか、その理由が分からない」と述べました。彼がその年の後半、暗殺される前にその真の理由を知り、その極秘情報の公開を望んだ――これはほぼ間違いのない事実です。世界全体が次のような事実を知ったとしたら、どうなるかを想像してみてください。

●大国の政府がすでにある種の地球外文明との関係を確立し、一種の協力・協定を締結している。

●それに関するすべてが、フリーメイソンだけから構成される影の世界政府によって極秘にされている。

●影の世界政府は、地球外文明との交流および協力活動を完全に掌握し、それによる世界全体の支配を望んでいる。

私の知るところでは、フリーメイソンでなかった米国大統領はケネディのみです。このようにして、彼が暗殺された理由およびその背景を、異なる角度から考察することが可能になるのです」

「しかし、もしも米国政府がこの件を管理できなかったのであれば、なぜ機密保持が可能だったのですか？」

「驚くことでしょうが、正式に認定された外交官よりもむしろ民間企業や他の民間組織および研究者の方が、これらの機密を非公式かつ上手に保持できるのです。これらのプロジェクトの大部分は、政府が国家機関を介して開発するのではなく、民間の機関が政府に代わって開発します。彼らの方がより一層周到に準備できていて、より一層上首尾に機密を保持できるのです」

私は辛辣な皮肉を込めて口をはさみました。

「私は今、コカ・コーラの本当の成分や製造法について考えています。発売後百年以上経った現在でも、最高経営陣のほんの数人しかそれを知りません。しかし、それが人にもたらすひどい健康被害を考えたことがありますか？」

セザールが次のように私の話に言い足しました。

「確かにそうですが、それは浅はかで無自覚な消費者の無知の結果でもあるのです。分別を抑え込むという行為は近代人の強みとは考えられません。それがたくさんの問題を引き起こすのです。私が言いたいことは、その有害なソフトドリンクの成分と製造法はあまりにも機密になっているので、米国大統領でさえもその情報にアクセスできない、という事実です」

ちょっと間をおいてから、彼は話を元の主題に戻しました。

「極秘プロジェクトを最高機密扱いにするシステムは、二重の措置に基づいています。一つはそれらの機密を私有資産にすることであり、もう一つはそれらをUSAPに結び付けることです。一般的に言うと、この組み合わせを打ち破ることは九分九厘不可能です。もしあなたがこのようなプロジェクトへのアクセスを民間部門の仲介人を通じてしようとすると、私有財産特権に阻まれます。また、公共部門の橋渡し役を介して（もっと正確に言えば政府の措置として）しようとすると、政府の権限を超えるUSAPの壁に阻まれるのです。要するに、すべての方法・方策が阻止されてしまうのです」

私はがっくりと落ち込んだ気がしました。あたかも支持基盤がすべて失われたかのように――。

「分かりました。しかし、どうしてそれが可能になるのですか？」

セザールは改まった口調で答えましたが、あまりに静かな言い方だったため、ほとんど聞き取れないほどでした。しかし、車のキャビンの特別な雰囲気の中で、彼の言葉は私の心に強烈な印象をもたらし、私の記憶にはっきりと刻み込まれたのです。

「それは、米国を含むどのような国の政府をも超越する一種の隠されたグループ、あるいは組織体です。直接USAPに関係している準民間組織であり、国際レベルで活動しています。プロジェクトの大部分は、極めて先進的な地球外テクノロジーを理解して、その応用・適用に取り組むことができる私企業に下請けに出されています。また、USAPに結びついているいくつかの部隊が存在します。このグループの目的は、誤った情報を伝えることによって人々を操り、真実性がなおざりにされている、さほど重要でない事柄に彼らの注意を向けさせることです。その具体例としては、UFOの目撃、エイリアンによる誘拐、キャトル・ミューティレーション（家畜の部分的切除・切断）、等が挙げられます。間違った情報が流れ出る水路のようなものがあるのですが、それはマスメディア、科学団体による困った関与、あるいは一部の責任ある政治家によって下支えされているのです。

主としてこのグループは、USAPエージェント（代理業者）から成っており、極めて先進的なテクノロジーを研究している企業の一部です。またそれは、政治評論家の国際グループ、一部の宗教団体、科学団体、そしてマスメディアからも構成されています。これらのエージェントの正体は大部分がまだ分かっていないのですが、これだけはあなたに話しておかねばなりません。それは、国際行政機関において決定権を持っている人々のほぼ半分がこの件の公表に賛成している、という事実です。ともかくもこれは〝彼らが非常に若くて、全くといっていいほど過去の出来事に関与していないから〟ということで説明がつきます」

私は言いました。

「それでもまだ私は理解できません。〝実際にプロジェクトに取り組んでいる人々が、それがどんなプロジェクトなのかを知らずにいる〟ということが、はたしてあり得るでしょうか？　そのような状況の下でも機密が保持されるとはとても考えられません。何しろ、そのようなデータにアクセス可能な従業員・研究者・科学者あるいは公務員の数は数千人にも上るのですから。当然のことながら、作成された報告書等があるはずです。誰がそのような文書や書類を用意するのですか？　彼らは一体どんな人間なのですか？　そのような状況の下で、はたして機密が保持できるのでしょうか？」

驚くとともに困惑した私は、それらの面をさらに明確に知りたかったのです。しかし、セザールの説明は極めて明快で要を得ていたため、私はすべての質問に対する答えを得ることができました。

「これらの超極秘プロジェクトはいわゆる〝ブラック・プロジェクト〟の一部なのですが、

その大部分は地球外起源のテクノロジーに関連しています。しかしそれらは、担当している人間がそれに気付くことのないように構想され構築されているのです。その明白な具体例は戦略防衛構想です。マスメディアは〝スター・ウォーズ計画〟と呼びましたが、その主たる目的は、地球に接近した異星人の宇宙船を探知し、必要とあれば破壊することです。私がペンタゴンから得た情報によると、地球外からの宇宙船がこれまでに少なくとも三隻、宇宙に設置された実験兵器によって破壊されました。

しかし、ほとんどの米国政府機関当局者や全世界でトップの立場にある政治家たちは、ほんのまれにしかこの件に関する情報を入手することができません。具体的には、ホワイト・ハウスのスタッフ（職員）、ペンタゴンの軍人、米国議会議員、国連のスタッフ等です。これはあなたが知っておくべき事実です。たとえ彼らがプロジェクトに関する情報を要求したとしても、当該のデータは得られませんし、そのようなプロジェクトが実際に存在するかどうかの確認さえもできません。

USAPエージェントの役割の一つは、当該の情報を入手するためには一体誰に話をすべきなのか――これをトップの立場にある政治家たちが知ることのないように振る舞い、活動することなのです。こうして、混乱が事実上極限にまで高まります。国際協力もUSAPの活動範囲なのですが、この点に関しては、大国の一つが独自のプロジェクトを立ち上げるという傾向を持っています」

好奇心をそそられた私は尋ねました。

「あなたはどの国のことを言っているのですか？」セザールは即座に答えました。

「中国です。彼らは協力すると同時に独自の道を歩み、さらにそれを急速に進展させています。中国はブラック・プロジェクトから比較的独立していますが、そのような活動は巨大なピラミッドの発見後に始まりました。これらのピラミッドは、ほとんど人が住んでいない僻地の丘の地表の下に覆い隠されていました。ある程度調査を実施した後、中国の研究者たちはピラミッドの内部を探索しました。しかし、彼らが一体何を発見したのか、誰も知りません。この点に関する中国の窓は完全に閉ざされていますので、ＵＳＡＰエージェントでさえも現地に潜入して当該情報を得ることができないのです。今のところ、騒ぎのようなものは何も起きていません。なぜなら、これらのピラミッドの存在は表向きには認められていないからです。

実のところ、国際レベルでは、それが影の政府の本旨なのです。すなわち、可能な限りもっともらしく思われるように否定が為されるため、指導的立場の政治家や大衆の指導者は何も情報を得ることができないのです。こうして、ブラック・プロジェクトは何ら問題なく立ち上げられ、トップの立場にある政治家たちは安心して覇権を握ったままでいられます。彼らにとってこれは、必要とされる用心深さや緊張感が少なくて済むことを意味します」

「分かりました。それが、彼らがそのようなプロジェクトに、好んで民間企業を参加させる理由ですね」

「そうです。極めて先進的なテクノロジーに関連した科学技術プロジェクトの多くは、民間の研究所によって実施されます。これらの場合、プロジェクトの安全性は、それを専門とする企業によって保障されます。もしも機密保持に関わる契約条件に違反が為されれば、それらの企業の代理人は最後の手段として殺し屋を雇います。しかし、その反面、契約条項として、そのようなプロジェクトの立ち上げに関わったすべての社員に、数十万ドルの報奨金の支払いが保証されています。それは、機密保持を前提とした全面的な協力を約束させるためなのです。これをあなたに話すのには理由があります。実のところ、私にもそのような契約書のコピーが届いたのです。米国側から私に提示されたものです。これによって私は、USAPプロジェクトに関するさらなる詳細を知ることになり、それについて私の同僚と話をすることになりました。彼は協力の仲立ちをするUSAPエージェントだったのです。この点についてさらに詳しく話すことはできません。しかし、はっきり言いますが、私はその申し出を丁重に断りました。よく考えてみてください。過去数十年の間に数千人もの人々がブラック・プロジェクトに関わり、このような金額の報奨金を受け取りました。この点から考えると、個々のテクノロジーの研究開発に必要な金額は別として、ブラック・プロジェクトのレベルの超極秘情報に関連して使われる莫大な資金の額を、あらためて見直すことが可能になるのです」

私たちは二人とも数分間何も言いませんでした。このような〝仕事〟の元凶である怪物は一体どんな存在なのだろうか――私はこの点をあらためて考えてみました。また、世界の人々を実質的に支配・管理している〝影の世界政府〟およびそれに属する小規模グループによって為されている多大の努力――これを私なりに審査・判断しようと試みました。何といってもこれらは重大な問題であり、私たちの未来に甚大な影響を及ぼすのです。セザールの説明に基づき私は、これらの極秘事項の大要を摑むことができました。しかしそれでもなお、それを秘匿し、世界の人々の目から隠しておく理由が把握できなかったのです。なぜ、このとんでもない機密は、人々に全く知られることなく隠蔽され、上首尾に管理されてきたのでしょうか？　これは極めて大きな疑問です。これに対してセザールは次のように答えました。

「この疑問に対する答えには、はかり知れないほどの含みや意味合いがあります。一見したところ、地球外文明、地球外宇宙船、そして〝世界の政府とこれら地球外文明の代表者の間の繋がり〟に関するさまざまの面や状況は、私たちが生きているこの時代の秘密、もっと言えば〝神聖な謎〟のように思われます。しかし、実際のところ事態はさらに複雑ですが、この非日常的な面は周知のことであり、社会にある種の心理状態を創出してそれを巧みに操るための強力な武器として使われます。絶対的と思われる秘密は常に社会的病変の原因になります。なぜなら、それが前提となって恐怖・不安感・信頼性の欠如等が生み出されるからです。これらは混沌とした心理状態であり、それによってフリーメイソンによる完全支配が可能となり、民衆が全面的に彼らに服従することになるのです。〝支配管理する側が軍事的に優位であり、未来を脅かすものは何もない〟ということを民衆が確信して、初めてこの完全支配が起きます。このような状況下において、民衆が納得するように次のような説明ができるでしょうか？

●世界の最強の空軍力をもってしても、外宇宙からの未知の宇宙船の来訪に応じることができない。

●キリスト教の教義が間違っており、人間よりもさらに知性が高く霊性面で進化している生命体が存在する。

もしも民衆が納得しない場合、経済秩序や政治的均衡に何が降りかかるでしょうか？

疑いようもないことですが、世界の大多数の人々はパニックに陥ります。なぜなら、彼らは現実を的確に知覚し認知する力が低いだけでなく、宗教的な教化をも受けているからです。この観点から考えると、秘密の保持は予想できることであり、もっともであるとさえ考えられるのです。どちらかといえば、この状況は地球外文明との公的な接触が始まった時期に当てはまります。それは、第二次世界大戦が終結した1940年代末および1950年代の初めです。しかし、その後数十年が経過して冷戦が終わった現在、もはや恐怖だけでは秘密保持の必要性を説明できません。あなたも知っているように、人類社会は過去五〇年間に数多くの変革を経て、目覚ましい偉業を達成しました。もしも物事をある特定の観点から見れば〝人類社会はより成熟した〟とさえいえると思います」

「もしそうであれば、秘密の保持が正当化される理由は何ですか？」と私はセザールに聞きました。

「もしも当初、全般的な恐慌・混乱状態の回避が、地球外文明との協力関係を秘密に保つ主たる理由であったのなら、現在はそれが別の仮面をかぶり、異なる仕組みに変質しています。現時点における主たる理由は強欲であり、その強欲が、人々に対する支配・管理の維持・一般化を必要としているのです。

影の政府はすでに未来の〝テクノロジーの鍵〟を握っています。ペンタゴンから来た私の同僚は、非線形テクノロジーおよび〝ゼロ・ポイント・エネルギーに関するテクノロジー〟すなわち真空から獲得されるフリー・エネルギーは、いつ何時でも市場への投入が可能であることを認めました。この非常に進んだテクノロジーは、地球外文明から直接もたらされたものですが、その重要性において、内燃機関、電気、およびマイクロプロセッサー技術すべてを合わせたものをはるかに超えています。その経済的影響は計り知れないほど大きいのですが、この最先端技術を所有している者たちは〝今のところ社会環境がまだ安定していない〟と考えています。ある意味では、このテクノロジーを全世界に普及させることによって良い面の副次効果が生まれるかもしれないが、それは決して自分たちの〝病的で恐ろしい計画〟を利することにならないだろう、と彼らは考えているのです。この理由のため、むしろ彼らは先進テクノロジーの普及を遅らせて、現行テクノロジーが決めた方向性を維持しようとします。それは今なお十分に生産的であり、莫大な利益を保証してくれるのです」

ここでセザールは、考えをまとめるためわずかの間、話を止めました。それから、微かに微笑みつつ、この状況の別の局面に関する説明を始めました。

「ある人々にとって、秘密の持つパワーは特別に引き付ける力を創出するのですが、それは妄想にさえ変わり得るのです。〝自分は大変な秘密を握っているのだ〟と考えると、彼らは〝自分は非常に重要で価値のある人間なのだ〟と感じてしまうのです。そして実質的に彼らはその秘密の中毒になってしまいます。一方、私たちには恐れや不安の気持ちがあります。異星人に関連している場合は特にそうなのです。それを非常に心配し、当惑させるようなやり方で自問自答している人々がたくさんいます。この人間そっくりの宇宙人は一体どんな生物なのか？　彼らが地球に来た目的は何だろうか？　彼らは許可なしに我々の領空を侵犯したが、どうやったらそれが可能になったのか？　これらの疑問は人間が持って生まれた恐れや不安のようなものであり、それによって人間は未知の物事を拒絶し、知らないものや分からないものと一切関わりを持たないようにするのです」

「私もそれに気付きました。彼らはこの問題を意図的に愚弄しようとしており、結局のところ、それが一般大衆に誤った情報をもたらすことになるのです。一般大衆は〝自分たちが心配する理由は何もない〟と信じ込まされてしまいます」

「その通り。地球外文明や宇宙船は、細心の注意を要する扱いにくいテーマですが、大部分の有識者や社会的地位のあるまともな人々およびマスメディアは、それに関わるきわどい証拠がある場合でさえも、それを拒絶あるいは最小限に評価する〝権威者〟の意見に好んで従います。あなたも、あとほんの少しの時間で、再びそのような地球外文明の証拠と向き合うことになります。しかし、私たちがその証拠を全世界へ開示しようとしても、遺憾ながら影の政府がそれを許しません。そのような情報に対する人々の同化吸収力がまだあまり高くないため、何らかの措置が段階的に為されねばならないのですが、残念ながらこの場合、有益な結果にはなりません」

私はしばらくの間考え込みました。私は人類にとって極めて重要な物事を学びましたが、それは個々の人間の未来にとっても重要です。セザールは世界的なレベルにおける問題について説明してくれました。しかし、考え方や周りの現実の感じ方、行動様式、人生の希望や願望の面で、それが地球上のあらゆる人間にも同じように影響する可能性を否定することはできないのです。ある意味でこの情報は、いつぞやセザールが教えてくれたフリーメイソン、シニョーレ・マシーニ（第一章：注5参照）、そしてビルダーバーグ・グループについての情報と合致しています。しかし現時点では、さらに筋が通っていてより具体的であり、言ってはならないと考えられていたテーマに鋭く切り込んでいました。

その一方私は、素晴らしい機会が与えられてさまざまな秘密の多くを知ることができ、これまでに経験した一連の驚くべき出来事を通して、これらの機密に対峙させられました。これはまさに驚嘆に値することです。私にとって非常に好都合な要素が重なっていたことは確かです。互いに関連しているそれらの要素は前もって〝準備〟され、人類にとって最重要な物事を学ぶ素晴らしい機会を創り出したのです。私がホログラフィー投影室に入ることができたこと、この超極秘調査に加わることができたこと、そしてこのトンネルの終点における驚くべき発見物の数々を直接自分の目で見るであろうこと——間違いなくこれらすべてには明確な意味があり、私個人としてはすべてがなるほどと思えるのです。そして、それにより私が、これらの極めて重要な問題についての情報を興味のある人々に伝えることができます。実のところ私は、これが私の真の目的であると確信しているのです。そのように考えると私は、深い喜びと内なる平安をあらためて感じることができました。

第四章

神秘の部屋に備わる巨大水晶とタイムトラベル装置について

建造は古代エジプト文明より三万年以上も前⁉

私が沈思黙考していたとき、コンピュータの電子音声が最後の中継点への到着を知らせるのが聞こえました。そして、それに続いてセザールが言いました。

「準備してください。この中継点は我々の最終目的地と同じ場所になっています。そこには、より複雑な装置と補給品が置かれています。数分でそこに到着します」

まさにその通り、二分も経たないうちに、トンネルの光の色が徐々に藍色からいくつかの異なる色調へと変化し、さらに燐光を発する緑色になったことに気付きました。これはトンネルのホログラフィー投影室側の端で見た色と同じです。トンネルは完全に真っすぐ伸びていて、そのはるか遠くに一段と明るい光が見えました。〝あとほんの少しの時間で数千年前にさかのぼる大いなる神秘を見ることができる〟――このように思ったとき、強烈な感情が心の底から湧き上がってきました。それが古代エジプトのファラオの謎めいた人生に関連するものだろうと考え、それをセザールに話したところ、彼は即座にそれを訂正しました。

「あなたがこれから見るものは、古代エジプト文明、ピラミッドあるいはスフィンクスと何の関わりも持っていません。それはこれまでに私たちが直面してきた最大の謎であり神秘なのです。なぜなら、どのような理由でトンネルの終点に存在する空間が創られたのか――私たちはまだこの点を理解していないからです。それはエジプト文明よりもさらに三万年以上も古いのですが、ホログラフィー投影室よりも後で建造されました。それがなぜそのような太古の時代にこの場所に創られたのか、私たちには分からないのです」

セザールはここで説明を止めました。さらなる詳細を話すべきかどうか、それを考えているようでした。彼は車を手動制御に切り替えて速度を落としました。トンネルの光の色はすでに燐光を発する薄緑色に変わっており、光はさらに明るくなっていました。車のコンピュータが、最終目的地まで残すところ八百メートルであることを告げました。セザールはさらに車速を下げました。すると、約二百メートル前方に、トンネルを完全に塞いでいる巨大な壁のようなものが見えました。それは石でできているようでした。また、たくさんの箱と軍装備品がトンネルの両側の壁に沿って積み重ねられていました。車が止まり、私たちは下車しました。他の二台は私たちの車の少し後ろに停車しました。そして大尉二人とアイデンが、今回持ってきた新しい装置を車から降ろし始めました。

ためらいつつ私は、トンネルを塞いでいる巨大な石の門に向かってゆっくりと歩きました。トンネルの両側に十二本の水晶柱が設置されているのが見えました。それらはトンネ

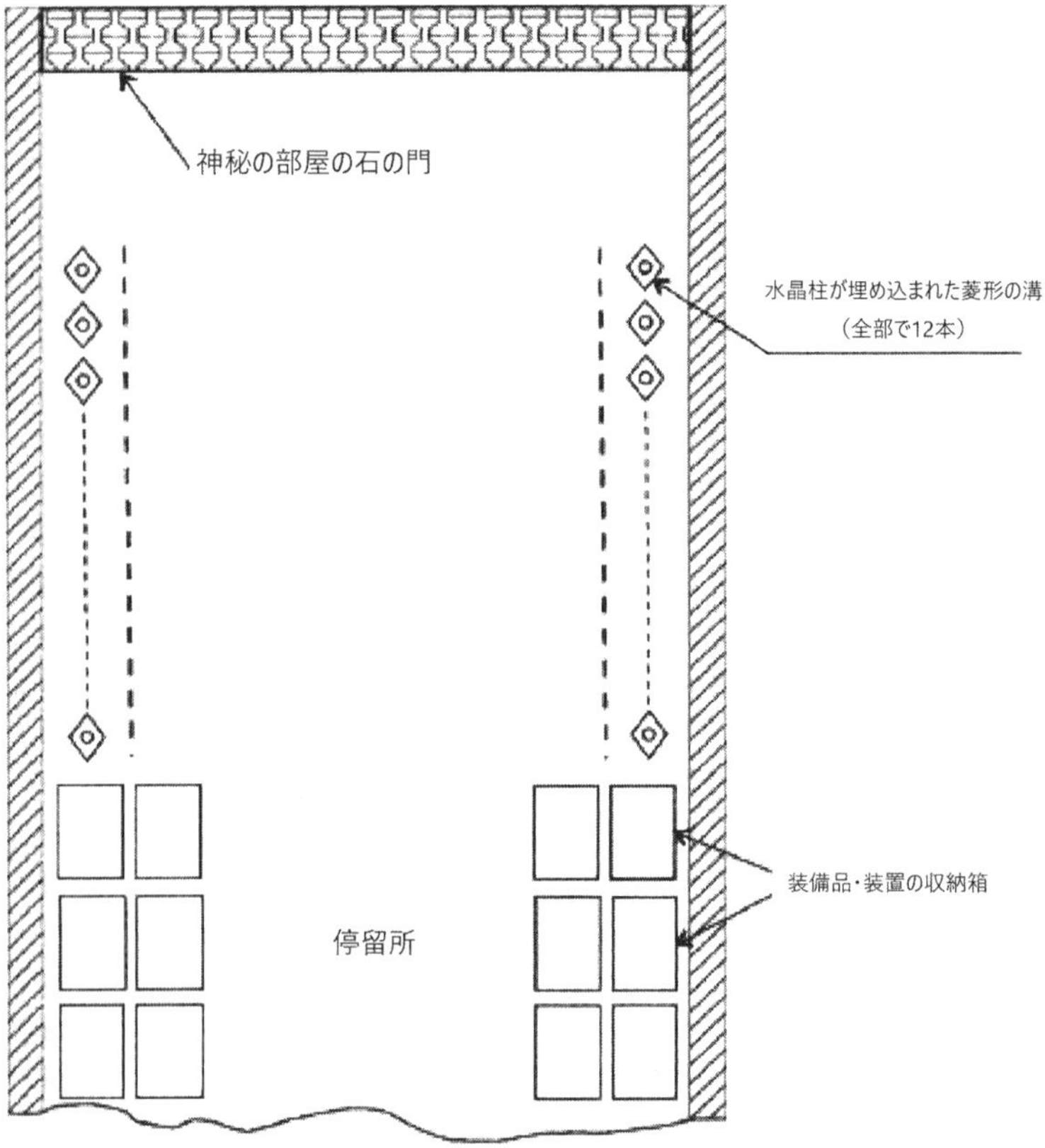

トンネルの終点
最後の中継点および神秘の部屋の石の門

ルのもう一方の端にあったものと同じです。時空の歪みが安定した状態で保たれるために、それらは対称性をもたねばならない──私はそのように考えました。

予期せぬ驚きとさらなる謎

私たちの周りの緑の光の中で、水晶の輝きは奇妙な雰囲気を醸し出していました。まるで別の世界にいるような感じでした。ある意味で、それは本当です。エジプトの首都カイロの近郊で、かなり地下深い場所にあり、時空の歪みによって創出された仮想トンネルの中なのです。石の門にさらに近づくと、それは奇妙な光の下で暗い色調の砂の色をしていました。石に彫刻された完璧な正方形が左側にあり、巨大チャンバーの入口にあったものと同様に、その中に三角形が彫り込まれていました。そのとき、私の背後でセザールが話すのが聞こえました。

「その通り。それはこのトンネルの反対側にあったものと同じです」

私は彼の方を振り向き、巨大な門の向こう側に一体何があるのかを尋ねました。

「非常に奇妙な空間です。私たちはそれを神秘の部屋と呼んでいます。それは、地表と何のつながりも持たずに地下に植え込まれたチャンバーです。そこに入る唯一の方法は私たちが今いるトンネルであり、それはあなたも知っての通り、時空の歪みから創られました。もしかするとそれが、このチャンバーに関連する奇妙な現象が起きる理由かもしれません。私と一緒に来てください」

セザールはそう言ってからアイデンの方を向きました。彼はすでにホログラフィック・コンピュータを使って仕事をしていました。彼の後ろに立つと、私たちがいるトンネルの内部が投影され、石の門およびその背後にある空間が見えました。その空間は単なる正方形のチャンバーで、その内部には不透明な長方形のように見える物体がいくつかありました。セザールが笑みを浮かべながら言いました。

「このチャンバーに入ると、まさにびっくり仰天することになります」

アイデンは、前回の調査探索の際に設置された特別のセンサーにコンピュータを接続し、すでに仕事に没頭していました。彼を除く全員が巨大な石の門の前に立ちました。セザールが門に刻まれている三角形に触れると、すぐさま門がほとんど音を立てることなく左側に滑り始めました。私は言葉を失いました。私の眼前に、ホログラフィー投影で示された大きさの二倍ほどもある部屋が現れたのです。どうしてこんなことが可能になるのか全く分かりませんでした。そこで目でセザールに合図を送り、説明してくれるように頼みました。

「残念ながら、この不可解な出来事は誰にも理解できませんし、説明も不可能です。外部のセンサーによれば、この部屋は一辺が約五メートル、高さが約三メートルで、それほど大きくはありません。しかし、いったん門が開くと大きさが二倍以上になるのです。これは二つの異なる現実世界が互いに入り組んで複雑に絡み合ったためである、というのが米国人研究者のチームが達した結論です。一つは私たちのいる三次元物質世界であり、もう一つは、ほぼ間違いなくアストラル界に起源を持っている精妙な世界です。最初の測定と計算によれば、この奇妙な現象とトンネルの不明瞭で漠然とした性質の間には強い結びつきがあります。実のところ、これがアイデンをチームのメンバーに加えた主たる理由なのです。私たちが今直面している謎について、彼が科学的に説明してくれるはずです」

私たちは全員、地下のチャンバーに入りましたが、それは一種の大広間のように見えました。その形状は、一辺が少なくとも十メートルはありそうな正方形で、高さは七メートルぐらいに感じられました。壁、床および天井は巨大な石板でできており、完璧に切り分けられて組み付けられていました。壁には亀裂・隙間・穴等が全くありませんでした。このチャンバーは、あたかも地下深くに植え込まれるかのように設置されていました。その建造方法はまさに驚嘆に値しますが、それは別として、二つの点が私の興味を引きました。最初の点は、光源らしきものが全くないにもかかわらず室内は明るく照らされており、その光は非常に心地よく暖かで、部屋の隅々まではっきりと見分けることができた、という

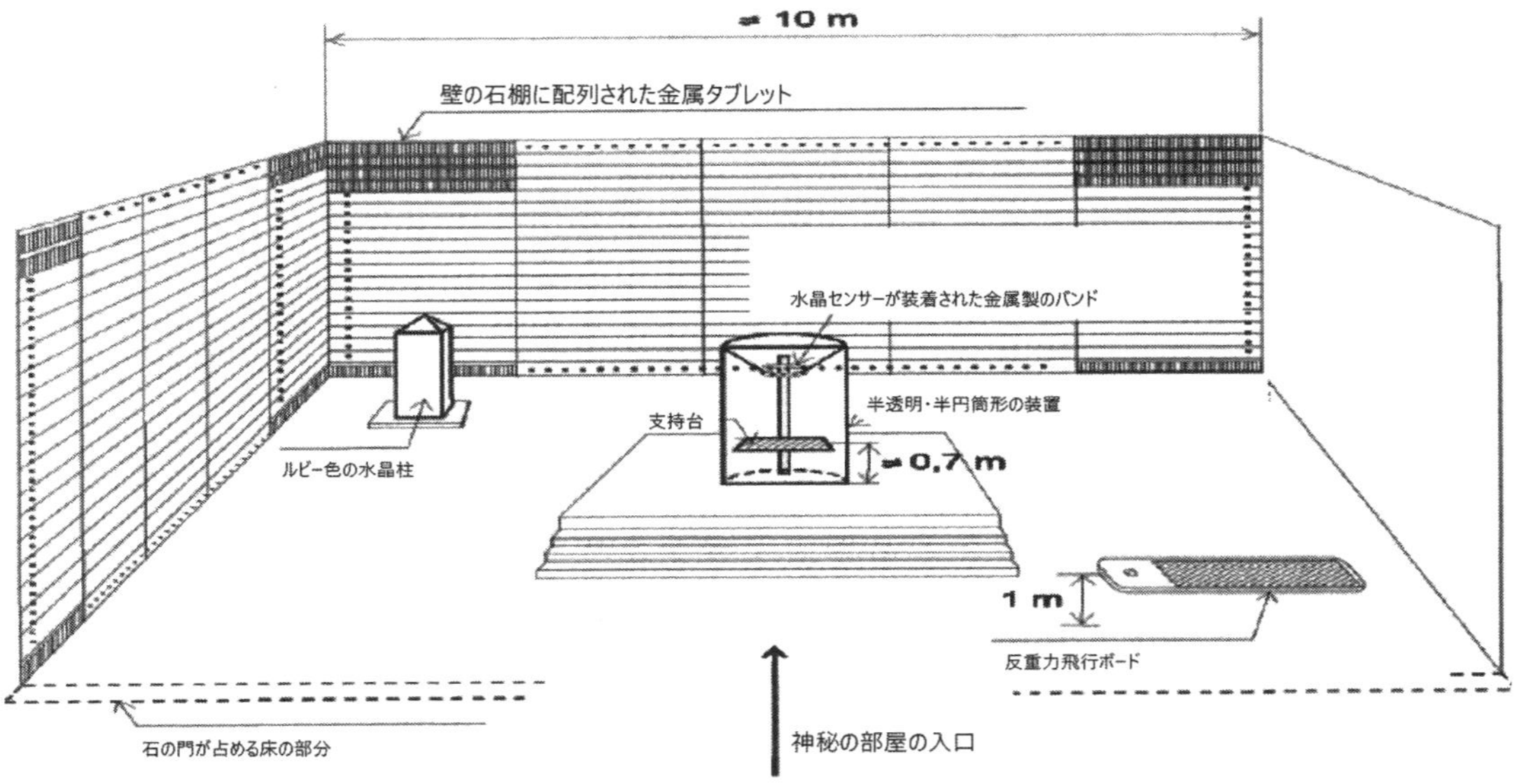
≈ 10 m
壁の石棚に配列された金属タブレット
水晶センサーが装着された金属製のバンド
半透明・半円筒形の装置
支持台
≈ 0,7 m
ルビー色の水晶柱
1 m
反重力飛行ボード
石の門が占める床の部分
神秘の部屋の入口

神秘の部屋の概観

事実です。ブセギ山脈地下の複合施設の照明は、壁を覆っている半有機素材が光源になっていましたが、その材料はここには見当たりませんでした。なぜなら、壁はすべて切り分けられた石板からできていたからです。二つ目の不思議な点は室内の空気でした。〝この場所が四万年の年月を経ていて、地表とのつながりや空気口・換気装置等が全くない〟という事実を踏まえれば、最良のシナリオであっても〝入り口の門が開いたときにほとんど呼吸できない状態になる〟という事態が想定され得ます。しかし驚いたことに、空気はやや乾いていて、ほんの少しだけイオン化されていたものの、極めて清浄だったのです。

セザールの話では、それが前回の探索調査の際に最初に分析された要素だったそうです。最初、隊員たちは防護マスクをしてチャンバーに入り、空気と石壁のサンプルを取って、完全コンピュータ制御の装置を使ってそれらを分析しました。それはトンネル経由で持ち込まれたものですが、調査が済んでここを去るとき、入り口の門のすぐ外側に残されました。そのような作業が必要であることを予測し、米国海軍によって生物試料分析に使われた装置を事前に準備しておいたのです。分析の結果は非常に良好だったため、隊員たちは即刻防護マスクを外しました。

部屋の光源についてセザールに質問したところ、彼は私に右側の壁のそばに来るように言いました。一方、トゥルージョ大尉とニコアラ大尉は左側の壁に向かって歩いて行きました。そこには棚のようなものがあり、同一寸法のタブレットが数多く並べられ配置されているようでした。これが私の受けた第一印象だったのです。私はこの部屋の状況を、系統的かつ入念に一つ一つ調べてみたいと思いました。この謎に満ちた太古のチャンバーに入ってから、私は強烈な感情と心地よい冷気を感じていました。それをさらに充分味わえるように、あえて私は床からほとんど目を上げなかったのですが、トゥルージョ大尉は、するべきことや見るべき場所を正確に把握しており、極めて自然な動きをしていたのです。

これには本当に驚きました。

セザールが言いました。

「驚くには当たりません。彼は重要なUSAPエージェントなので、今回の探索調査に関するファイルを全面的に入手することができました。それには数百枚の写真・画像やこの部屋の記述・描写が含まれています。彼はそれらを詳細に理解しているので、あたかも自分の家の中を歩くかのように振る舞うことができるのです。しかし、それは別として、何がこの部屋にあるのかを直接説明しましょう。とはいっても、意図や重要性がまだ分かっていないものもあるし、この部屋自体の目的もあまりよく理解できていないのですが――」

私たち二人がいたのは右側の壁の近くでした。セザールが言いました。

「もっと壁に近づくと、石を覆っている薄膜が見えるでしょう。それは非常に特別なものであり有機性を帯びていますが、その生物形態は全く分かっていません。許容可能な範囲内ですが、わずかに放射性を帯びていて、主としてイットリウムに基づいています。他の四つの元素は地球上に存在しないものなので、それらの原子配列等はまだ理解できていないのです」

私はさらに壁に近づいて指でそっと触れてみました。指の皮膚がほんのわずかだけチクチクする感じがしましたが、それは非常に心地よいものでした。壁に手全体を押し当てると、チクチク感はあたかも波のように異なって手の平に感じられました。それは活気のある交わりの如きものであり、自然発生的に難なく生じる有機的つながりのようなものです。

「その薄膜は岩の浅い層に何らかの形で挿入されていますが、それがこのような形で存在していること自体が驚きですし、この部屋が建造されてから途方もない時間が経過した後でも、依然としてその機能を発揮しているのです。そのテクノロジーはまさに驚嘆に値します」

そのときニコアラ大尉が、何かの問題についてセザールと相談するためにやってきました。私としては、そもそも最初から私の好奇心をそそっていた点が何とか解明できましたので、今度は部屋全体に注意を向けてみました。驚くことがあまりにも多く、そのため、充分すぎるほどの冷静さと自制心が必要だったのです。たとえホログラフィー投影室ほど大きくなく印象的でないとしても、この部屋は特別の神秘的雰囲気を醸し出しており、それはほとんど理解不可能なほど謎めいているのです。何がそのような感じを私に与えているのかをはっきりと説明することはできません。ホログラフィー投影室はその大きさにおいて〝息づいて〟いますが、神秘の部屋はそれよりも小さいため、ホログラフィー投影室と比べると、より密度が高いように思われるのです。多分それは、部屋の中に存在するものからの放射によって形成される特有の場に起因するのかもしれませんし、大ピラミッドやスフィンクスに近いことがその理由なのかもしれません。アイデンのコンピュータのホログラフィー投影によると、この部屋はそれら二つからほぼ等距離なのです。

これまでに明かされた神秘や、とてつもない驚異の数々は、一般社会が承知しているすべての物事や現代科学の論理に相反しています。たとえ私がそれらに幾分慣れてしまったとしても、神秘の部屋に存在する〝言葉で説明できない何か〟によって、何となく〝押されている〟ように感じるのです。そしてこの不思議な圧力のようなものにより、自分では理解できない深い郷愁の念が呼び起こされます。この状態は、トンネルを走行している間に私が感じていたものに似ています。この点に鑑みて私は〝トンネルと神秘の部屋の間には十中八九、エネルギー面の繋がりが存在する〟という結論を出しました。

私は注意深く部屋全体を見渡しました。たとえその内部に設置されているものが多くないとしても、どういうわけか神秘の部屋はすでに〝満杯〟であるように見えます。ホログラフィー投影室には、基壇に設置された半円筒形の装置がありましたが、この部屋の中央にもそれと全く同じ装置があるのに気付きました。基壇には同じような階段があり、半円筒形装置の構造も同じで、その内側には特殊なセンサーと思しきものが装着された金属製のバンドが搭載されていました。そのセンサーは間違いなく水晶製です。私は基壇の五つの階段を上り、半円筒形装置の内部を注意深く観察しました。それには、腰掛け用と思われる台座が床から七十センチほどの高さに付いていました。その装置全体は平均的な身長の人間が簡単に使えるように考えられたものです。しかし私は、その使用法をまだ理解していませんでした。

思考で動く⁉　反重力飛行ボード

この部屋の入ったとき私をギョッとさせたものが一つありましたが、私はすぐさまそこには行きませんでした。部屋全体に馴染むための時間を確保することが先決だったのです。部屋の中央からほんの少し右側で、基壇を降りて二メートルほど歩いたところに、サーフボードそっくりのものが空中に浮いていたのです。それは黄色の金属でできていました。おそらく金ではないかと思われます。多分その表面積は二平方メートルぐらいでしょう。細長い形状で厚さはおそらく三センチぐらい、非常によく研磨されていて、ある角度から見ると明るく輝いて見えました。上側を見ると、両側部と後部に十センチ、前部と思しき部分に五十センチぐらいのスペースを残し、表面の他の部分が長方形の形状に彫り込まれていました。その唯一の装備品はピラミッド形状をした紺青色の水晶であり、前部の真ん中付近で両側部から対称的な位置に埋め込まれていました。このボードは数万年もの間、同じ位置に空中浮揚していたと思われます。

私はその驚くべき物体に触れてみました。するとそれは少し傾きました。私が与えた圧力への対抗反応であることは明らかです。その反応に勇気づけられ、私はそれに腰掛けてみました。それは床から一メートルほどの高さに浮いていましたので、ちょっと高さのある椅子のような感じです。私の全体重をかけても空間におけるその位置は全く変わりませんでしたが、すぐさま私は、極めて微細で鈍い振動がその内部から発せられているのを感じ取りました。新たな発見に興奮した私は、仰向けに寝たりあるいは前かがみになったりして、さらにその物体に力を加えました。私の全体重をかけて押すと、それはわずかに傾くことが分かりました。最終的に私はその上に立ち上がり、勝ち誇ったように部屋の中を

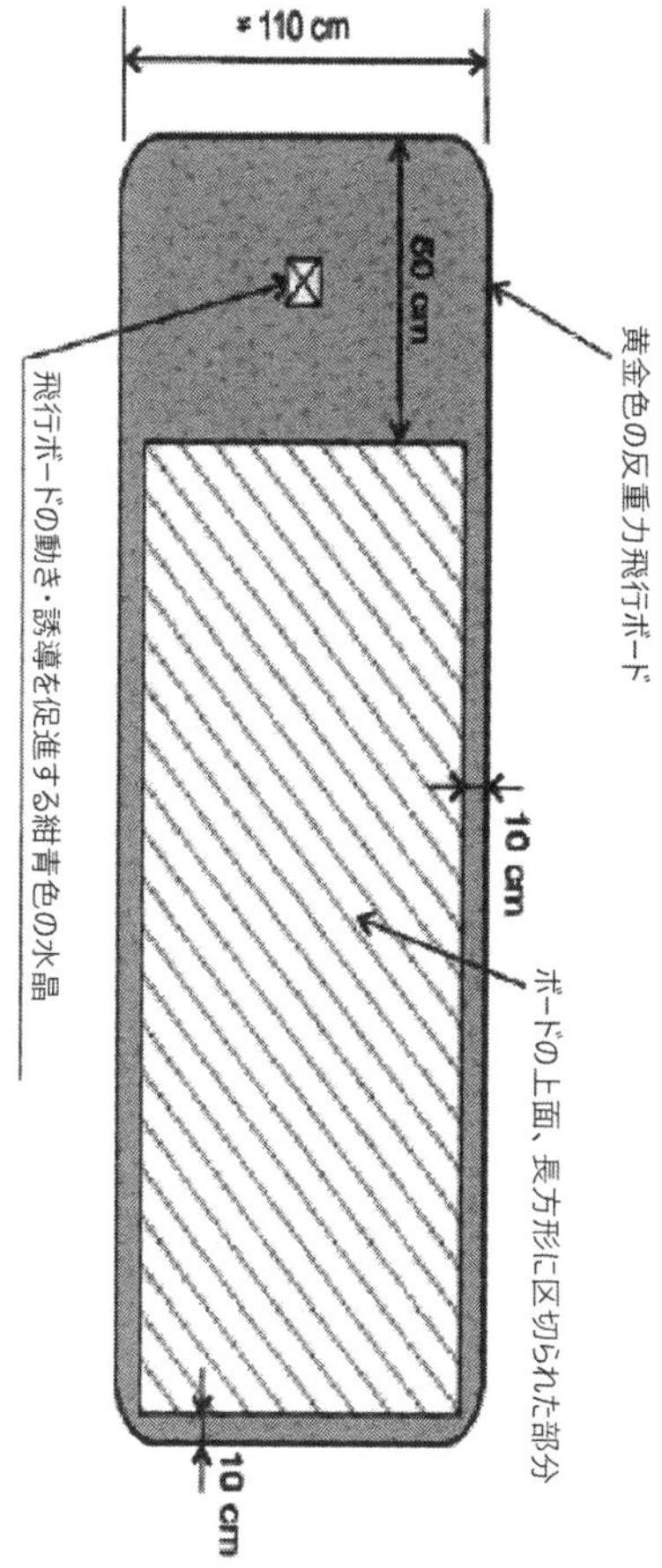

A. 反重力飛行ボードの上面図

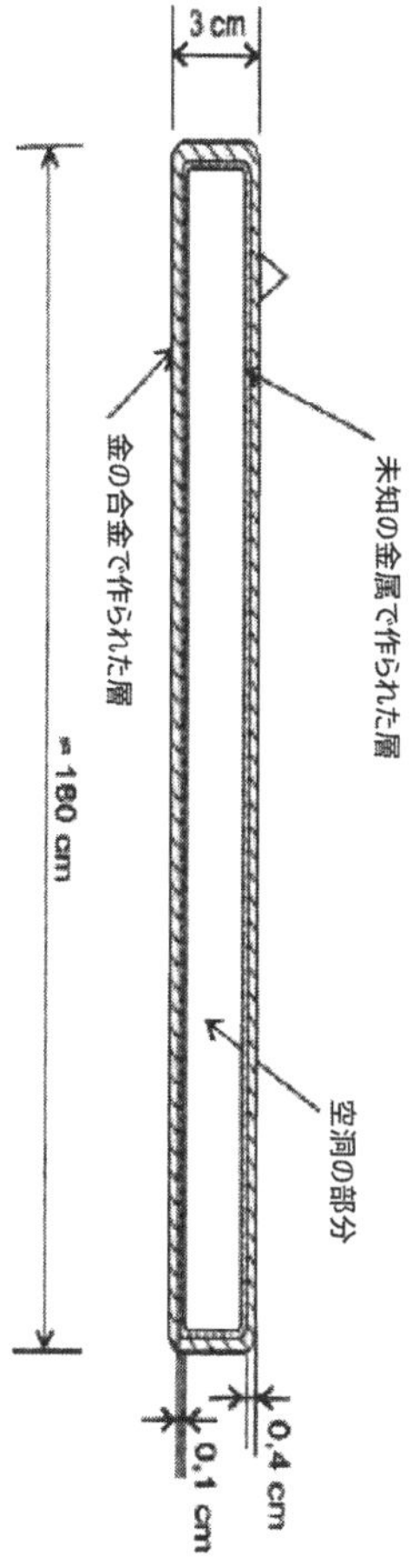

B. 反重力飛行ボードの想像上の断面図、2つの異なる層から成る（提供：セザール・ブラッド）

見渡しました。セザールはちょうど大尉二人との協議を終えたばかりでしたが、笑いながら私に向かって歩いてきて言いました。

「どれどれ！　それが何のためのものか分かりますか？」

「移動のためのものだと思います。それ以外の用途は考えられません」と私は答えました。

「その通り。それは簡素な反重力式の乗り物です。バイクや徒歩で移動する代わりに、その黄金色のボードを使うのです。実のところ、私たちの分析の結果、表面外側四ミリメートルの厚さの部分だけが特殊な金の合金からできていて、その内側にもう一つの層があることが分かりました。それは厚さ約一ミリメートルで、未知の金属からできています。残りの部分は空洞のようです。もちろん、この複合品全体の主部品はそこに埋め込まれている水晶です」

基本的にこの物体の構造がそれほど複雑でないことが分かったものの、私はやきもきして尋ねました。

「オーケイ。それで、これはどのようにして使うのですか？」

セザールは、面白そうに私の表情を見ながら説明してくれました。このボードは構造の面では比較的簡素ですが、その使い方はかなり複雑なのだそうです。

「それは、前回の探索調査の際、私たちが多くの時間を割いて調べた事柄なのです。最初私たちは〝何かが不足している、何か別の付属品があるに違いない〟と考えましたが、しばらくしてから私は意識下で自問自答したのです——この飛行ボードを使う人間とその振動周波数の間には、水晶によって変調されたさらに微かな繋がりがあるのではないか、と。そして私は思い出しました。ここのすべてを創造した建造者たちにとって、彼らの驚異的なテクノロジーの中に純粋に人間的な要素である意識を含めることは、極めて簡単なことだったのです。私たちのこの世界では、意識は大部分心の状態や活動によって表現されます。その理由から私は、このボードに周波数を合わせて水晶の特定の振動に繋がろうとしたのです。私は自分の心を少しだけ水晶に集中しました。ただそれだけです。すると、ボードが即刻それに応じて、特定の仕方で振動し始めました。集中したままの私の心の力によって、その動きがたやすく指示されることが分かったのです。

私はためらいながら質問しました。

「そうしない場合はどうなりますか？　ボードは床に墜落するのですか？」

「いや、墜落はしません。速度を下げた後、空中に停止します。それは〝ボードが動き続けるためにはあなたが自分の思考を水晶に向けねばならない〟という警告を伝えるこの上ない合図なのです。それはまた、あなたが望む速度を達成するための手段でもあります。この水晶は再構成されて、エネルギーの観点から特定の周波数に設定されたように思われます。それは、人間の心との交流の過程を容易にしてボードの動きを促進することを目的にしています。何にしても、このボードは地球で創られたものではありません」

　私はゴクリと唾を飲み込みました。神経が高ぶるのが分かりましたが、やっとのことでセザールに疑問をぶつけることができました。それは長い間私の心の中にあったのです。私にはその問いに対する答えが分かっていて、その証拠も充分あったのですが、遺憾ながらそれを投げ掛ける勇気に欠けていました。

「教えてください。このチャンバー・トンネル等すべてを建造した人々――彼らは外宇宙からやってきたのですか？」

　しばらくの間、私たち二人は無言のままでした。その間、あらゆるものがその機能を停止したように感じられましたが、そのあとセザールが、私の目を真っすぐに覗き込みながら明確に答えてくれました。

「彼らが非常に進化した地球外文明の人々であることはほぼ確実です。彼らは我々人類のために役立ちたいと願っています。とにかく、有史以前の時代、地球の人口は現在とは全く違っていたでしょうし、地質構造も異なっていたことでしょう。当時の状況を現在と比較することはほとんど不可能です。あの時代、種々の問題への対処は全く違った仕方でなされていたものと思われます」

私は率直に質問しました。

「彼らは未知の惑星系から来たのですか？　影の政府と協力している異星人は彼らなのですか？」

「いや、とんでもない！　一種の協定を米国と結んだ地球外文明の人々と、彼らは全く異なります。その相違は、我々人類とジャワ原人・北京原人の間の違いほど大きいのです。さらに厄介な点は、彼らが、我々の銀河系ではなく、もっとはるかに遠い星系からやってきたことです。それは間違いなく天文学者の恒星目録に載っていると思いますが、私はまだ確実にそれを特定できていません」

私は慌てて言いました。

「ちょっと待ってください。どうしてそれが分かったのですか？　彼らの身元・素性を裏付けるものは全く残されていない、と聞いていますが――」

「それは本当ですが、その一方、私たちはこの装置を発見しました」

そう言ってセザールは、半透明・半円筒形装置が設置された基壇を指さしたのです。それは全く予期せぬ答えであり、私には何のことかさっぱり分かりませんでした。

「オーケイ。しかし、それはホログラフィー投影室にあった半円筒形装置の複製ですよね。その意図や目的はあなたにも分からなかったので、とりあえずあなたはそれを〝精神活動増幅器〟と推定した。私はそのように理解しています」

「確かにその通りです。二年前の時点では、ホログラフィー投影室にある半円筒形装置の目的は分かりませんでした。しかし、この装置は私たちの身長に合わせて作られているのです」

私はそれを早く知りたくてうずうずしていましたが、その様子を愉快そうに見ていたセザールが言いました。

「それはタイムトラベル装置です」

私は身体がゾクッとしました。すでに私は自分の全存在でもって、本質的な歴史上の真実を見いだせる可能性は数えきれないほどたくさんある、と考えていました。私たちの先の未来における真実さえも――。そうしていいはずなのです。あまりにも興奮したせいで、私の口から次々と質問が飛び出しました。そして私は、その各々に対する即答を期待していたのです。この驚くべき新事実と比べると、神秘の部屋にある他のどんなものも、突如としてその重要性が失せてしまいます。セザールは、私の子供じみた振る舞いをおかしそうに見ていましたが、何とか私を落ち着かせてくれました。

「これは極めて先進的なテクノロジーに基づいています。その助けにより私は、すでに数回タイム・トラベルを達成しました。それらについてあなたに話しましょう。しかし、まずは、このミッションを完遂させねばなりません。また、アイデンに手を貸すことも必要です。それまでの間あなたは、まだ残っている調査を済ませ、それから私たちの仕事を手伝ってください」

そう言ってセザールは二人の大尉に目を向けました。極めて重要なことがもうすぐ明らかになる——それは私にとてつもない満足感を与えてくれました。

私は急いでトゥルージョとニコアラが仕事をしている左側の壁に向かいました。実際のところ、部屋のその部分は、そもそも最初から人目を引く個所でした。なぜなら、それは膨大な重層形状の集合体から構成されていたからです。それはまるで数多くの棚のある図書室のようであり、チャンバーの左側と後側の壁全部に広がっていました。さらに近づいたところ、各々の棚は直接石壁に彫り込まれていて、非常によく研磨されていることが分かりました。棚の高さは十五センチほどで、壁全体から部屋の内側に伸びていました。棚は五つの区画に分かれていて、各々がより幅広の石柱によって分けられていました。しかし、即刻私の目を引いたのは棚の中身でした。そこには数千、あるいは数万もの金属タブレットが完璧な順序に配列していて、それらの間隔は一センチ以内のようでした。大規模な図書室というのが私の受けた最初の印象でしたが、すぐに私は、タブレットに碑文らしきものが何も入っていないことに気づきました。その表面は真っ平で、まるで鏡のように周りの情景を映していたのです。

トゥルージョとニコアラは、トンネル経由で持ち込んだ特注の箱に、それらのタブレットを積み込んでいました。最初の組の石棚の近くに行って注意深く観察したところ、タブレットの形と大きさはすべて同一であり最適な順序で完璧に配列している、ということが分かりました。ブセギ山脈地下の施設と同様、ほこりや汚れのようなものは皆無でした。私にとってそれは、そもそも最初から大変な驚きだったのですが、その後まもなく、石壁に植え込まれた半有機的被膜がほこりの堆積および肉眼で見える生物や微生物の増殖が起きないようにしている、ということに気付きました。建造後の経過年数は信じ難いほどの長さですが、まさにそれはこの推測の確かな裏付けとなっています。

私は自分の前にあったタブレットを一つ取ろうとしたのですが、それは全く動きませんでした。再度トライしたのですが結果は同じでした。そこで、同じことをしているトゥルージョの仕方を見たところ、彼はうまくタブレットを取って、それをニコアラ大尉に渡していました。そしてニコアラは、タブレットを特注の箱の重層状に配列された溝にきちんと並べていたのです。私のやり方と異なり、トゥルージョは、タブレットを壁の外側に真っすぐ引っ張っていました。すると、タブレットが滑らかに動いたのです。私も同じようにしたところ、タブレットはすぐさま棚から外れました。さらにじっくりと観察したところ、石の棚には表面が黒色のマークが付いていました。おそらくそれが磁性を帯びていて、タブレットが垂直以外の方向に取り外されないようにしている、と思われます。トゥルージョが少しばかり学問的に説明してくれました。

「かけられた力の傾きは、タブレットを外すための表示と同じ方向であることが必要です。別の方法でそれを動かすことはできません。どのようにしてこれが成し遂げられたのか――この点は現時点ではまだ解明されていません」

何一つ理解しないまま、私はタブレットのすべての面を入念に観察しました。それは銀色に輝くシガレット・ケース（巻きたばこ入れ）にとてもよく似ていました（長さ約十二センチ・厚さ七～八ミリ）。その下側、つまり棚の溝から抜け出る部分には、平行に彫られた二本の細長い孔がありましたが、それが唯一タブレットにある際立ったしるしでした。当惑した私は、棚に並んでいる途方もない数のタブレットを見渡しました。それらの用途は一体何なのでしょうか？　それらによって非常に大きな図書室が形成されていますが、それらに蔵されている情報はどのようにして読み取られるのでしょうか？　私はニコアラに、その点について説明してくれるように頼みました。

「私たちは前回の探索調査の際、数十個のタブレットを調査研究のために持ち帰りました。

それらの主成分はプラチナですが、ジルコニウムやランタンも含まれています。また、これらとは別に、記憶媒体として必須の元素も使われているのですが、それは元素周期表に入っていないのです。私の独断的な意見ですが、これらのタブレットは非常に価値のある情報貯蔵庫であり、地球および宇宙の歴史の異なった時代の情報が記録されています。それは極秘の情報です。今回私たちは、前回の探索調査の際に持ち帰ったタブレットの大部分を、元の棚に戻すために持ち運んできました。それらは厳密な目録に基づいています。私たちは棚におけるそれらの収納場所を変えようとしたのですが、それは不可能でした。なぜなら各々のタブレットがその元の位置を完璧に覚えているからです」

好奇心をそそられた私は、一つのタブレットを棚の空いた溝に挿入しようと試みました。しかし、ちょうど同じ極の磁石同士が互いに反発するように、その溝はタブレットを拒絶したのです。他のいくつかの溝への挿入もトライしたのですが、結果は同じでした。最終的にそのタブレットが最初に収納されていた溝への挿入を試みたとき、それは即刻溝に適合してピタッと安定したのです。私はニコアラに尋ねました。

「オーケイ。しかし、タブレットに記録されている情報は、どのようにして読み出されるのですか？」

「それを可能にする方法はまだ分かっていません。論理的に考えると、暗号化された情報を読み出す装置があるはずなのです。結局のところ、偶発的な手違いが起きるまで、それらしきものは見つかりませんでした。実は、その探索調査の過程で、隊員の一人が誤ってタブレットの表面を垂直方向に押してしまったのです。すると、突如としてホログラフィー映像がタブレット前方の地表の高さに投影されました。それはかなり高さのあるダイナミック（動的）な映像で、宇宙の一角にある星雲の一時的な回転の過程を映し出していました。それがどのようにして作成されたのか、私には分かりません。あたかもそれは、非常に長い時間をかけて星雲の活動をゆっくりと撮影してから、その映像を高速で再生したかのようでした。それによって、星雲の活動すべてを大局的に理解することができます。私たちは全員その場所に留まり、約二時間そのホログラムを見ました。しかし、それはいつまで経っても終わりそうになかったのです。

結局のところ、米国の研究者たちは、ひとつのタブレットからホログラフィー情報を取り出すための許容可能なインターフェースを間に合わせで作ることになりましたが、それに一年以上の時間が必要でした。そのホログラフィー映像は、中断することなく再生した場合でも、終了するまでに大体二日間かかります。それはまさに驚くべきことです。途切れることなく見た場合でも、この部屋にあるすべてのタブレットの映像を見終えるためには、数百年あるいは数千年もの時間を費やさねばなりません。私の知る限り、現在米国の研究者たちは、このホログラフィー映像を早送りして見る方法を探し求めています。もしもこれが不可能であれば、無作為抽出が残された唯一の方法でしょう」

あらためて私は、このチャンバーの記録保管庫である石の棚を見渡しました。私個人としては、ホログラフィー投影室にある装置の方が望ましいと思います。それは双方向性のシステムであり、より簡単に情報を取り出すことができるからです。直感的に私は思いました。この神秘の部屋は全く違う目的のために建造され、それに必要な装備が整えられたに違いありません。それは別館の如きものですが、それでもやはり極めて重要です。宇宙の記録保管庫としての役割は別として、神秘の部屋の真の目的は何なのでしょう？　情報・テクノロジーの真の貯蔵所であるこの地下のチャンバーは、三万年以上前に地球外文明の人々によって建造されましたが、それは一体どんな理由からなのでしょうか？

膨大な量の宇宙情報の保存がこの神秘の部屋の目的である、と私は考えていましたが、さらに、〝この部屋に至るトンネルは、三次元物質世界と精妙なエネルギーの世界の中間に存在するがゆえに、とても奇妙な性質を持っている〟という事実を加えたいと思います。もしかしたら、気の遠くなるような長い時間の経過からこの記録保管庫を保護するために〝トンネルをこのような中間の世界に存在させる〟という選択が為されたのかもしれません。私はこの点に関する意見を二人の大尉に求めました。しかしながら「確かな回答を持っている人は誰もいないけれども、タブレットに収納されている情報に大きな期待がかかっている」というのが彼らからの返事でした。

一つのタブレットの表面を不規則に押していたとき、私は何かを始動させたように感じました。金属タブレットが微かに燐光を発し、すぐさま私の背後にホログラフィー映像が出現したのです。その映像は私の背よりも高さがあり、その投影面積は大体三平方メートルぐらいでした。それは不安定な状態にある銀河星雲の映像であり、より高い基準点から眺めているため、ホログラフィー映像の左下寄りの部分に現れていました。アンドロメダ銀河のような渦巻き状ではなく不規則な形をしており、その周囲は星雲や恒星をほとんど含まない漆黒の宇宙空間だったのです。

その真っ黒な闇を見たとき、私はゾッとして、まるで胃が空っぽになったような感じがしました。あたかもそれは、あらゆるものを飲み込んでしまう無限の力を持った怖い存在であるかのようでした。あまり明瞭な感じではなかったものの、その星雲は非常に大きなストレスを抱えているように思われました。時折、星雲の異なる個所で力強い発光が見られましたが、それは星雲内部の巨大な爆発のようでした。それらが超新星の爆発であることは間違いありません。しかし、たとえこの映像が再生された宇宙時間という尺度で考えたとしても、その爆発の数は多すぎるように思われました。その映像に何らかの間違いがあることは確かでした。同じ強度の光点が、星雲のほとんど全体にあまりにもたくさん見えたのです。

トゥルージョとニコアラも作業を中断し、あっけにとられたようにホログラフィー映像を見ていましたが、セザールは、部屋の入り口のすぐ外でアイデンと話をしていました。

微かな感情的な重みのようなものがホログラフィー映像に対応してもたらされた――この点が一層はっきりしてきました。より具体的に言うと、私はその映像からパニック・苦しみ・内面の葛藤のような感じを受けたのです。あたかも事態が制御不能に陥ったかのように、その星雲には何らかの大きな混乱が生じていました。それは、宇宙の生涯における壮大な出来事を暗号化したもののようですが、それには極めて明確な意味があるのではないか、と思いました。どういうわけか私は一つの星雲の死を目撃したようですが、明らかにそれは激烈な終焉でした。もしかしたら私は、その一連の壮大な出来事の引き金となった恐ろしい要因を見つけることができたかもしれません。疑いようもなくそれは、数百万年あるいは数千万年続いたことでしょう。しかし私は、タブレットを再度押すことによって、その情報の伝達を終了させることにしました。自分の心を穏やかにする必要があったのです。

神秘の部屋にみられる未知のエネルギー、意図・目的、因果関係

その後、セザールが神秘の部屋に戻り、私に向かって歩いてきました。彼は一目で私が一体何を考えているのかを理解し、私に言いました。

「ゆくゆくあなたは、善悪に関わらず外部の影響から自分自身を護れるようになるでしょう。この防御は実行可能かつ効率的でなくてはなりません。〝特定の手法を適用することによって、自分自身が護られる〟と信じるだけでは充分でないのです。ある種の目に見えないエネルギーの壁――それに基づく明瞭かつ明確な知覚を持つ必要があるのです。それは外部からのどのような攻撃をもはねつけます。とりわけこれは最初に必要な措置です。あなたのエネルギー構造の振動周波数が充分高くなれば、高められた振動数を振動全体の中から選んで分離した結果として、この防御は必然的に生じます。しかしこれを達成するためには、内なるあなた自身を完全に清浄にしなければなりません。無用・不要なカスはすべて除去する必要があるのです」

これに対して私は次のように言いました。

「それについては、今よりももっとくつろいだ状態のときに何度も考えました。これまで

に得た情報から私は、月のエネルギーと太陽のエネルギーが人間の内で均衡状態にあるときにある種の免疫が与えられる、という結論に達しました。シエン博士は、中国の哲学である陰陽について私に話をするのが常でしたが、さらに付け加えて、道徳・倫理両面における宇宙の法則を尊重しなければならない、と言っていました」

「それは本当です。エネルギー面の均衡を達成した霊性の高い人は、妖術・魔法・黒魔術等の否定的な影響を一切受けません。その上、そのような人は、同様な状況にある人たちを助けて、彼らに仕掛けられた邪悪な行為を無効にすることができるのです。それゆえ問題は難しくありません。もしもあなたが浄化されていてオーラの周波数が高く、善志向で全体としての均衡がとれており、陰エネルギー・陽エネルギーが調和状態にあれば、どんな邪悪な力もあなたに対して影響を及ぼすことができないのです」

好奇心をそそられた私はさらなる説明を求めて尋ねました。

「しかし、なぜそのようになるのですか？　誰がそれを保証してくれるのですか？」

「今話した条件の下では、悪なる存在は、たとえほんの僅かでもあなたに影響力を行使することは全く不可能なのです。理由は単純です。例えて言うと、あなたのオーラのエネルギー周波数が中波の周波数に相当する場合、もしもあなたを攻撃しようとしている人が、黒魔術に基づいて長波の周波数で悪のエネルギーをあなたに送っても、あなたに影響を与えることはできません。なぜなら、異なる周波数は同調しないからです。それは木の金属への溶接を試みるようなものです。否定的なフォース（力）は、霊性の高い人に向けられたとき、その人のオーラの周波数が高いため、すぐさま跳ね返されてそのフォースを発した人に戻ってきます。黒魔術の世界ではこれを〝反発衝撃〟と呼んでいます。もちろん彼らは、否定的なエネルギーが跳ね返された際、特定の方法を使って可能な限り反発衝撃を避けようとします。それは転送された電話のようなものです。しかし、結局のところ彼らは、より強力になった反発衝撃に否応なく直面することになるのです。黒魔術師が霊性の高い人を攻撃しようとするとき、彼は巧妙に蓄積した悪のエネルギー（球のようなもの）を発射しますが、それはちょうど壁にぶつけられたボールのように跳ね返されて、黒魔術師に戻ってくるのです」

「たとえそうであっても、黒魔術師はとてもたやすくそれから逃れることができるでしょう。彼が発した悪のパワーが自分に戻ってきて相殺されるだけだと思います」

セザールは微笑みながら答えました。

「もしもそんなに簡単なことであれば黒魔術師たちは安眠できるでしょうが、実際はそうではありません。たとえ彼らが黒魔術に熟達していたとしても、反発衝撃は彼らに立ちはだかる最大の脅威なのです。エネルギーは瞬間的に放出されますが、それが跳ね返って戻ってくる間に、同様のエネルギーを引き付けてそれ自身に取り込みます。より具体的な例は雪崩です。もしもあなたが雪玉を作って谷に向けて転がせば、斜面を下る間にもっとたくさんの雪をその周りに集め、最終的には最初の数十倍あるいは数百倍の大きさに膨れ上がります。反発衝撃の場合も同じ現象が起こります。黒魔術師たちに戻ってくるエネルギーはおそらく彼らの発したエネルギーの十倍になっているでしょう。そのため、その衝撃によって即刻死に至ることさえもあるのです。

私たちの持っているデータベースやゼロ局の保管記録には、これに似た事例が含まれています。私たちはそれらを綿密に追跡調査しました。しかし現時点では、ルーマニア社会の精神構造に適合する実行可能な解決策はまだ見つかっていません。事例のいくつかはすでに完結していますが、その実態は私が話した通りであり、魔術師が自分自身にもたらした悲惨な死です。霊性の高い人々に対する否定的な行為は、黒魔術師たちに死をもたらすのです」

「私の知る限り、黒魔術ほど過激でない場合にも、この原理は適用可能のようですが――」。

「もちろんそうです。ルーマニアの地方、とりわけ田舎に住んでいる人々の中には、普通の住民から恐れられている人たちがいます。魔法使いと呼ばれている彼らは、反発衝撃の法則を知らないまま、一連の邪悪な行為を無意識的にしてしまいます。浄化された高い霊性の持ち主に向けて彼らが悪のエネルギーを発すると、そのエネルギーは増幅されて戻ってくるのですが、愚かにも彼らは、魔法をかけた相手が彼らからの攻撃に応酬してきた、と本気で考えてしまい、反発衝撃はその相手からの仕返しであると思ってしまうのです。邪悪な攻撃を仕掛けられたことに高い霊性の持ち主が気付かない、ということは大いにあり得ます。しかし、戻ってくるエネルギーは、魔法使いによって放たれたエネルギーに、跳ね返された後、その磁力によって集積された同種のエネルギーが加わったものなのです。この〝負荷〟はあまりにも大きく、そのため魔法使いが死に至ることさえあるのです」

私は身体の震えを感じました。

「分かりました。しかし、邪悪な攻撃を跳ね返せるほど霊性が高くエネルギー的に均衡のとれた人は、それほど多くはいないと思います。ほとんどの人々には、邪悪なエネルギーが侵入するための裂け目が少なくともいくつかあるのです。ところで、自分が黒魔術師から攻撃されていることは、どうすれば感知できるのですか？　兆候らしきものが何かあると思いますが――」

「一般的にいうと、特定の間隔で繰り返される奇妙で一風変わった出来事は、それがどんなものであっても不自然さを感じさせます。たとえば、高い場所から落下した。あるいは足の骨を折った。そしてその三週間後に手を骨折した。さらにその二週間後、故意にせよ偶然にせよ、頭にひどい打撃を受けて病院に送られ、傷口を数針縫ってもらった。このような一連の出来事が二か月ないし三か月の期間にあなたの身に起きた場合、あなたは真剣に、自分が黒魔術の攻撃を受けていることを想定すべきなのです。言うまでもなく、人間はあまりにも無知なので、たとえこれらが一週間という短い間に起きたとしても、人々は一切それらを黒魔術の兆候であると認めようとはしません。しかし、これは現実のことであり、真剣に向き合って明らかにする必要があるのです」

私は同様な具体例を数多く知っていましたので、しばらくの間考え込みました。以前、友人との議論の際に、このような〝出来事の同時発生〟を考慮すべきであることを何とか理解しようとしていました。しかし今や私は、セザールから説得力のある説明と確認を得ましたので、この件は以前よりもはるかに明確になったのです。そこで私は、悪を志向し黒魔術の実施を望んでいる人々を善の道に方向づけることがはたして可能だろうか、と考えました。そしてセザールに意見を求めました。

「残念なことに、これらの人々のほとんどは、自分たちが何をしているのかが分かっていません。そのため重荷を背負うことが彼らの宿命となり、彼らはそれを甘んじて受けねばなりません。これは大変な苦しみですが、もしも霊性面の努力と善行を続ければ、同時にそれは善の道に戻る機会にもなり得ます。この方法によってのみ、彼らのさだめとなっている苦しみが軽減されるのです」

〝邪悪な行為をすれば、自分たちがひどくみじめな状況に陥る〟ということを理解できない人たち――彼らが善の道に立ち返る可能性を何とかして見つけたいと思いました。そしてセザールに言いました。

「彼らのどこが間違っているのかを教えてやり、あなたが言った反発衝撃の恐ろしさについて説明して、彼らの進むべきより良い道を指し示してやったらどうでしょうか？」

するとセザールが答えました。

「あなたは基本原理を理解していません。善と悪を一つにすることは不可能であり、これは宇宙の法則なのです。これが〝悪は善良な人々から逃れる〟と言われている理由です。悪しきものは良きものから逃げるのです。それゆえ、それらを結びつけることはできません。悪なる人々の善への変容は、まずは彼らの内なる衝動――新たな方向づけを得たいという個人的な願望――にその源を発しなければなりません。そのときにのみ、善の種をまくことができます。しかし、それが済むまでは何もできません。なぜなら、誤りに基づいて生きている人々自身が、善からの分離を維持しているからです。このような事例は、黒魔術師や魔法使いだけでなく、ごく普通の人々や知識人にも見いだされます。誰があなたの友人なのかを言ってくれれば、あなたがどんな人なのかを言うことができます。具体例を挙げましょう。もしも賢人二人が会えばお互いを理解し認め合いますが、普通の人々は彼らを理解することができませんし、彼らがどれほど賢い人々なのかも分かりません。もしも霊性の高い賢人が同様な賢明さと高い霊性を獲得しつつある別の人のことを耳にすれば、すぐにその人に連絡を取って会うでしょう。その結果、二人の間に親和性と共感が生み出され、それによって、二番目の人の霊性と賢明さがさらに高まるのです。しかし、間違いに基づいて生きている人は、善に向かう道を歩んでいる人のことを耳にしても、無意識的にその人を批判する必要を感じてしまい、その人が自分をごまかしているとさえ考えてしまいます。このような邪悪な人々は、自分たちが真実を語り本当のことを言っている、と信じているのです。直接経験によって自分の意見を形成するためにはそれなりの訓練を受ける必要がありますが、それを受けていない人々にとって、他の人々を誤った方向に導くことは非常に簡単なことなのです。その結果、先ほど私が話した分離が現実のものとなるのです」

困惑した私はセザールに尋ねました。

「つまり、彼らは間違った知識を得ていた、ということですか？」

「これにはいくつかの要因があります。それらは、偽情報、非常に重要と考えられるさまざまな面に信憑性がないこと、自尊心、思考が未成熟であること、等です。ある意味で、本当の知識は、人々をより活動的で生き生きとさせねばなりません。この方法によってのみ、人々は霊性面の成長と結集に寄与する〝活性因子〟になれるのです。例えば、多くの人々は利他主義が望ましいことを知っています。しかし、利他的行為や他人のための純然たる無私の行為によってもたらされる幸福感――それを実際に経験した人はほとんどいません。素晴らしい物事を知っていて目覚ましい考えを持っている人々はいますが、実のところ、彼らには実践力がないのです」

新たなる発見／突如現れた巨大水晶柱

自分が習得した知識のいくらかをどのようにしたら実行に移せるのか――是非ともそれをセザールに聞きたいと思いました。しかしそのとき、アイデンが〝神秘の部屋〟に入ってきて、後壁に向かって歩いていったのです。彼はセザールに一緒に来てくれるように言いました。私も彼について行き、石壁から四メートルほどの距離まで来たとき、突如として困惑させるようなことが起きたのです。私はまさに愕然としました。

セザールが後壁に三メートルぐらいまで近づいたとき、半透明でわずかに輝く膜が活性化し、その後すぐに消えてなくなったのです。そして同時に、高さ二メートルにも及ぶ巨大な水晶柱が現れました。完璧に切り分けられたその先端は、ピラミッドのような四角錐の形状でした。とりわけ私はその色彩に驚嘆しました。そのルビーのような紫色は深海の色のようで、私は思わずその中に飛び込みたいという衝動に駆られました。その巨大な水晶柱は純度が極めて高く、その背後にある石壁のブロックがほとんど透けて見えるほどでした。水晶は基本的に対称性を持っていますので、床下に埋まっている部分の先端も同様の形状であることが推測されます。その点を考慮して面数を数えたところ、それは十二面体であることが分かりました。並外れて大きく、孤独で、オベリスクよりもさらに一層複雑な構造をしているその水晶は、おそらくタイムトラベル装置とエネルギー的に連結し、この部屋を数万年もの間守ってきたのです。

何とか落ち着きを取り戻した私の怪訝そうな視線を受け、セザールは微笑みながら次のように説明してくれました。

「あなたが他の発見物を正確に理解できるように、私はこの水晶柱については敢えて今まで話さなかったのです。しかし言っておきますが、最初は私もこの水晶のことを知りませんでした。私がタイムトラベル装置を起動して初めて、この比類のない時空の歪みが有効になったのです。突然この水晶柱が出現し、それと共にこの部屋が広がったように感じられました」

セザールは私がしようとした質問を推測して付け加えました。

「これはホログラフィー投影ではなく、物理的な〝突出〟です」

私はこの魅惑的な物体のそばに、さらに近寄りました。距離が縮まるにつれて私は、身体全体にゾクゾクっとした電流のようなものが走るのを感じました。指でちょっと触ったところ冷たい感触でしたが、それから感じるエネルギーは私を困惑させるものでした。それは明確な無感覚のようだったのです。そこで私は、それから一メートルほど離れました。あたかも何らかのプログラムが起動して、部屋の構成が突如として変わってしまったかのようでした。しかし実際は、この水晶柱の出現を可能にした時空の歪みだけが変化したのです。

「アイデンが以前行った計算は、私たちの現実世界から位相緩和（dephasing）（注1）が起きたことを示しています。実際的な言い方をすると、この水晶柱は常にここにあるのですが、ある特定の条件が満たされると、私たちには見えなくなるのです。これは今でも依然として謎のままであり、その理由を説明することは不可能です。もしかしたら、超古代にこれを建造した人々は、万が一に備えて、水晶柱の保護を最小限望んだのかもしれません。しかし、その主たる機能はタイム・トラベルの効果を下支えすることである——これはほ

注１　位相緩和：量子の古典的な振る舞いが量子系から元の状態に戻る働きのこと。摂動によって引き起こされた密着状態が時間と共に崩壊し、量子系が摂動前の状態に戻るが、その戻り方を指している。

ぼ確実です」

私は真剣な面持ちでセザールを見ました。ほんのちょっと前に、これがタイムトラベル装置であることを聞いていましたが、信じ難い思いは依然として非常に強く、心がその可能性を受け入れようとしなかったのです。私は抑揚のない声でセザールに尋ねました。

「つまり、あなたが実際にタイム・トラベルをしたということですね？　それがこの装置の目的なのですか？」

圧倒的な感情が私の内から湧き上がってきました。もしかしたら私もトライできるかもしれない——私の存在のすべてがタイム・トラベルへの期待に打ち震えました。

「そうです。私が言った通り、これは未来や過去に私たちを投射することができるのです。その仕組みを理解することは容易ではありませんし、その上、極めて先進的なテクノロジーによって設けられた巧妙な〝障壁〟があります。しかし、あなたはまだ一つ重要な点を理解していないようです。これは意識レベルでのタイム・トラベルを実現する装置であり、肉体を伴う時空の移動ではありません。肉体はここに留まりますが、あたかも肉体を伴って移動したかのような断片的タイム・トラベルを経験することができます。この場合の有利な点は、外部からの観察者であることです。肉体の持つ制約条件を課されることなく、実際に起きているあらゆる物事を見聞きし感じることができるのです。しかし、個人的にその時空に〝溶け込んで〟その一部になることは不可能なので、もしかしたらこれが不利な点と考えられるかもしれません」

私はまるで自分が別の世界にいるように感じました。今私は、これまでSFに出てくるテーマと思われていたことについて話をしているのです。私はこれまでに、シエン博士と共に困難な状況を経験し、何とかそれを乗り越えてきました。しかしそれは〝空間の切れ目の活性化に基づいて空間を移動する〟という経験だったのです。たとえ彼が〝同様の不思議な現象が時間に関しても起こり得る〟と言ったとしても、私の持っている先入観が強すぎるために、その可能性に気付かないふりをしてしまうでしょう。しかし今私は、人間の意識を時間の流れに投射することができるタイムトラベル装置から二メートル以内の場所に立っているのです。私は当惑し、もう一つセザールに質問しました。

「この装置がどのように働くのか分かりましたか？」

「もちろん。グランド・ギャラリー入り口の〝エネルギーの壁〟のような、ある意味で個人的な素養・能力に関連した特定の条件があるのですが、この装置の場合は、それが私たち人間の尺度に基づいているのです。この部屋と、ここに至るトンネルは〝最終的に私たち人間に発見され、保管されている情報が有効利用される〟ということを前提として建造されたことは間違いありません。しかし、なぜこの場所の座標が選ばれたのか、なぜここから他のどこにも繋がっていないのかは、まだ不明です。もしかしたら、これはより大規模なプロジェクトの一部であって、それが途中の段階で放棄されたのかもしれませんが、なぜそうなったのか、その理由は誰も知りません。ここでは、はっきりと理解されていることがほとんどないのです」

そのとき一縷の望みが頭に浮かびました。そこで急いでセザールに言いました。

「もしもあなたがこの装置を使い、この部屋やトンネルが建造された時代にタイム・トラベルすれば、それが分かるのではないですか?」

セザールは微笑みながら、次のように説明してくれました。

「それは私たちが最初に試みたことの一つです。しかし、私が言っているように、ここにあるすべてを創って私たちに残してくれた人々は、その情報を秘密のままにしておきたいようです。彼らは時間に関わる神秘を解明し、それを完璧に習得しました。彼らにとっては、この装置が立ち入ることのできる時間枠に介入することも可能なのです。それゆえ彼らは、私たち人間がこの装置を使って彼らの関わった時代に入り込むことのないように、ある種の情報を暗号化しました。私が実際にその時代へのアクセスを試みたところ、意識による知覚が一種の〝空白〟に突き当たってしまい、それを突破しようとしてどんなに努力しても上手くいかなかったのです。巨大水晶柱から何らかのエネルギーが放射されていたことは間違いないのですが〝この暗号化された時間枠を解明する手掛かりは、その潜在エネルギーが放たれている次元に存在する〟と私たちは確信しています。

しかし、アクセスが妨げられているのは、この謎に包まれた地球外文明に関する情報だけではありません。地球の歴史についての情報も同様に秘匿されています。つまり、彼らの地球人類への介入および、その時間軸に沿った彼らの行動すべてが秘密になっているのです。これをどのように解釈したらよいのか、私たちには全く分かりません。結局のところ、それは単に宇宙的な〝つつましさ〟なのかもしれません。

しかし、思いがけず私は、太古の時代からの時間軸に参照点を一つ見つけました。それは、地球にやってきてオーストラリアに数百年間滞在した別の地球外文明人が残したものです。彼らは、このタイムトラベル装置についての参考情報とほぼ正確な図式を私たちに残しました。そして、それを創った人々は私たちの銀河系とは異なる星系からやって来た、と言っています。彼らはまたその星系にも短く言及していますが、天文学者たちは、まだ上首尾にそれを特定できていません。その図式は岩に刻まれており、部分的に破壊されているため、それを読み取って理解するのが困難だからです。彼らの文明がブセギ山脈の複合施設とこの神秘の部屋を建造した人々と同じ文明であること――これはほぼ確実です。私たちは、彼らが残してくれた手掛かりを調べることはできますが、彼ら自身についいてはまだ何も分かっていません。今後さらに調査し研究しなければならないことがあまりにも膨大であるため、先ほど話した暗号化情報はそれほど重要でなくなってしまいます」

確信は持てませんでしたが、さらに私は尋ねました。

「あなたは未来へもタイム・トラベルしたのですか？」

セザールが笑いながら言いました。

「実のところ、その質問が来るのを待っていました。そうです。未来の特定の時代にもアクセスしたのですが、状況はさらに複雑でした。未来の出来事は不確かであり、場合によってはすぐに消失してしまうのです。この装置について分かっていることはすべて詳しく説明しますが、それは少し後になります。なぜなら、アイデンが奇妙なことを発見し、私に助言を求めてきたからです。彼のコンピュータのホログラフィー映像によると、大ピラミッドの基底部からこの部屋に向かってトンネルが掘られているのです」

私たちは全員、アイデンが作業している場所に移動しました。彼のコンピュータは石壁から少しだけ離れたところに設置されており、何らかのホログラフィー映像を投射していました。その三次元映像を指差しながらアイデンが言いました。

「見てください。この映像は大ピラミッドから正確にこの部屋へ向かって掘られた未完成のトンネルを示しています。しかし、ある地点でトンネルの進行方向が別の向きに変わっています。その方向ではこの部屋に到達することができません」

私はコンピュータが示した図を見ました。そのトンネルは、大ピラミッドの基底部からこの部屋に向かってかなり長い距離伸びていましたが、距離全体の三分の二ほどの地点で突如として進行方向を変え、より深い地下に向かってさらに掘られていました。しかし、二五メートルほど進んだ後、あたかも掘削作業そのものが突然中止されてしまったかのように見えたのです。

アイデンがエーテル・キーボードへの入力に集中している間、私たちは彼のさらなる説明を待っていました。誰一人として、そのトンネルの目的が分からなかったからです。三次元映像が数回にわたって変化し、異なる角度から表示された後、アイデンが最初に得た結論を言いました。

「まず初めに、この部屋に到達するという明確な意図に基づいてトンネルが掘られたことは明らかです。それは、何らかの方法で彼らがこの部屋を発見したことを意味します。ここで問われるべきことは、この部屋が存在することをどのようにして彼らが知ったのか、ということです。彼らはどんな手段を使ったのでしょうか？　具体的に言うと、私が現時点で使えるテクノロジーでは、この部屋を地上から発見することは不可能です。何しろこの部屋はおおよそ地下二百六十メートルの深い場所にあるのですから――。しかし、それ

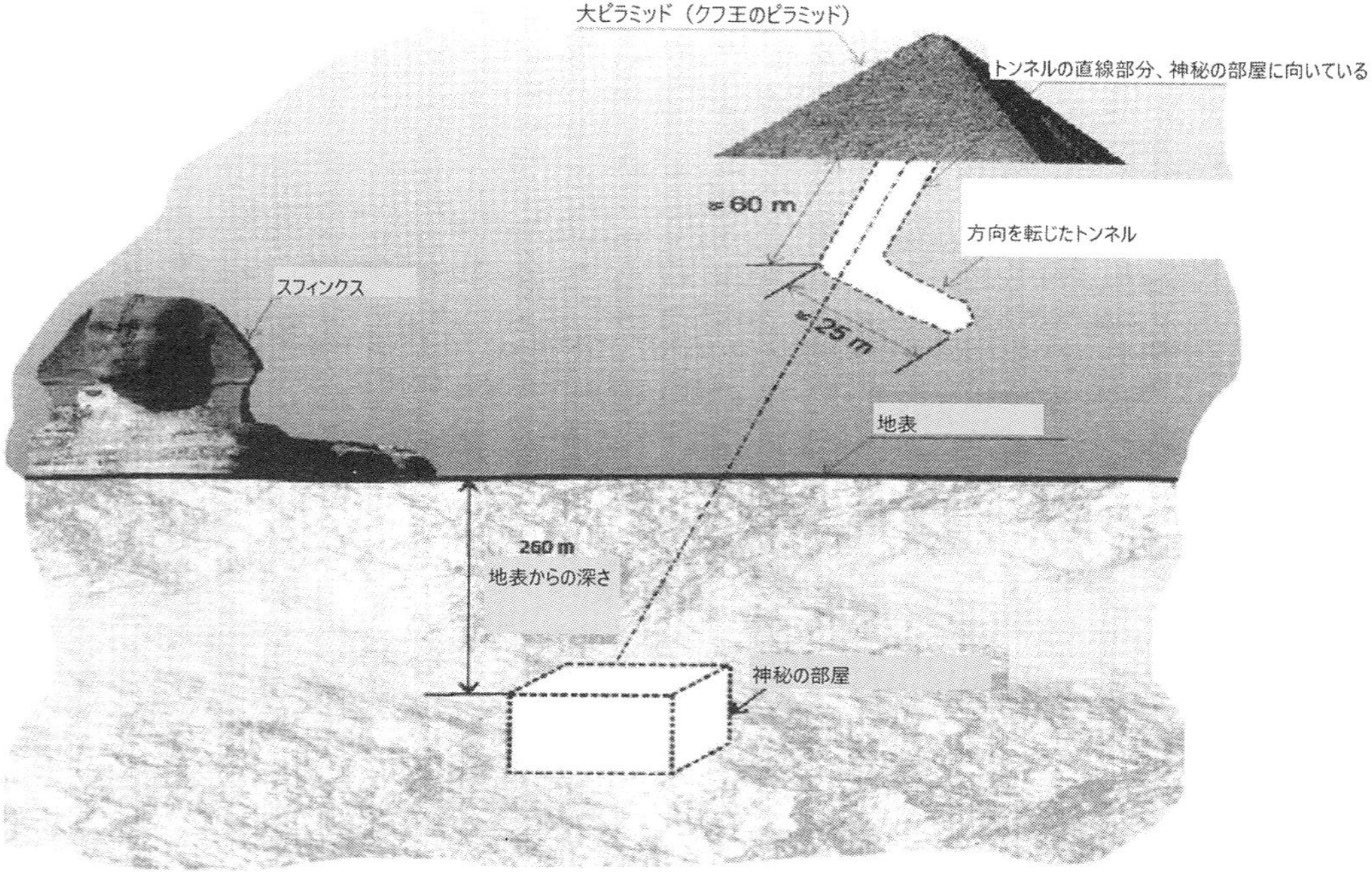

秘密のトンネル（直線部分は大ピラミッドから神秘の部屋に向かっている）

は主たる問題点ではありません。この部屋が発見されない真の理由は、それが特別のエネルギー場で護られていることなのです。それはこのコンピュータが最初に示した事実ですが、ブセギ山脈地下を始点とするトンネルとこの部屋との関連性を私たちが樹立したからこそ、この部屋が発見されたのです。新たなトンネルを掘削した人々は、どうやってこのような深い地下に部屋が存在することを知ったのでしょうか？　もしかしたら、彼らは何か別の情報源を持っていたのかもしれません」

そのときセザールが話に割り込みました。

「そのような場合でも、初めの段階のトンネルの軌道は非常に正確でした。彼らは自分たちがどこに向かっているのかを明確に把握していたように思われます。それは、トンネルの掘削方向が当初は正確に測定され、制御されていたことを意味します。一体どんな理由で彼らがトンネルの方向を変えてしまったのか――これは実に興味深い点です」

数分の沈黙のあと、トゥルージョが抑揚のない声で言いました。

「もしかしたら、ある時点で二番目の保護システムが起動したのかもしれません。多分それは電波妨害のようなものだったと思われます」

それを聞いてアイデンが言いました。

「私もそのように考えます。それがコンピュータの表示しているものに対する唯一の説明だと思います。しかし、事態がもっと複雑であることは間違いありません」

そう言ってからアイデンは、再びエーテル・キーボードおよびコンピュータから投射されたホログラフィー映像に集中して取り組みました。私たちは皆無言で、彼の指の動きやそれに続いて現れる三次元画像を目で追いました。アイデンが言いました。

「そうです。大ピラミッドを建造した人々の間、あるいはそれに立ち入り、出入りした人々の間に、恐らく何らかの利害の衝突があったものと思います。トンネルの最初の部分に何か遺物が残されているようです。何かの残骸のように見えますが、それらが一体何なのかはっきりとは分かりません。トンネルを掘った人々の間に何らかの誤解や対立があったものと思います」

私たちは全員沈黙したまま、そのトンネルの構造が図示されたものを見ていました。そして、トンネルの二番目の部分――その終点付近の内部に奇妙な形の物体があるのに気付きました。そのとき、トゥルージョが沈黙を破り、注意深く言葉を選びながら神妙な声で言いました。

「実のところ、私はあのトンネルの中にいました。これは相当に複雑な話であり、その情報の開示は承認されていません。その件について私が受けた命令の出所は言えませんが、それは最高レベルの組織の決定に基づいています。具体的に言うと、軍部やシークレット・サービスを含むすべての政府機関は、間接的にそれに従属しています。ペンタゴンでさえも、私が代理人になっているその組織の下位に置かれているのです」

私は驚愕しました。トゥルージョがその事実を打ち明けた理由を知りたいと思ったのですが、何にしても、それは理解し難いことでした。この比較的若く体格のがっしりした男は、私にとってまさに驚きだったのです。彼がUSAPのエージェントであることは、すでにセザールから聞いていました。言い換えれば、彼に対する報酬は影の政府から出ているのです。彼の任務については定かでありませんが、明らかに彼は機密情報の分野の仕事をしています。彼がどのようにしてペンタゴンからその任務を受けたのか？　誰がアメリカ側の代表として彼をこの探索調査に派遣してきたのか？　これらの疑問に対する答えは、彼がUSAPのエージェントであるという事実です。

フリーメーソンの世界組織は、彼らに間違いなく情報を提供してくれる確かな人物を、極めて巧妙なやり方で送り込んできたのです。トゥルージョはエージェントであり、現役で活動しているフリーメーソンの人間ではありませんが、彼の受けた訓練と教化のレベルが高かったがゆえに、影の政府は、その中枢組織に彼を組み入れたものと思われます。多分トゥルージョは、彼らとの完全なる従属関係に基づいて、入手した情報および彼自身の見解をすべて彼らに提供することになっているのでしょう。後で分かったのですが、アイデンがこのトンネルを発見したことは、トゥルージョ自身にとっても大変な驚きだったのです。それによって私たち全員が、このトンネルが目指した真の目標を明確に認識できました。トゥルージョが清廉潔白の士であるがゆえに、また、おそらくは調査隊の一員としてのセザールに対する配慮から、このトンネルの調査に関する話を始めたものと思います。

しかし、すぐに私は気付きました。トゥルージョが明らかにしたのはほんの一部の情報に限られていたのです。とはいえ、彼はかなりの情報を漏らしたことになります。私たちが最も関心を持っている本当に重要な面は別ですが――。さらに、ブセギ山脈における大いなる発見に関し、ルーマニアは米国と契約を取り交わしていますので、米国側はそれに従って何の隠し立てもしないはずですが、明らかに彼らは一〇〇%そうしていません。たとえ彼らが大ピラミッド基底部を始点とするトンネルが神秘の部屋にかなり近いことを知っていたとしても、その情報は米国側から提示された内容には含まれていなかったです。その点について何らかの手違いが起きた可能性はありますが、私自身はそのように思っていません。

トゥルージョが説明を続けました。

「そのトンネルは2001年に米国・英国の研究者のチームによって発見されました。私自身が直接関係した部分に話を限定し、他の詳細は省きますが、すぐに研究者のチームは、それが観光客の立ち入り可能範囲に含まれていないこと、および極めて特別のものであることに気付きました。そのトンネルを探索して調査記録を作成するための小規模なチームが編成され、私はそれに加わるようにという命令を受けました。トンネルに入ったところ、その最初の部分は真っすぐ伸びていて、黄色と銀色の間の見知らぬ色調のざらざらした材料で全面的に覆われていました。調査終了後、その一部を持ち帰り研究室で分析したところ、それは特殊な合金製の薄膜であることが分かりました。アイデンのホログラフィー映像が示すように、トンネルの断面は頭頂が上を向いた三角形でしたが、私にとってそれはまさに驚きでした」

待ちきれなくなった私は、トゥルージョにスペイン語で尋ねました。

「トンネル内で何か発見しましたか？」

彼は言葉を濁してあいまいに答えました。

「そう。いくつかのものがありました。最初の部分の終点付近に、携帯コンピュータのような一種の情報タブレットが見つかりました。それは厚さ三ミリメートル以下の驚くほど軽い金属薄板で、その下側には、ほんの少しだけ浮き彫りされた部分があり、異なった色と形状をしていました。それはキーボードとして理解されるようなものだったのです」

トゥルージョ大尉はそこで一息つき、真剣な面持ちで部屋の床を見ました。

「そのタブレットには、文字のような未知のシンボルがたくさんありました。それは地球で作られたものではありません。その上半分は鏡に似ていて、スクリーンのように思われました」

セザールが質問しました。

「トンネルの正確な始点は大ピラミッドのどこだったのですか？　どのようにしてそこに到達したのですか？　大回廊経由でそこに行ったのですか？」

その時点で私が口を挟みました。

「それも視点の一つですが、他にもあります。先ほどのタブレット以外にどんなものが見つかりましたか？　どんな最終的結論に達したのですか？　エジプト政府からの認可はどのようにして得たのですか？」

トゥルージョはまるで人を寄せ付けないかのような無感覚な表情をして、数秒間返事をしませんでしたが、少しばかり当惑したような感じで答えました。

「ある面の情報は開示できません。このように話すこと自体が許容されることなのかどうかも分からないのです。とにもかくにも、アイデンがそのトンネルを発見したこと、および、それがこの部屋を目標としていたことはまったく予期せぬ驚きでした。今、事態は一層明白になったようですが、調査が実施された当時は、このトンネルの目的を理解できる人間は誰もいなかったのです。追加情報がまったくありませんでしたから――」

トゥルージョが私たちからの質問をはぐらかそうとしているのに気付き、セザールが再度説明を求めました。

「エジプト政府との協定は結ばれましたが、それは相互的なものではありませんでした。内密の干渉のようなものであり、それによってエジプト政府からの協力が得られたのです。すべてが極秘に行われたため、ギザ台地の遺跡を管轄していたエジプト高官さえも、そのトンネルに立ち入る許可を得ることはできなかったのです。これ以上の詳細は話せませんが、あと一つだけ言っておきます。大ピラミッドの下にトンネルを掘削した人々は、神秘の部屋やホログラフィー投影室を建造した人々とは異なる地球外文明人です。この点に関しては確かな証拠があります」

私たちは皆、けげんそうな目をしてトゥルージョを見ました。彼はややためらってから単調な声でさらに説明を続けました。

「そうです。彼らは私たち人類とも、また、ホログラフィー投影室を建造した巨人のような人々とも異なります。大ピラミッドに入ってその下部にトンネルを掘削した人々は、レプティリアン・タイプです。私たちはその骸骨をトンネル内で見つけました」

しばらくの間、抗しがたいほどの静寂があたりを支配しましたが、その後トゥルージョが口を開きました。

「これから推測されることは、さらに一層複雑です。何らかの理由でトンネル内において争いがあったことは明白な事実です。それに関わった人々のうちの一人が殺され、その遺体がトンネル内に放置されました。そしてトンネルが密閉され、その入り口がピラミッドの構造上極めて分かりにくい方法で隠されました。私たちの研究室で年代測定したところ、紀元前8500年〜9000年という結果でした。これに伴う誤差は比較的小さいものです」

アイデンさえも驚きの面持ちでトゥルージョ大尉の話に耳を傾けていました。私はさらなる情報を何とか引き出そうと努めたのですが、丁重に断られました。何だかんだ言っても、結局のところ彼は、上司からの命令を尊重したのです。それ以上の詳細と説明は、その後のルーマニア側と米国側の間の白熱した議論の一部になったことは間違いありません。しかし事態は、米国側にとって一層深刻であるように思われます。なぜなら、逆説的ではありますが、米国シークレット・サービスはエジプトにおけるこの重要な調査に参加していませんでしたし、大統領にもそれが伝わっていなかったのです。このような状況下で疑問となる点は〝誰がそれを認可し、誰がその認可を受けたのか〟です。間違いなくこれは、米国の外交において、細心の注意と慎重な扱いを要する問題になることでしょう。

落ち着きを取り戻した後、全員が残された任務に集中しました。引き続きタブレットを特製の箱に収納してその目録を作成したのですが、持ち帰り可能なタブレットの数量はせいぜい全体の五分の一ぐらいでした。とはいえ、すべての任務を完了できたことは、私たちに大いなる満足感をもたらしてくれました。当然のことながら、私たちには充分の休息が必要でしたので、セザールが、食事と睡眠のためにこれから八時間休憩を取ることを皆に告げました。私はやや疲れを感じていたものの、気分は大変良く、心は満足感にあふれていました。この謎めいた場所は、不思議な方法で私に安心感を与え、安全の気持ちを感じさせてくれたのです。決して長い時間ではなかったのですが、すでに私はそれに慣れ親しんでいました。

しかし、私を真にもどかしく待ち切れない気持ちにしたのは、帰還のための出発ではなく、タイムトラベル装置に関するセザールの打ち明け話でした。それを使った際の経験をいくつか話してくれることになっており、これから取る休憩がそのためのうってつけの時間に思えたのです。私は手早く食料を全員に配給しました。そして、神秘の部屋の入り口から数メートル離れたトンネル内に、そのための場所を確保しました。セザールと私は急いで食事をする際、他の隊員たちに邪魔されないようにするためです。食事後セザールと私は急いで食事を済ませました。そして私は、他の二人の大尉が十分な睡眠の必要性を感じて食事を急ぐ――彼らをそのようにさせるための方法を考えました。セザールは私が急いでいる様子を見ておもしろがり、ちょっとばかり私をからかいたい気分になったのでしょう。改まった口調で次のように言ったのです。

「充分な休息をとることが重要なので、タイム・トラベルについての話はアルファ基地に戻った後に延ばすべきではないですか？」

思わず私は表情を硬くしたのですが、それを見て彼は笑い出しました。そしてすぐ〝タイム・トラベルにおいて経験した驚くべき出来事のいくつかを話す〟という約束をしてくれました。まさに期待した通り、驚嘆に値する彼の話は魔法のように私の心を捉え、あたかも別の現実世界に行ったかのような感覚を与えてくれたのです。

第五章

タイムトラベルは霊性エネルギーを必要とする／明かされた謎

可能性の扉を開く

食事が済んだあと、セザールと私はそっと神秘の部屋に引き下がり、タイム・トラベル機器が含まれている半円筒形装置の台座に腰を下ろしました。行動の自由を最大限確保するために、部屋の後壁に近い場所を選んだのです。自分の真ん前にある巨大なルビー色の水晶柱が、精妙かつ不可思議なエネルギーを発していて、それが私の全存在を包みこんでいるように感じたのですが、あたかもそれは宇宙の最深部から来ているかのようでした。部屋の外側の中継点にはたくさんの収納箱が置かれており、アイデンはその近くに自分の寝場所を確保したようです。また、ニコアラ大尉とトゥルージョ大尉は、眠るために特別に用意された場所に身を横たえました。セザールの最も驚嘆すべき物語――おそらくそれはこれまで伝えてくれたうちでいちばん重要なものと思われますが――それを聴くための条件がすべて整ったように思われました。しかし、手を触れることができるその確たる証拠が目の前にあるにもかかわらず、依然として私の心は実利主義的な偏見によって塞がれているようでした。そのときでもまだ、タイム・トラベルの可能性を疑問視していたのです。私は自分の思考力がいかに脆弱であるかをあらためて実感しました。

エネルギーの流れを阻害するもの

　あたかも私のためらいを見て取ったかのように、セザールは私が理解できるような言い方で話し始めました。

「もしもあなたがタイム・トラベルを単なる空想の産物だと考えているのなら、それは明らかな間違いです。なぜなら、私自身がこの装置を使って実際にタイム・トラベルを経験しているからです。それともあなたは、私が嘘をついていると思っているのですか？」

　彼が問いかけるような眼差しで私を見たとき、私は思わず赤面しました。しかし、自分でもあきれるほどでしたが、それでもなお私はタイム・トラベルへの疑念を感じていたのです。あるいはそれは、現代の教育システムによる歪められた合理的知識に起因するのかもしれません。私は一面においてはそれを信じ、別の面においては疑っていました。にもかかわらず、未知の物事を経験したいという気持ちは非常に強く、それが可能であることを自分で確かめたいと思っていたのです。そのときセザールが、私の疑念へのとどめとなる一言を発しました。

「オーケイ、あなた自身が、この場所でこの装置を使ってタイム・トラベルを経験する機会がすぐにでもやってきます。もちろん、満たさねばならない条件が若干ありますが、もしもそれらが満たされれば、他に問題は何もありません」

私は驚愕しました。強烈な感情が湧いてきて、しばらくの間何も言うことができなかったのですが、やっとのことで口を開き、セザールに尋ねました。

「それらは一体どんな条件なのですか？」

「まず初めに、それらは〝ある種のエネルギー状態〟および〝生命体としての浄化の度合い〟に関係しています。タイム・トラベルは精妙で強力なエネルギーの活性化を必要とします。あなたもよく知っているように、時間自体が、特定の認識に基づいて起動する特別で謎めいたエネルギーなのです」

「それで、この装置はその時間エネルギーの起動を促進するのですか？　それは一人だけでできるのですか？」

「状況によっては、はっきりとした視覚を得るのに、外部からの助けが極めて重要になります。とりわけ、アカシック・レコードが関係する場合はそうなのです。それはある種の精妙な記録であり、宇宙で起きた、あるいはこれから起きるすべての物事が記されています。もちろん、未来に関わることには微妙な差異がありますが、過去の出来事は常にはっきりしています。なぜなら、それはすでに為された選択に基づいているからです。タイム・トラベルは自分自身の力で達成可能ですが、そのためには、エネルギー構造がすっきりしていて、さらにそれが特定のレベルで活性化されることが必要です」

私は人間の精妙な生理機能について、いろいろと研究しました。エリノアの広大な図書室には、ヨガを含む東洋の霊性開発システムの理論と実践方法に関する秘伝的な書物がたくさんあり、それらには、人間の主要な七つの精妙なレベルのフォース・センター（力の中心）、補助的なフォース・センター、エネルギーの流路、およびそれらの間の相互作用・相互交流、等が詳細に記載されていました。たとえば、ヒンドゥー教の専門用語で「チャクラ」と呼ばれている精妙なレベルのフォース・センターと、人体のいくつかの臓器の間には明確な対応が存在するのです。この対応は非常に複雑であり、人間の心理面、日常の活動、心や魂にまで等しく及んでいます。そして、あまりよく知られていないこれらの面は、実際のところ、私たち人間の存在の意味を、細部の細部に至るまで明らかにしているのです。私は、セザールがこれらの点に言及したことに驚くとともに嬉しく思いました。

そのとき私は、セザールがずっと以前に〝どのような身体的行為やその結果も、実際には高次の精妙なエネルギーの世界における行為が具体化したものである〟と説明してくれたことを思い出しました。それゆえ私は〝私たちの能力は、精妙なレベルにおけるフォース・センターが直接的に三次元物質世界に投影されたものである〃という結論を容易に下すことができたのです。すぐに私は、特定の活動を効率的に行うためには、エネルギーのオーラが強力であり浄化されていなければならない、ということを明確に理解しました。

セザールはさらに次のように説明してくれました。

「私たちの内なるエネルギーの自由な流れを妨げるものがあるのですが、それらすべてを除去することが、知識や技術・技法・技量の役割なのです。強く活性化され浄化されたチャクラから、卓越したレベルの内なる力が与えられ、それが外に出ると、非常に強力な影響力および超人的なパワーになります。もちろん、これらのパワーはチャクラごとに異なりますが、それらが生み出される原理や仕組みは同一であり、精妙なレベルのフォース・センターの浄化と強力な活性化なのです。もしもこのプロセスが適切かつ忍耐強く為されれば、それが外に出たとき人間の霊性面の進化に変わり、知識と理解力のレベルが格段に高まります」

私は付け加えて言いました。

「それはシエン博士が話してくれたこととまったく同じです。羊皮紙に書かれていた五つのチベット式霊性開発の極意を着実に実行することにより、大いなる霊性面の向上が達成されますし、それには超人的パワーの発現さえも含まれます。しかしシエン博士は、その開示時期は二年後以降であると言いました。あれからすでに二年が過ぎましたので、私はそろそろそれを公開しようと考えています。実のところ、あなたにとって嬉しい驚きとなるようにこれまで秘密にしていましたが、私はかなり前からそれらの極意を実践していました」

セザールは微笑みながら応えました。

「いかにもその通りです。私はすでにあなたのオーラ・エネルギーの明らかな変化に気付いていました。偶然なるものは何一つありません。あなたの身体の精妙なレベルのエネルギー構造は漸進的に進化しており、それは、あなたの運命、霊性開発の努力、善意・善行の積み重ねと相互に関係しているのです」

それを聞いて私は、学校で褒められた子どものように嬉しい気持ちになりました。セザールが私の進歩を喜んでくれている――この事実は私に大いなる満足感と自信を与えてくれたのです。しかし〝まだ自分は進むべき道のスタート地点に立ったに過ぎない〟ということが私には分かっていましたし、〝自分の意識を高次のレベルに引き上げるために為すべきことは、まだまだたくさんある〟――この点も明確に自覚していました。

ここ最近私は、とりわけ自分自身を浄化することに没頭していましたので、セザールの説明は大変興味深いものでした。この浄化のプロセスの主たる要因は、微かなレベルのエネルギーです。特別の専門用語で「ナディー」と呼ばれている極めて精妙なエネルギー伝送路があるのですが、微かなレベルのエネルギーを精妙なレベルの身体構造の中で意識的に誘発させ、この伝送路を通して導けば、それが私たち自身の浄化になるのです。この点に関するさらなる詳細、および、タイム・トラベルの超常的パワーを左右する精妙なエネルギーとの繋がりについて、私が理解できるような説明をしてくれるようにセザールに頼みました。

ＳＦ（空想科学小説）は文学的見地からこのテーマを扱っており、私の知っている数冊の本は科学的観点に基づいてそれを提示しています。しかし、何はともあれ、これは私にとっては非常に分かりにくいテーマなのです。私はこれに係わる隠れた視点、すなわちこの非日常的かつ超常的な能力を確定する要因を知りたいと思いました。ある種のエネルギーは、一つあるいはいくつかのフォース・センターの活性化を暗示するようですが、いうまでもなく私は、タイム・トラベルがそのエネルギーの振動周波数と密接に関係していると考えました。セザールが言いました。

「あなたは、自分の体内を流れるエネルギーを感じ取れる段階に、比較的早く達することができます。それは電気が電線を通って家の中をめぐるようなものです。しかし、電気が来なくなった場合は、すぐにそれに対処しなければなりません。私は人間の精妙なエネルギー構造を家の中をめぐる電気にたとえましたが、この場合の対処法は、エネルギーの閉塞を除去するために、呼吸を意識的に身体の特定個所に方向付けすることなのです。たとえあなたがこの閉塞の原因に気付かなくても、適切に予防技術を適用することにより、浄化を確かなものにすることができます。エネルギーを正確に方向付けするためには、エネルギーの不均衡に気付くことが必要です。実際、このような不均衡はエネルギーの不純を意味するのですが、それは身体のレベルのみならず、感情のレベルや知性のレベルにも現れます。これを理解することが重要です。

結局のところ、身体がある種のエネルギーを必要とするように、心も特定のエネルギーを必要とします。あなたの経験、感情、意図、考え、アイディア等はすべて、異なる振動周波数で変調された精妙なエネルギーの現れなのです。エネルギーの流れを阻害するものについて先ほど話しましたが、それはきめの粗いエネルギー振動を意味する微かな不純物です。それらがあると、エネルギー伝送路が閉塞し、浄化されたエネルギーが自由に流れなくなります。もしも血管を詰まらせる血栓があれば、血流が阻害されてマイナスの副作用が生じますが、私が今説明している精妙なレベルの不純物もそれと同じです。あなたが感じ、考え、為すことは、程度の差はありますが、すべてあなたの身体のエネルギーの浄化の状態を直接反映しています。もしも精妙なレベルのエネルギーの不均衡状態が明瞭になれば、それは身体の痛みとして現れるのです」

セザールは、身体のエネルギーの浄化の状態、エネルギー伝送路、エネルギーの流れを妨げるもの、精妙なレベルのエネルギーの不均衡状態、等について話してくれました。これらの相互作用は極めて複雑ですが、それについて無知であることにより、物事の正しい理解が阻害されて日常の認識が妨げられているのです。この事実は私にとって新鮮な驚きでした。これもエネルギーの不均衡によって左右されるのでしょうか？　この点についても尋ねたところ、セザールは次のように答えました。

「もちろん、これらの閉塞の影響は人間の活動の全範囲にわたります。それらは五感に関係しますし、他の人々や生活環境との関わり合いの質にも影響を与えます。例えば、私たちの中にはさまざまな人々がいます——気温が低いのを非常に気にする人々、高温を不快に感じる人々、自分の感情を表現することが不得手な人々、攻撃的・好戦的な人々、自己中心的な人々、香辛料に耐えられない人々、耳が良く聞こえない人々、等々。このように例を挙げていったらきりがありません。これらはすべてエネルギーの不均衡に起因しますが、それらは身体の特定の部位における不純物を反映しており、精妙なエネルギー・センターの働きに直接関係していて、それに否定的な影響を及ぼします。

はたして人間が、このような状況の下で、超常的なパワーの顕現を引き起こす強力なエネルギーの流入を統御することができると思いますか？　体内に蓄積する不純物によって、非常に不愉快かつ好ましくない結果が生まれるのです——病気、身体の機能の減退、後ろ向きの感情、不安な心、過度の緊張状態、不規則な呼吸、等々。どのような仕方でこれらの不純物が現れようとも、それは過去になされた決定の結果である——これが私の言いたいことなのです。

ずっと以前に為された行為や表明された考えは、特定の種類のエネルギーを必然的に引き寄せてしまいます。もしもそれらの行為が悪に基づくものであれば、それに対応するエネルギーはきめが粗く不純であり、多かれ少なかれ妨害物を生じさせて、ひどい閉塞状態を引き起こします。すると、すべてがこじれて紛糾します。そして、そのような状況に置かれた人々は、必ずしも問題を明確に評価できるとは限りません。当然のことながら、それはエネルギーの閉塞に基づいているのです。このような居心地の悪い状況から抜け出す方法はたくさんありますが、それらはすべて、私たちの内や周りで起きている物事によって左右され、私たちがその状況をどのように理解するかによって決まるのです」

好奇心に駆られた私はセザールに尋ねました。

「それには霊性に基づく技法や訓練が含まれますか？」

「もちろんそうです。瞑想はその一つですが、それだけに限りません。はっきりとした視覚を得て、内なるエネルギーの自由な流れを阻害する妨害物を除去するのに、外部からの助けは極めて貴重です。当然のことながら、これにはさまざまの霊性に基づく手法が含まれます。なぜならそれらは、高い振動周波数に基づく極めて重要な浄化エネルギーをもたらし、それを私たちのオーラに注入してくれるからです。良いエネルギーは常にいつでも私たちに自然治癒力を与えてくれます。通常、人間の身体は適切なエネルギーを与えられると、私たちがあえて意識することなく、神秘的に不純物を除去してくれるのです。

たとえばこれは睡眠中に起きるのですが、これは不純物がそれほど重大でない単純な場合に適用できるものです。時たま妨害物がエネルギーの流れを妨げ、その結果、不純物が蓄積します。あたかもそれは掃除人がストライキに突入し、街路からごみを除去する人が誰もいないようなものです。自然の浄化プロセスを阻害する妨害物や不純物を除去するためには、その原因を見つけて毒素がどんなものなのかを確認することが必要です。言い換えれば、私たちは、さまざまの手法や実用的な訓練を用いて、身体を浄化するための好ましいエネルギーを生み出すことができるのです。私が言っているのは、プラーナと呼ばれている普遍的かつ精妙なエネルギーのことです」

私はすぐさまそれに反応して言いました。

「知っています。しかし、霊性に基づくその訓練を実施するのに、心が非常に重要な役割を果たしています。実のところ〝心とプラーナとの間には強い結びつきがある〟と聞いています。もしもプラーナが無限のエネルギーであり、心がそれを制御できるのであれば、私たちが望むどのような結果や、タイム・トラベルを含む超常的なパワーをも得ることができます」

セザールは頷いて同意しました。

「私たちの心の状態は、プラーナ・エネルギーの表現の仕方と強度に影響する最も重要な要素の一つです。心がゆったりとくつろいでいればいるほど肉体がエネルギー体に近づき、エネルギーの損失が少なくなります。理想的にいえば、エネルギーは脊椎に集中すべきですが、エネルギーを阻害するものが体内にあるため、しばしば分散してしまいます」

私は付け加えて次のように言いました。

「そうです。それは一連のさまざまの問題を引き起こします――動揺、不安、意気消沈、無気力、等。あなたも知っての通り、私は幸運にもチベットの五つの実用的な訓練方法を自由に使えます。それらは私にとって非常に効果的なようですが、その本質はまだ理解できていません。一つ一つの訓練は各々異なる側面を意味しているようですが、それらの間には基本的で微かな繋がりがあるように感じています」

「とりわけ東洋の霊性の教えにおいて適用された訓練の手法は、精妙な呼吸、精妙な音、および内なる精妙な炎に基づきます」

「チベット人は特に内なる精妙な炎を強調した、と聞いています」

「チベット人だけではありません。ヒンドゥー教のヨガは、この方向に沿った極めて的確な手法に基づいています。内なる精妙な炎が発現する主な部位は腹部です。太古の昔から人間は、この部位が良好に機能すれば不滅の健康と大いなる超自然力がもたらされる、ということに気付いていました。これらすべては内なる精妙な炎の強力な活性化に関係しています。そのために多くの方法が考えられましたが、その中には、羊皮紙に記されたチベットの五つの手法の三番目のように秘密にされたものもあります。それとは別に、内なる精妙な炎は食物から有用な要素を取得し、不要なものを取り除いて私たちの身体を一定の温度に保ちます。


しかしながら、不純物はもっと強力な方法でしか除去できません。私たちの家の配管の内部に蓄積した石灰のカスを水道水で取り除くためには、石灰のカスに作用してそれを溶かす化学製品を水道水に加えねばなりません。このように、私たちの身体を浄化するためには、不純物を除去することのできるフォース（力）を使わねばならないのです。このフォースの第一のものが内なる炎なのです。しかし、そのフォースおよび有効性が並外れたレベルになるように、それは精妙な呼吸と組み合わされねばなりません。内なる炎と精妙な呼吸の間の自然な繋がりに基づくこの考えは、太古の昔から存在しています。思考のプロセスを用いることにより、この繋がりから生じるパワーがさらに強力になります。

具体的な例としては、身体の特定の部位を空気が流れる様子を心の中に描き、それをあなたの呼吸に伴わせることができます。すると、息を吸ったあとの小休止の間に、内なる炎および精妙な呼吸との繋がりを格段に増幅させることができるのです。また、内なる炎の効果を増大させる特定の体位法・坐法もあります」

驚いた私はさらに尋ねました。

「もしも私がそのような体位の一つをとれば、自分の望む部位に内なる炎を導くことができるという意味ですか？」

微笑みながらセザールがさらに説明しました。

「いや、それはあまりにも簡便すぎます。内なる精妙な炎のエネルギーをあなたの指示する部位に導くためには、単に特定の体位をとるだけでは充分ではないのです。それは、マッチをただ置くだけでは火を点けることができないのと同じです。思考を介在させ、あなたの望む変容が実現するように、注意力をそこに向けねばならないのです。以上で、身体の浄化と精妙な構造の重要性が理解できたものと思います。タイム・トラベルのような特別の場合は、それがさらに必要なのです。まず、それよって大いなるエネルギーをあなたの身体を通して動かす能力が与えられます。次にそれは、あなたが非常な明瞭さでアカシック・レコードを知覚するのを助けてくれます。実際のところ、タイム・トラベルは、意識的な心で普遍的なアカシック・レコードにアクセスすることなのです」

アカシック・レコードの高められた周波数で時空を超える

私はセザールに正直に言いました。

「遺憾ながら私は、意識によるこのような旅について、まだ充分明確に理解できていません。タイム・トラベルをするためには、身体の中に特定の量のエネルギーを蓄積する必要がある、ということですか？」

「首の基部に位置しているフォース・センター（チャクラ）のエネルギーには特定の振動周波数があるのですが、それに同調することが必要なのです。さらに、特定のエネルギー・インパルスも必要です」

その時点で、セザールはしばらく説明を中断しました。なぜなら、アイデンが起き上がって部屋の入り口に歩いてきたからです。私は最初、彼が私たちに何かを話したいのかもしれない、と思ったのですが、その後彼は、注意深くコンピュータの電源を切って、他の二人の近くに身体を横たえました。私はこの短い中断時間を利用し、より快適に座れるように台座上の場所を調整しました。少しばかり疲労を感じていましたが、タイム・トラベルへの関心はさらに呼び覚まされており、何としてもセザールの話を聴きたいと思ったのです。セザールが説明を続けました。

「この精妙なフォース・センターは極めて特別です。直感は、通常使われている合理的手法を凌駕する特別の種類の知識ですが、首の基部に存在する精妙なフォース・センターはこの直感に関連しています。それゆえ、もしもそれが充分に活性化されれば、即刻、集合的潜在意識から情報を取り出すことが可能になるのです。直感に基づく知識は非常に重要です。あなたはそれを獲得する方法を学ばねばなりません。それは直接的かつ多次元的であり、心を超えるところからやってきます。それはまた、獲得済みの知識・情報を統合する一連の段階を経る必要がありません」

私は自分の無知を恥じながら言いました。

「遺憾ながら私には分かりかねます」

「非常にはっきりした例を挙げましょう。ほとんどの人々は知らないのですが、執筆されて出版された本の各々は、不可視の領域に微かに投影されているので、本は読まれる必要がないのです。単に、その微かに投影された情報にテレパシー的にアクセスして、ほとんど瞬間的にそれを蓄積すればよいのです」

「オーケイ。しかし、それは特別な超常能力だと思います」

「その通りです。もはやあなたは本を最初から最後まで読む必要はありません。創造の精妙なレベルで、その本の情報に直接テレパシー的かつ直感的にアクセスすればよいのです。また、この精妙なフォース・センターの別のレベルでの活性化についても話しておきましょう。それはこれまで話した活性化よりも、やや低いレベルになります。具体的な例を挙げると、この面の才能を与えられた人々は、本を読むとき、最も重要な情報が含まれたページを直に開くことができます。これは偶然起きるのではありません。それは、意識をその本の情報に直結させる内なる同期のシステムに関連しています。各々の精妙なフォース・センターには、宇宙の壮大なエネルギーとの交信を可能にする神秘が秘められているのです」

私は突如、オクタヴィアンのことを思い出しました。セザールがルーマニアの秘密基地で訓練を受けていた当時、オクタヴィアンは彼の同僚でした。その少年は、二十時間程度まで先の未来を予見する不思議な能力を持っていたのです。「それは本当です。オクタヴィアンは、首の基部のフォース・センターを強力に活性化することができた好個の一例です。彼は意識によるタイム・トラベルをする能力を持っていました。残念ながら彼は、同じように過去へ旅することができなかったため、その能力を充分使いこなすことができませんでした。その上、彼のタイム・トラベルの範囲は比較的に狭かったのです。しかし、オクタヴィアンは私たちの議論における好例であると思います」

「彼について何か知っていますか？　彼は非正当的で例外的な目的のために働けたように思うのですが――」

「残念ながら、彼は十年以上前に他界しました。私がゼロ局の責任者になった後に保存記録を見たのですが、結局のところ、彼を結核から救うことはできなかったようです」

その後二人とも無言のままでしたが、しばらくしてから私はセザールに尋ねました。

「オーケイ。私たちはすべて普遍的なプラーナにアクセスできるのですね？　もしもそうであれば、なぜ私は自分が望むときに未来を予見する、あるいはタイム・トラベルすることができないのですか？」

「それは本当ですが、忘れてはならないことがあります。まず、特定の高められた振動周波数に同調する前に、エネルギーが適切な方法で蓄積されねばなりません。それが済んで初めて、超常的な活動を含む特定の目的のために、それを使うことが可能になるのです。たとえば、もしも私が自分の意識をアストラル界にまで拡大したいと考えれば、私のアストラル体のレベルで、その特定のエネルギーを保持しなければなりません。このエネルギーは特定のフォース・センターを通して蓄積されます。もしもそのチャクラが、私がすぐさま意識を拡げられるほど充分に活性化されていなければ、その試みはうまくいかずに無駄になってしまいます。そのチャクラを十センチ拡張することさえもできないでしょう。これはメンタル界のレベルにも当てはまります。こういうわけで、普通の人にとってこのようなことは不可能なのです。彼らの精妙なフォース・センターは充分に活性化されていませんし、他の人々と同じく〝感傷的〟あるいは〝言動が大袈裟《おおげさ》〟あるいは〝脆弱《ぜいじゃく》〟です。しかし、実際に起きることはそれとは全く異なり、霊性を進化させる意志および忍耐力だけが、その状態を変えることができるのです」

私は何か重いものが自分の肩に乗ったような気がしました。自分の精妙なエネルギー構造が活発・清浄で効率的になるにはまだまだ長い道のりを進む必要がある、と思ったのです。七つのフォース・センターを活性化することは、非常に込み入っていて手間のかかることのように思えました。〝アカシック・レコードの高められた周波数に基づいて変調された特定のエネルギーを、タイム・トラベルを促進するテクノロジーが与えてくれる〟――この事実を私はやっと理解し始めたのです。しかしそのような場合でさえも、特定の条件を満たすことが必要であり、それなしにはタイム・トラベルは実現しません。タイム・トラベルのプロセスを始めると、その当事者はこの装置によって精妙なエネルギーに繋がるのですが、ある種の相互作用がその人間とエネルギーの間に生じなくてはならない、ということを私は直感的に理解しました。セザールによると、この相互作用はある種の選択として理解されるそうです。

「それは、タイム・トラベルを望む人間のエネルギーおよび意識レベルと、この装置の間の波動調整のようなものです。それは実際のところ、限りなく深遠であり秘儀的な面に基づいています。それは先進テクノロジーであるだけでなく、同時に目に見えない壮大な宇宙のフォースにアクセスすることなのです。この装置を創った地球外文明は、霊性に関する高い知識を持ち、それを充分に理解していたことを示しています。なぜなら彼らは、このように恵まれた方法で、テクノロジーを人間の意識の潜在的可能性に結び付けることができたからです。これを達成することは極めて難しいと思われます」

それでもなお私は、このタイムトラベル装置の効果を自分で確認する機会を得たいと願っていましたが、疑わしげに質問しました。

「まだ充分準備ができていない人間がこの装置に繋がると、何か問題が起こりますか？」

「もしもエネルギーが比例的にうまく分割されなければ、そのような問題が生じる可能性がありますが、私はこのたぐいまれな装置の使い方を習得済みです。なぜかといえば、すでに私はその助けを得て数十回もタイム・トラベルを実施しているからです。波動調整がうまくいけば、タイム・トラベルのプロセスが始まります。しかし、時空の旅は強制的に達成されるのではありません。それは、タイム・トラベルを実施しようとする人の精神集中力に大きく依存するのですが、さらに〝その人が行きたいと願う時代に、どの程度強く自分の意識を投射することができるか〟にもかかっています。

　自動的に為されることは何一つありません。それは人間の意識とこの装置の間の連続的な相関に基づくのです。もしも心が混乱していて、タイム・トラベルの対象となる時代を厳格に特定できないならば、時間の壁を飛び越えることはできません。その上、偏頭痛や目の痛みのような不快な症状を呈する可能性がありますし、吐き気・むかつきあるいは心《しん》悸《き》亢進《こうしん》のような症状が現れる場合もあるのです。実際のところ、科学者のチームは、新たに開発されたインターフェースをブセギ山脈地下の投影室に存在する巨大な装置に繋げ、数人の被験者を対象として数多くの実験を行って、このプロセスを研究しました。その結果、タイム・トラベルのプロセスを後押しするためには、内なる調和と均衡および特定のエネルギー特性の実現が必要である、ということがわかりました。それゆえあなたにはこの点をよく理解してほしいのです」

　私は自分の目の前にある巨大な水晶を指差しながら言いました。

「私の知る限り、エネルギー源はこの水晶です」

セザールはそれを肯定し、さらに付け加えて説明しました。

「水晶柱のもう一つの先端が床に埋め込まれているので、十中八九そのエネルギー面の接続は床を形成している厚い石板の下にある、と思われます。ブセギ山脈地下の投影室に存在する装置にどんなエネルギーが供給されているのか、まだ分かっていません。既知の地下のレベルの下にもう一つのレベルが存在することは大いにあり得るのですが、そのレベルに降りる方法を見つけるのは、差し当たり非常に難しいと思われます。おそらく一つあるいはそれ以上の水晶がそこに置かれていると思われますが、あるいは、まだ私たちが知らない別のエネルギー源があるのかもしれません。

実のところ、テクノロジーの視点から考えると、このタイムトラベル装置は、それを起動する人間と水晶柱の間のエネルギー面の繋がりを創出するだけなのです。しかし、まさにこれが、極めて達成困難なステップなのです。なぜならこれは、無機と有機の複雑な組み合わせに基づくある種のバイオテクノロジー（生命工学）だからです。現時点では、その繋がりを理解できるレベルからあまりにもかけ離れているため、それを研究してきた科学者のグループは、この分野の研究を断念して興味の対象を他の面に向けてしまいました。

〝自分たちが理解しているレベルと超古代の建造者たちが達成したレベルの違いがあまりにも大きすぎるため、どこから研究を始めればそれなりの成果が期待できるのかが全く分からない〟というのが彼らの言い分です。とにかく彼らはこのタイムトラベル装置の本質が理解できないのです。〝少量が確認されたタリウム（原子番号八一）とストロンチウム（原子番号三八）を除き、装置の主部品に使われている元素が地球に存在しない〟というのが、その主たる理由です」

「しかし、この装置によってタイム・トラベルが本当に可能になる。そうですよね？」

セザールは笑いながら答えました。

「もちろんそうです。まだ疑っているのですか？　公文書と同様に、あなたは目録に基づいて自分が見たいと思うどんなファイルをも閲覧することができます。この装置を使うタイム・トラベルも全く同じです。当然のことながら、私が話した調和状態を実現できる場合に限られますが――」

私は深く息を吸いました。タイム・トラベルに関しては大部分明確に理解できましたが、実際の時空の移動が一体どのようなものなのか、そのとき、どのような感覚が生じるのか、また、その際に何ができるのかを是非とも知りたいと思ったのです。以前行った他のテーマに関するセザールとの会話に基づき、〝タイム・トラベルの間、あたかもその時代に生きて活動したかのように、五感による知覚が忠実に表出される〟ということを私は知っていました。セザールがこの点についてさらに説明しました。

「それらの点は重要であり、正しく理解されねばなりません。というのは、肉体を伴うタイム・トラベルと、意識によるタイム・トラベルの間には顕著な違いがあるからです。前者の場合、時空の移動を達成するために生み出されねばならないエネルギーが相当に大きく、さらに、首の基部にある精妙なフォース・センターとは別に、臍の付近に存在する二番目のフォース・センターも使われるのです。しかし、その場合でも、私たちの意識の覚醒の度合いとの完璧な相関関係に基づいて、ある種の極めて強力なエネルギーが起動されねばなりません。

現時点での科学は、このような神秘的な様相を理解するにはあまりにも幼稚すぎます。この巨大なエネルギーの源泉は私たちの身体の基底部に秘められていますが、それが顕現したかどうかは、せいぜい外部の兆候によって間接的にしか認められないのです。しかし、すでに述べたように、私たちの内におけるその働きは、意識のレベルにおいて、はるかに大きく認識されます。研究者たちにとってこれは、不確かで非常に特別な研究対象なのです。

この極めて大きな宇宙のフォース（力）は、実際のところ、私たち自身の霊性面の進化の基本的な要素を表しています。さらに、ほとんどの超常的なパワーは、程度の差はありますが、私たちの体内でそれが強く覚醒した結果として顕現するのです。この膨大なエネルギーの働きは非常に複合的であり、それには、肉体面から宇宙意識、さらには父なる神の意識に至るまで、人間のあらゆる分野およびあらゆる面の現れが網羅されています。

それはちょうど眠っている人間のように振る舞います。最初、その人間は夢を見ていて、自分の肉体あるいは物質世界における彼自身の存在さえも意識していません。目覚めると目を開きますが、まだ頭がぼんやりしています。徐々に周りの状況が分かり始め、意識が活発に働くようになります。そして、周りの物事がはっきりと認識されるようになるにつれて、自分の手足を伸ばします。

私がこの例を挙げた理由は、曲がりなりにもあなたが、私たちすべての内に存在するこの巨大なエネルギーが顕現するその道筋を理解できるようにするためです。さて、あなたが肉体を伴うタイム・トラベルを成し遂げたと仮定すると、あなたが旅した未来あるいは過去の時空世界において、あなたの現在の状態につきものの制約条件が見いだされます。ある特定の視点から考えると、そのようなことはなおさら困難であると言えます。その世界の出来事に干渉してはならず、もしもそれをすると、過去の事実の連続性が乱されて面倒なことになってしまいます。あなたはお忍びの状態を保たねばならず、無事にあなた自身の世界に戻ってこなければなりません。通常、肉体を伴うこの種のタイム・トラベルは、霊性面において進化した人々によってのみ為され、明確に決められた特定の任務だけに限られます。テクノロジーの観点から考えると、過去や未来に物理的に繋がることはそれ以外の人々でも可能ですが、その場合は他の種類の障壁が生じてしまいます。今はそれについて説明しません。

何にしても〝タイム・トラベルは不可能である〟という〝有力〟な科学的推論は理論的基礎しか持っておらず、現実はそれをはるかに超えているのです。肉体を伴うタイム・トラベルの場合、いわゆるパラドックスは大きな障害にはなりません。しかしそれはまさに、ある種の普遍的法則を尊重するという〝霊性面の常識〟なのです。その大いなる精妙さは三次元物質世界の法則をはるかに凌駕しており、そのため、現代の科学者はそれを正しく理解することができないのです。時間は困難を伴うものの〝乗り越え〟が可能なエネルギーです。しかし、その神秘性に限りなく近づくためには、それを正確に理解しなければなりません」

セザールの説明に基づいて私は言いました。

「ということは、意識によるタイム・トラベルの方が、肉体を伴う旅よりもほんの少しだけ易しく安全であるということですね」

「もちろんそうです。もっといえば、その方がより密度の高い知覚を得られるのです」

私は疑わしげに言いました。

「どうしてそれが可能になるのですか？　肉体があれば知覚がより明瞭になり、旅先の世界で、より良く自分の存在を支えることができると思うのですが――」

セザールは私の考えを否定しました。

「それは間違いです。過去の特定の時代に意識を投射すると、その時代の情勢に関して微妙な差異を含む見解を得ることができます。首の基部にあるフォース・センターの特定のエネルギーと調和してその見解に焦点を合わせれば、心がそれを感じとってその時代に跳躍し、その世界と一体化してくれるので、あたかもその世界の一部になったかのような知覚が得られるのです」

私は驚いて尋ねました。

「それはすべて瞬時に起きるのですか？」

「移行のための時間がかかることもありますが、心の準備ができていれば、タイム・トラベルは事実上瞬間的に行われます。あなたも知っているように、思考のエネルギーは並外れたパワーを持っていて、瞬きする間に無限の距離を旅することができます。このような距離を瞬時に旅することは、人間の肉体にとっては不可能ですが、メンタル体（心）にとっては極めて容易です。たとえば、あなたは宇宙の最遠部の銀河を一秒足らずの間に訪れることができますが、そのためには、自分と自分の心の持つ能力に百パーセント自信を持つことが必要です。それは自分の役割の果たし方および知識の応用の仕方を知るためです。このように、あなたは自分が望むどんなところにも行くことができるのです」

私は困惑して聞きました。

「なぜ自分に百パーセント自信を持たねばならないのですか？」

「一般的にいえば、それは毎日の一刻一刻における習慣となるべき人生の重要事項なのです。とりわけ人間のメンタル体は瞬時に旅することができるのですが、そのためには心の質の高さに百パーセント自信を持っていることが必要です。もしもそれが完全なる自信であれば、意識の投射は瞬間的に為されます。実のところ、自信は心を時間軸に投射するプロセスの一部であり、実際は、創造のあらゆるプロセスの一部でもあるのです。例を挙げると、いったん、自分が旅したい特定の時代に強力に自分の思考の焦点を合わせれば、エネルギーがそれに合わせて変調され、その時代のアカシック・レコードに正確にアクセスすることができるのです」

より良く理解するために、私は今聞いたことを繰り返しました。

「あたかも自分がその時代に生きているかのように、すべてを知覚することができるのですね？」

実のところ私は、この面についてのさらなる詳細をセザールから聞きたいと思っていました。とりわけ、彼が実施したタイム・トラベルのいくつかについて話してほしかったのです。

「アカシック・レコードは本質的に精妙な記録であり、東洋では霊性の分野においてアカシャと呼ばれていますが、それは〝微かで果てしない空間〟という意味のエーテルと翻訳されています。五つのレベルで顕現した事象や出来事すべてがそれに記録されています。人間にとって、これらのレベルは五感に基づく知覚、すなわち嗅覚・味覚・視覚・触覚・聴覚を意味します。論理的に考えると、もしもアカシャと呼ばれている精妙な次元にこれらの様相・状況がすべて記録されているのであれば、首の基部に在るフォース・センターを介して後でそれらの記録を呼び起こすことができる、というように理解することができます。

もしもあなたが、数百年・数千年あるいは数万年前に地球や他の星系の惑星で起きた出来事を見たり感じたりしたいのであれば、このチャクラを活性化することによって即刻それに相当する記録にアクセスし、そのときに何が起きたのかを明確に知ることができるのです。最初は時間軸への投射が完全に行われないかもしれません。その場合は、五感のうちの一つないし二つだけに基づく知覚になってしまいます。しかしゆくゆくは、アカシャの知覚情報の五つの記録媒体を完全に自分の制御下に置くことが可能になるのです」

これらの説明を聞いている間に、私はそれらを自分の人生におけるいくつかの状況に結び付けていました。そのとき私は、過去に訪ねた史跡で知覚した物事が感覚的に再現したのを明確に感じたのです。それらの場所、すなわち旧跡や考古学的な遺跡、歴史に関連するあらゆる物事が私は大好きなのです。私は以前、機会あるごとにこれらの場所を訪ねていました。そしてそのほとんどの場合、ある種のエネルギーが四方八方からやってきて私を包み込み、特別な感じを私に与えてくれたのです。私がこれらの印象についてセザールに話したところ、それらはアカシック・レコードにほんの少しだけアクセスした結果であることを確認してくれました。

「あなたのその特別な経験は、その場所が最盛期だった頃のアカシャ記録に正確に関連しています。首の基部のフォース・センターがどの程度活性化されるかによりますが、その当時の出来事を大体において再び体験することができます。もしもこのチャクラが強力に活性化されれば、数百年前あるいは数千年前、その場所が多くの人々で活気づいているのを再び見ることができますし、彼らの考え方さえも感じ取ることができるのです。そのような場合、あなたは真に時間並進を達成したことになります」

自分の後ろにある装置を早く試してみたいと心がはやるのを感じつつ、私はセザールに尋ねました。

「この装置は、私が時間軸への完全なる投射をするのを助けてくれるのですね？」

「そうです。この装置によって時間軸に投射されるのは意識だけですが、あなたが望むどの時代にも即刻アクセスできますし、あなたが本当に望む時代が見つかるまで、時間帯域を切り替えることもできるのです。あたかもあなたは時間帯域における動く存在であるかのように振る舞いますが、そのとき、知覚は極めて複雑かつ直感的になります。あなたが即座に得ることができる情報がたくさんありますが、それは同時かつ多次元的にやってくるのです。私の言いたいことが分かりますか？」

セザールの説明はあまりよく分からなかったものの、個人的な経験によってその理解が可能になることを私は心底から願っていました。しかし、私の気持ちは混乱していました。時間並進のプロセスを生じさせるのに充分な集中ができないのではないか、と危惧していましたし、私の肉体のレベルおよび精妙なレベルがこの装置からのエネルギーの流入を統御できる構造になっている、という確信がなかったからです。しかし差し当たりは、これまでずっと考え続けた疑問に対する答えを何とか見つけたいと思い、それを次のようにセザールに質問しました。

「私の意見では、アカシック・レコードの総量は無限です。なぜなら、起こり得る出来事の数も実質的に無限だからです。このことは、これらの記録が、無限である宇宙にきっかり適合することを意味します。哲学者のように見られたくはないのですが、ちょうど今が、そのような好奇心をそそる面や様相を理解するときであるように思えるのです」

セザールは頷いて同意し、説明を始めました。

「この観点から考えると、物事はそれほど複雑ではありません。単に神が無限であると考え、さらに神の創造も無限であると考えると、矛盾および観念の面の不都合が生じます。

〝神によって創造された宇宙は有限である〟というのが正しい答えなのです。三次元物質界の宇宙は有限であり、それと比較するとアストラル界の宇宙はさらに巨大ですが、それも有限です。また、因果界の宇宙はアストラル界の宇宙に比べると途方もないほど広大ですが、それもまた有限なのです。もしもあなたが大西洋における水の一滴だとすると、大西洋全体はあなたよりも数十億倍大きいということができます。その大きさは実質的に無限ですが、あなたがよく知っているように、実際は有限です。この例えに基づいて考えると、たとえ無限であると私たちの心が認識したとしても、神の創造したこれら三つの宇宙は有限なのです。それらは全体としての〝大いなる一つ〟すなわち父なる神に含まれており、それだけが真に無限かつ絶対的であり、限りがないのです」

私はさらに次のように付け加えました。

「科学者によれば、私たちの宇宙は一五〇億光年の彼方に拡がっているそうです。それが三つの中で最も小さいようですが、これはほとんど信じ難いことです」

　セザールはその事実を認めてこう言いました。

「そうです。それは巨大です。それにもかかわらず、東洋の霊性の教えは、三次元物質世界の宇宙をそれよりも大きな宇宙の残余であると捉えています。それは神の意識に比べてあまりにも小さくて取るに足らないので、大気中に投じられた塵の一粒に例えられます。アストラル界の宇宙は地球の大気に対応し、因果界の宇宙は地球を取り巻く宇宙空間に相当します。そしてこれら三つの宇宙は、無限である神の宇宙に包含されているのです」

　私は自分の存在すべてがこの〝果てしのない広大さ〟にゾクゾクするのを感じました。そして、感極まって言いました。

「無限の神の意識を考えると、私たちはもはやタイム・トラベルについて話すことができなくなる、と思われます」

　私の意見に応える前に、セザールは一呼吸入れて彼自身の内なる状態を変化させました。そして、低くゆっくりした口調で話し始めました。

「この場合は時間を伴わない〝永遠〟の黙示を体験します。通常の一体化された時間の枠の中で、私たちは時間を今として経験し、それを過去と関連させてさらに未来に向かいますが、このような場合あなたはそれを超えてしまいます。そのような特別の経験においては静寂の状態が生じ、時間が静止しているように思われるのです。実際のところ、そのようなとき、真にあなたは〝永遠〟と呼ばれる神の次元を体験します。それは時間を超越しているので、そのような神聖な状態を体験した人々は、神が永遠の存在であり永遠が神の本質であることを、言葉の制約を超えて理解するのです。これは極めて崇高な経験です。そして、あなたが体験する神聖な次元は本当にたぐいまれなものであることが、私には分かっています。この状態を言い表す言葉はほとんど見つかりません。想像を絶するほど意識が拡大し、あなたはただただ神の光によって包まれるのです」

黙示／未来に起こる劇的な出来事と人々の反応

その後、しばらく沈黙の時間がありました。そのような神聖な世界を想起させるセザールの力があまりにも目覚ましかったため、私は深く感動し、神聖で清らかな気持ちになりました。彼が経験したこの霊性に基づく特別な次元は、これまでめったに彼の話に出なかったのです。疑いもなくそれは彼の並外れた謙虚さによるものです。結局のところ私は、あえて最初の議論に戻り彼に尋ねました。

「どのタイム・トラベルが最も印象的でしたか？」

セザールは、静止した状態で私が座っている台座に少しだけ寄りかかっていましたが、彼の表情は内なる崇高な経験を表していました。

「私は最初の探索調査の際、ここで最後の数日間を過ごしましたが、そのときこのタイムトラベル装置の使用を初めて試みました。そのときは三人だけが残っていました。なぜならあのときはいくつかの作業グループに分かれていて、他の隊員たちはすでにトンネル経由で帰還していたからです。この方法は、こちらへの走行中の観察と経験に基づいていました。〝隊員数三人ないし四人が最も効率的である〟というのがそのとき私たちが得た結論でした」

一年以上前に彼が行った探索調査に関しては、その詳細のいくらかを彼から聞いていましたが、タイム・トラベルの経験や人類の近未来については、ほとんど話がなかったのです。

「ほとんどの人間は宇宙の複雑な現実からあまりにもひどく切り離されてしまっているため、タイム・トラベルのような公にしにくいテーマにはなじんでいません。彼らが学校で受けた誤った科学教育のため、タイム・トラベルは不可能である、あるいは最高の条件が整った場合でも達成するのが非常に難しい、と思っているのです。状況をより良く分析すれば、真のタイム・トラベルに対するこのおかしな考え方が、単なる無知あるいは心が開かれていないという理由だけに因《よ》らないことが分かります。それは、歴史上の真実が明らかになることによってこれまで隠されていたことが露見する――このような可能性を除去するための反射行動でもあるのです。もしもそうなれば、大変な問題が起きるかもしれないのです。これらの問題はあまりにも重大であり、実質的に人間の活動領域をすべて網羅する可能性があるため、地球上の生命活動全体がひどく破壊されてしまうかもしれません。歴史全体にわたって紛れもない事実を覆い隠してきた信じ難い嘘がたくさんあるのです。その中には、極めて重大かつ深刻なものがあります」

私もそれについては少しばかり知っていましたので、セザールに言いました。

「私はそのいくつかをブセギ山脈地下のホログラフィー投影室で見ました」

「私が観察し詳細を理解する機会を得たある種の出来事はあまりにも痛ましかったため、その後、深い悲しみの気持ちが私の内から湧き上がってきました。なぜならそれらは、全く異なる面の利益に資するため、長い間欺かれ曲解されてきたからです。私が行ったタイム・トラベルごとに書面の報告書が作成されました。それらは厳しい管理下に置かれていて、ルーマニア大統領、オバデラ将軍、聖職界の上位者、および四人の科学者から構成される特別委員会だけが閲覧可能です。アメリカ側は、投影室の巨大な設備に連結するインターフェースを創りましたが、アメリカ側の責任者もこの情報を無制限に入手することができますし、タイム・トラベルを実施するために、彼らの側の適任者を養成することも可能です」

私は驚いて言いました。

「ということは、スケジュールはかなり詰まっているわけですね？　もしも私たちの世界との時間的対応が保たれるなら、多くの出来事を追跡調査する充分な時間はないでしょう。それらがより長い期間にわたって起きている場合は、特にそう思います」

「タイム・トラベルについてのあなたの考えは、少々機械的すぎると思います。もう一度繰り返しますが、そのような場合、知覚が為されるのは同時であり、その時代の特定の状況は直感的に理解されます。その特定の期間の概観が得られるのです。さらに、すでに述べたように、アカシック・レコードの間を行き来することができるのですが、その場合、この装置の助けが絶対不可欠なのです。なぜかというと、もしも心がずっとその特定の時代に集中されているならば、この装置の助力によりその時代の状況・様相が心に描かれ、その結果、アカシック・レコードの間の行き来が可能になるからです。必要とされる精妙なエネルギーは、思考によってこの巨大な水晶柱を介して変調されます。その時間帯の中で前に進む、あるいは後に戻ることを願うだけで充分なのです。もしも心がそこに集中されたままであれば、それは自動的に為されます。もしも私が自分自身を完全に表現できると仮定すれば、このプロセスは、選択された時代のアカシック・レコードを早送りあるいは急速に巻き戻しするようなものです。しかし、実際はもっと簡単です」

私は好奇心をそそられ、セザールに尋ねました。

「この装置を使った最初のタイム・トラベルの際、一体何から最も強い印象を受けましたか？」

セザールは半円筒形装置のそばに来るように私に合図しました。

「水晶のセンサーに繋がる前は、この装置の目的が何なのか、私には分かりませんでした。そこで自分自身による試用を決心し、このように自分をこのセンサーに連結したのです」

そう言ってからセザールは、半円筒形装置の上部を私に見せました。そこには水晶があちこち埋め込まれた幅広の金属バンドが付いており、さらにそのバンドから別の薄い金属バンドが垂直に下に伸びていました。それは同じ材質からできていましたが、額にあてがうものよりも厚く作られていました。そのバンドには小さな色付きの水晶が等間隔に埋め込まれており、下に垂直に伸びて石の床に挿入されていました。時間軸への投射を達成するためには、背中と脊柱がその金属バンドに接していなければならない、と説明してくれました。

「これは非常にしなやかですが、いったん圧力がかかると硬くなります。この装置は極めて簡素に見えます。しかし、テクノロジーの本質は、バンドを構成している金属の構造および水晶の特定の振動周波数にあるのです。さらに、私たちには理解できない他の非常に優れた面があることは間違いありません。ホログラフィー投影室の装置はもっと複雑ですが、目的は同じであることが分かっています」

半円筒形装置の内部には小さな台がありました。セザールの合図で、私は、自分の頭が幅広バンドの下になるようにその台に座りました。半円筒形装置には半透明材料が使われていて、幅広バンドは腕木によってそれに固定されていましたが、腕木によってそのバンドを傾けることができるのです。その金属がたぐいまれな性質を持っていることは明らかでした。なぜなら、それは非常に柔軟であると同時に、極めて硬くもなるからです。セザールが言ったように、それは手によって加えられる圧力次第なのです。

「それは知性のある金属です。遺憾ながら私たちは、まだその謎の解明からはほど遠い段階です。特に人間のオーラとの相互作用は驚くべきものです」

確かにその通りでした。まだ水晶入りの金属バンドが私の額に触れておらず、もう一つの金属バンドも私の背中に当たっていない状態でしたが、明確かつ説明し難いゾクゾク感が頭からつま先に至る全身で感じられました。私はそれによって引き起こされた興奮をできる限り抑え、説明を続けてくれるようにセザールに頼みました。

「私は水晶の配列に関わる論理をすぐに理解しました。いったんこの装置に繋がれば、その作動原理は決して複雑ではないことが分かります。重要な点は、局所化する心の力です。あなたが今居る位置に座した後、私は内なるエネルギーの活性化がどのようなものなのかを理解するために、完全なくつろぎの状態に入ってしばらく時間を過ごしました。すると、最初にこの装置が働きかけたのは首の基部にあるチャクラであることが分かりました。そして、周りの現実を変化させる最初の奇妙なインパルス（衝撃）を感じ始めました。あたかもそれは、現実世界から横滑りしがちになり、その後もとに戻って、この部屋の中の自分の場所や物質世界との一体感を感じるかのようでした。

すると、私がB基地で過ごした子供時代の映像が次々と見えてきました。少しばかり驚きましたが、すぐにそれが何であるのかを理解しました。私の潜在意識の反射作用が肉体と心の深いくつろぎ状態によって増幅され、それが映像となって現れたのです。私は人生のその時期にその場所に居たのですが、あたかも肉体と魂を持った私が実際にそこに存在しているかのように、細部に至るまで私自身を見ることができたのです。それはまるで、私の人生のその部分が上演されている舞台――それは私が現在生きているこの世界とは全く異なるのですが――その舞台がある部屋にいきなり入ってしまったかのようでした。この出来事から私は、この装置の目的についての答えを得ることができたのです。

自分の意思を明白に示したとき、私はこの現実世界に戻り、この部屋に居る自分の身体を完全に認識することができました。もちろん自分が誰であるか、そして自分自身を時間軸に投射した目的も完璧に理解していました。時空連続体のどこに自分が属しているのかも非常によく分かっていました。しかし、一方、私が子供だった頃自分の周りに存在したあらゆるものも、まるで自分がその時代に生きていたかのように知覚していたのです」

セザールの話は非常に興味深いものでした。

「そのときに、あなたはこの装置の真の目的を明確に理解したのですね」

「そうです。これが私たちを簡単に時間軸に投射してくれる装置であることが分かったのです。すぐさま私は、歴史についての膨大な量の情報にアクセスすることが可能であることに気付きました。さらに、未来に関わる情報を得る潜在的可能性をも認識しました。しかし、この情報は慎重に取り扱わねばなりません。なぜなら、もしもそれが公になると大変な問題が起きるからです」

その点については、セザールが最初の調査探索から戻った後に話してくれましたので、充分に理解していました。未来に関する情報は、あのときからずっと口止めされていたのです。彼は時間軸のその方向にも、近未来からはるかに先の未来に至るまで、何回にもわたってタイム・トラベルしました。そして、とりわけ今後十数年間は人類にとって極めて困難な時代であることを確認したそうです。未来の出来事の開始を告げる最も重要な点についてもいくつか話してくれましたが、それらに関しても決して公開しないように言われました。

しかし、これだけは話すことができます。それは〝未来に起きる劇的な出来事は驚くべき仕方で驚異的な事象と結びついて生じるため、人々の多くは適切にそれらに対処することができないだろう〟ということです。多くの人々はその情報を冷笑の的にすると思われますが、その公開は、主として心理的な理由から禁止されています。人間は、潜在意識のレベルで、ある種の情報――特に不可解で困惑させるようなもの――によって大きく左右され、その結果、彼らの自由意志が影響を被る可能性があるのです。セザールはこのように説明してくれました。人類が行う選択は、物事に対する彼ら自身の理解に基づいて、いわゆる予言的な影響なしで、無理なく為されねばなりません。予言的なものは、場合によっては集団的精神障害を引き起こすからです。さらに、物事に対する見方や感じ方は人によって異なります。たとえある人を感動させても、別の人はそれを〝見せかけだけのごまかし〟とみなすかもしれないのです。私たちにおける調和・結束の欠如、および、〝善・有益なもの・価値あるものについての認識の信じがたいほどの曖昧さ〟が、人類の差し迫った運命を決めてしまう――セザールはこの点をはっきりと述べました。彼はさらに次のように説明しました。

「大体の場合、この考え方は際限のない愚かさへと劣化します。深い霊性に立脚する思考や良識は多くの物事を善に変え得るのですが、誤った考えの人々、独善的な意見の人々、常軌を逸した考えを持つ人々は、それらをばかにします。しかも彼らは、対話の呼びかけに応じさえもしないのです。ある意味で彼らは、どんなこともできるのは自分たちだけだ、と思い込んでいますが、現実的な視点から見れば、実際のところ彼らは何一つできません。しかし彼らは、本当のことを知っているのは自分たちだけである、と見せかけているのです」

私はそのような不快な状況に困惑し、セザールに尋ねました。

「世界には、強い影響力を行使できる人たちがたくさんいると思います。なぜ彼らは悪を善に変えるために結束しないのですか？」

「忘れないでください。悪が善に一体化することは決してありません。それはいつも常にそうなのです。悪は善から逃れます。あなたが言った一体化が成就しないのはそのためです。善に指向している人々の考え方が同じであるがゆえに、善と善の結束だけが達成可能なのです。精神・感情・霊性の面で互いに親密な人々は、共感と親和性を持っているので、そのような人々の間でのみ真の結束が達成されます。もしもあなたが善に指向しているならば、邪悪な人とは友達になりません。なぜなら、その友人関係は長続きしないからです。親和性がないのであれば、結束・友愛・共感もあり得ないのです」

残念ながらルーマニアでは、多くの人々が結束の代わりに分離を願い、ひどく誤った仕方で行動しています。それは極めて苦々しい状況です。この点をセザールに話したところ、彼はこう言いました。

「分離は分裂・離脱に欠くことのできない要素です。遺憾ながら我が国においては〝分離して制圧せよ〟が今でもなお主流の考え方であり、分離・背信・騙しの手法がしばしば実践されています。責任感がなくても問題ないとみなされていて、それが自信喪失と不安の風潮を醸成しており、そのため人々は、善いことをするのではなく悪事を働くことを考えてしまうのです。そのように行動すると、他の人々と団結することができません。なぜなら結束は、一緒に善いことをしたいという願いに基づく共感や率直さを意味するからです。それゆえ人々は、結束・団結および積極的な行動の持つ並外れたパワーを、深い霊性に基づいて理解しなければなりません。もしもこれが為されれば、人々の運命は良い方向に傾くのですが、そうでない場合は、ひどい苦しみを伴うことになります」

セザールがこれらの点を明確にしてくれたおかげで、私は、なぜ物事はしかるべきときに為されねばならず、ある種の物事は決して為されてはならない、ということを完全に理解することができました。人々はある種の思考形態、とりわけ退廃的な風潮に非常に敏感です。これは極めて残念な仕方で解釈されて増幅され、その結果、善よりも悪がより多く生み出されてしまうのです。

最初のタイム・トラベル／歴史上最も有名な舞台へ

セザールが説明を続けました。

「過去は未来とは異なって明快であり、まれに例外はありますが、変更不可能です。この装置の本質を理解してその機能の原理を推測した後、突如として私は〝二千年前の過去にタイム・トラベルして、イエス・キリストの人生を実際に自分の目で見てみたい〟という鮮烈な衝動に駆られました。私はブセギ山脈地下のホログラフィー投影室で、困惑させるような映像を何度も見ましたが、私の内から湧き上がってきた衝動は、そのような映像に起因する強烈な欲求でした。その大部分は、集合的潜在意識に在るキリスト教の影響に基づいて要求されたものです。今私が話したのは、キリストの磔刑の際の映像です」

〝キリストの人生あるいはその断片を、ホログラフィー映像のみならず、実際の出来事が起きたその場に遭遇して見た人がいる〟という事実に、私は思わず身震いしました。真剣かつ少しばかり悲し気な面持ちで、セザールがさらに話を続けました。

「それは簡単ではありませんでした。その時間帯は非常に特別なのです。私は過去二年の間に、あの時期に数回タイム・トラベルしましたが、最初のトラベルが最も格別なものでした。心をあの時間帯に集中させると、非常に強力なエネルギーが即刻脊柱に流入するのを感じ、水晶が機能し始めたことが分かりました。いきなり時空での移動が起きたのですが、それは私の周りの地勢における鮮明な色彩や反響する音によって最初に分かりました。

私は丘の上にいました。それは、どう見てもあまり頻繁に使われていないと思われる小道の近くにありました。実際、互いに交差するこのような小道が数多くありましたが、強い日差しで植生の生気が失せているため、それらはほとんど識別できない状態でした。土は粘土状で赤みを帯びており、砂利がたくさん含まれていました。樹木は存在せず、低木の茂みだけがあちこちに群生していました。興味深い点は、このようなタイム・トラベルの場合、どういうわけか、すべてが上方から知覚されることです。知覚が地面により近い場所で為されることもあり、人々の間の位置で為されることも数回ありましたが、この場合は、彼らが話すのを見聞きして彼らの振る舞いを観察することができました。しかし、一般的にタイム・トラベラーは、三〜四メートルの高さから出来事を〝目撃する〟不可視で謎めいた存在になります。

小丘の後方、私の左側の少し離れた場所で、数人の人々が大きな布地の上に座っているのが見えました。彼らは何かに熱中あるいは没頭しているようでした。私がそこに行ってみたいと思ったとたん、私は彼らの上方に移動しました。他の状況も経験しましたが、その場合私は、あたかも地表の上を飛ぶが如く、ゆっくりと移動しました。このような移動は、すべて私の思考とそれへの集中力によって決まります。もしも時間軸への投射が充分強くないならば、アカシック・レコードから滑り出る傾向が出てきます。まず自分の周りの空気が暗くなります。そして、周囲の状況が幾分か拡散し、そのうちに完全に消失するのです。意識が現実世界に戻ってきますが、それはまるで、アクセスした時間帯から自分がむしり取られたかのような感じなのです。概して、現実世界に戻ったとき、自分が自分自身により近しく感じられます。特に、自分の周りのものや生存にかかわる個人的な記憶がそうなのです。

私が人々の集団の近くにいたとき、焦点を失うという感じを明確に経験しました。どういうわけか、この感覚は日常生活で経験するものとは異なります。これを理解する機会があなたにもやってくるでしょう。知覚の範囲が拡がり、それが同時に為されるのです。具体的な例を挙げると、タイム・トラベルの最初の瞬間から、私は移動先の場所の〝空気〟を感じました。その場所がどこで、それがどの時代なのかも非常によく分かりましたし、とりわけ、そこで見た人々が一体誰なのかも明確に理解できたのです。時間軸への投射は成り行き任せで為されるのではなく、あなたが意図したものに最も近い場所と時代にあなたを導きます。この事実は、人々および場所の両方に当てはまります。タイム・トラベル先での出来事を目で追っていくことは、その時代と場所にあなたが居合わせて、そこで起きる出来事に参加するようなものなのです。知覚は鮮明かつ明快に為されますが、その反面、知覚している出来事にあなた自身が関与していないように感じます。

より分かりやすく言うと、それらは、映画館に行ってあなたが非常に気に入っている映画を見るようなものなのです。しかし、時間軸への投射はそれをはるかに凌駕します。あなたは人々の魂の陰影を感じ取り、彼らの人間関係を知ることができます。再度言いますが、このすべてはあなたが瞬間ごとに経験するある種の全体的知覚なのです。もちろん、ときどきこの知覚が部分的、あるいは曖昧になることがあります。アカシック・レコードが見えないかもしれませんし、音が何も聞こえないかもしれません。一部のアカシック・レコードにアクセスできないときは、特定の出来事の原因が理解できなかったり、時間の閉塞状態に直面したりします。しかし、この装置は、アカシック・レコードをほぼ完全に知覚するのに大いに役立ってくれます」

私はセザールに尋ねました。

「過去にそのような状況に直面したことがありますか？」

「もちろん、そのようなことは何度もありました。私が最初に理解した時間閉塞は、今話しているタイム・トラベルの最中に起きました。まず初めに、アカシック・レコードがだんだん暗くなる、という感じがして、すべてのものが突然消え去り、真っ黒な背景だけが残りました。そして、意識が現実世界に戻ってきました。あなたがその時間帯にアクセスを試みるときはいつでも、この同じ障壁にぶつかります。これを克服するのはほぼ不可能のようです」

　私は言いました。

「それは、このトンネルの建造者に関する情報をあなたが得ようとした状況と類似していますね」

「まさしくその通り。彼らの知識は極めて先進的であり、それゆえ彼らは神秘的な方法で、アカシック・レコードの中のその特定の情報へのアクセスを阻止することができるのです。なぜ彼らは、わざわざそのようなことをしたのでしょうか？　これは極めて重要な点ですが、残念ながら依然として謎のままです」

　私はタイムトラベル装置の台の上に座っていましたが、暖かさがどんどん増してきました。それにはまだ繋がっていませんでしたが、それでも私は貫通するようなフォースに取り囲まれているようでした。そして、私の足が弱くなったような奇妙な感じがしたのです。その場所から立ち上がって台座に座りました。そしてセザールに、最初のタイム・トラベルの際の驚くべき経験について、話を続けてくれるように頼みました。

時間にかかわる貴重な経験／歴史的イベント「イエス」の現場へ

「それは十五人ほどのグループで、非常に重要と思われるテーマについて話をしていましたが、そのうちの一人には申し分のない権威があるように見えました。なぜなら、彼は他の誰よりも頻繁に話し、他の人々は全身を耳にして彼の話を聴いていたからです。

一種の直観的感情移入により、彼がイエス・キリストであることが分かりました。この認識は、あたかも起こるべくして起きたかのように自然発生的に生じました。しかし、驚いたことには、話の内容および彼らの言葉遣いや言い回しが理解できたのです。それは必ずしも言葉ではなく、まるでテレパシーに基づく意思疎通であるかのようでした。これに気付いたとき、私はとてもうれしくなりました。なぜかというと、イエスの言葉や信奉者に対する彼の実際の教えを直接聴けたからです。彼の教えの多くは長い間秘密にされてきましたし、霊性とは全く関連のない特定の利害関係に基づいて変えられてしまったからです」

　私は言いました。

「あの時代にかかわる非正統的な意見についてもっと知りたかったので、その点については私もある程度調査しました。エリノアの図書室には、キリスト教の原典を含む一部の巻物に基づく研究をまとめた資料が所蔵されていました。これらの原典は教会によって偽典とみなされているものです。最初は私もそれらについて多少疑念を持っていましたが、それにもかかわらず、その分析や科学的所見の正確さに配慮せざるを得ませんでした。そして〝あの当時の事実やいくばくかの証拠は、決して無視されるべきではない〟という決論に達しました」

　セザールが応えました。

「あなたが正しいことを請け負います。私はあの時代に起きた出来事のいくつかを、微かで捉えにくい目撃者として追跡調査しました。それはあの時代を記述した原典を読むのとは全く異なりますし、正当な福音書は、実際の出来事のごく一部を取り上げているにすぎません。目撃者としての私の感情は抗えないほどのものであり、しばしばそれは劇的でした。正直に言って、いまだかつてあのような感情的な重荷を感じたことはなかったのです。あらゆるものが大気の中で振動しており、幸せの気持ちで満ちあふれていました。

それは三次元物質世界におけるものとは全く異なります。人々は彼らの存在の新たな次元を経験していて、いわば〝酔った〟かの如き心の状態のように見えました。今先取りして言っておきますが、イエスの信奉者の多くは変貌して内面的にも変容し、その結果、彼らは理由もなく涙を流していたのです。しかしその反面、彼らは幸せのあまり微笑んでもいたのです。それは全くの驚きでした。彼らのそのような状態は私にも伝わってきて、イエスの存在によって大きく増幅されました。あの時代は人口が少なかったため、イエスに追随した群衆はそれほどの数ではありませんでした。しかし、彼らがイエスの話を聴いたとき、彼らは愛と興奮の状態に完全に移行したのです。それは私がほとんど経験したことのないものでした。

私はまた、〝当時あの地域は完全に浄化され、微かな波動の観点から考えて、何らかの形で「引き上げられた」〟という印象を受けました。言葉で説明するのは非常に難しいのですが、〝真に神聖な何かがそこで起きていた〟というのが一般的な言い方だと思います。たとえ地味で質素な社会状況に置かれていたとしても、彼らは本当に崇高な時を経験したのです。私は何度となく気付きましたが、彼ら自身も、自分たちが内的な興奮状態にあることを知って非常に驚き、はたして他の人々も同じだろうか、と考えたのです。

より社会的地位の高い人たちもいました。彼らの物質的豊かさは、身に着けている衣服や付き従う召使たちによって推し量れます。通常このような人々は一歩引き下がった状態なのですが、彼らもまた深く敬虔な気持ちを味わい、自尊心や尊大さを放棄したのです。彼らも内面的に変容し、懐かしさに満ちた表情で静かにイエスの話に聞き入っていました。恐らく彼らの中には内なる霊的変容が起きたために人生が一変した人たちもいた、と思われます」

セザールの話を聴いて興奮気味になった私は尋ねました。

「しかし、イエスは人々に対してどのような話し方をしたのですか？　彼はどのように振る舞いましたか？　イエスは群集の真ん中に身を置いたのですか？」

「イエスは群集の中で話をしていましたが、とりわけ人数が多いときは、一人ひとりを見ることができるように、人々の前に立つことを好みました。それは圧倒的に感動させるものでした。それに類似するものは、これまで何一つ見ていません。聖書が関連付けているものは、イエスが明らかにしたやり方や考え方の淡く薄い印象にすぎません。私が知る限り、彼の態度や立ち居振る舞い、あるいは彼が人々に放った霊性に基づく放射は、これまで一度たりとも記述されていません。もちろん微妙な違いはありますが、聖書が〝総合的に扱われた事実の連続〟に重きを置いたことは明らかです。しかし、イエスが人々の前で話をしたあのときは、本当に感銘深い時間でした。

イエスは背の高い人ではありませんでした。彼の身長は一七〇㎝よりも高くはなく、それゆえ彼は、群集の中で何度も姿が見えなくなりました。あなたもこの点については、投影室でホログラフィー記録を見たときに確信する機会があったものと思います。他のすべての質素な人々のように、イエスは足首まで届く非常に長くて目の粗いシャツを着ていました。それは胸のあたりまで開いていて、しばしば、同じ素材からできた帯によって腰の回りでくくられていました。袖は非常に大きく、手首の少し上までの長さでした。ときたま彼は、より薄く白いもう一枚のシャツを着ていました。彼のむき出しになった胸や、暗褐色の髪の毛が肩まで垂れ下がっているのも見ました。

彼が顎ひげを蓄えていたのには驚きましたが、当時はほとんどすべての男が顎ひげを生やしていたのです。私は同じ時代に数回タイム・トラベルしましたが、イエスの顎ひげの長さは変化していたので、彼が時々顎ひげを剃っていたことが分かりました。

二年前に見たホログラフィー映像に間接的に言及し、私は次のように言いました。

「そうです。イエスは教会が提示した彼の肖像画のようには見えませんでした」

「実際のところ、教会が示したイエスの彫像・肖像と真実の間には類似性がありません。彼の身体はあまり強健には見えずむしろほっそりしていましたが、それ以外には特に類似性は認められませんでした。もしも教会から与えられた肖像画を唯一の基準点とした場合、人々の間にいるイエスを識別することはできなかったと思います。なぜなら、彼の特徴は教会の肖像画と異なっていたからです。たとえば、彼の鼻は鼻孔に向かって少し広がっていました。実際に彼を見れば、即刻広い額と形の整った眉毛に気付くでしょう。

しかし、最も印象的なのは目です。それはイエスの存在のたぐいまれな磁石であり、彼と話すために彼に近づいた誰をも引き付けます。彼の眼差しは深く、あまりにも生き生きとしているため、彼と話すために彼の前に立った人は、ほとんど例外なく感激してしまい、しばしば何もはっきりした理由なしで泣き始めてしまうのです。そのため彼らは身をかがめてしまうのですが、そのような場合、イエスは彼らを立たせようとはせず、辛抱強くかつ真剣に彼らが落ち着くまで待ちました。彼らが立ち上がったとき、イエスが放射している徳、善、優しさの波動のゆえに、ほとんどの人は何も言葉を発しませんでした。彼らのほとんどは、どんな問題にもはるかに勝る幸せと満足の面持ちで、その場を去っていったのです。

イエスの話は極めて密度が高く、内容が充実していました。私は彼の言葉の意味を、あたかも彼の言葉を知っている人々の中に自分がいるかの如くに直観的に把握しました。そして、福音書の中のたとえ話のいくつかを、事実の通り正確に聴いたのです。しかし、それらは原典において述べられているのと同じ連続した形では語られませんでした。なぜかといえば、彼はたびたび話の途中で質問を受けましたし、彼の周りには常にさまざまなざわめきがあったからです。多くの人々がやって来ては去っていきました。小さな子どもたちや家畜が周りにたくさんいました。というのは、より長い期間にわたってイエスに追随した人々の多くが、山羊や羊を連れていたからです。

最初は行ったり来たりする一部の動きが彼の周りにありましたが、月日を経るにしたがい、周りにいた彼に親しい人々がより良く団結し始めました。彼らがやや初歩的な仕方でこれを始めたのは事実ですが、やがて秩序が整っていきました。他の人々の間にいたとき私は、イエスが種まき人のたとえ話をするのを目撃しました。実際のところ、イエスはそれについてもっと多くを語り、さらに二段階に分けて話したのです。彼が一体どんな状況下で心を動かされ、このたとえ話をするようになったのか、知りたいですか？」

私は素早く頷いて一心に耳を傾けました。

「地位が高いと思われる婦人が一人、イエスのところに来ました。彼女の息子の一人が宮廷における地位を利用して数多くの悪事を働いており、彼女はそのことで四六時中悩み苦しんでいる、とイエスに訴えたのです。その婦人の娘だけが彼女のそばにいて彼女の助けになっていましたが、その娘はイエスの信奉者ではありませんでした。婦人は自分がどんな間違いを犯したのか分かりませんでした。なぜなら、彼女は定期的に神殿を訪れて生贄《いけにえ》を捧げ、息子たちのために祈っていたのですが、それにもかかわらず、彼らは異常で病的な生活を送っていたからです。

イエスは長い間無言でその婦人を見つめていました。それから彼は、息子たちのいずれか、あるいはせめて娘だけでも連れて彼のところに来たことがあったかどうか――この点を婦人に尋ねました。実のところその婦人は、誰にも言わずに一人でイエスのところに来ていたのです。するとイエスは夫人に助言を与え始めました。『彼女の祈りはほとんど毎日のように為されてきた家族内の激しい争いよりもはるかに価値があるので、その争いを止めることが望ましい』と言ったのです。彼女はその問題については何一つ彼に言ってなかったので、困惑してイエスを見ました。そして、彼女の前にいる人物がこれまで思っていたレベルをはるかに超える存在であることを理解し、涙を流し始めました。その後、彼女が目で合図すると、召使が小麦粉の入った袋と食べ物の入った袋を一つずつ持ってきたので、彼女はそれらを贈り物としてイエスに捧げました。

それが、イエスに天与のひらめきが生じた瞬間であり、種まき人のたとえ話を話すきっかけになったものと思います。イエスはまず小麦粉の入った袋を見て、それから話す準備をしたのですが、その仕方から判断すると、彼はすでにその話の流れが分かっていたものと思います。イエスはそのたとえ話を始めました。しかし、ほどなくして馬に乗ったローマ人兵士の一団がやってきたのです。イエスは彼らの指揮官を知っていました。兵士たちは群衆から引き下がり、彼らの指揮官が何らかの捺印された書類をイエスに見せました。すでに夕暮れだったため、イエスが戻ってきてたとえ話を再開するのを待つことなく、人々は分散し始めました。

その後二～三週間が過ぎてから、全く違う場所で、彼に近しい人々および他の人たち数人だけが集まっていたとき、イエスは、あのとき中断されたたとえ話を続けて話してくれるように頼まれました。あのとき言いたかったことがイエスには充分わかっていましたが、それは多くの人々に対するものではなく、限られた数の人たちに向けての話でした。彼はさらに次のように付け加えて言いました――あのとき人々は自分が戻るのを待たずに去ってしまったので集まりは散会してしまい、その結果彼らは貴重かつ重要な話の中身を聴く機会を失ってしまった。彼がたとえ話の中で言おうとしたことは、まさにあの時実際に起きたことと実質的に同じである――ある意味でイエスは、この点を明確に示したのです。

誰もが無言でした。彼の存在および立ち姿はあまりにも堂々としていて威厳があったので、その場にいた誰もが頭を垂れて下を見ていました。

イエスが人々に話をしたときのこのような驚くべき状況を、私は数回目撃しました。いわゆる〝エルサレム入場〟の後、彼は大神殿の階段の上から記憶に残る説教をしましたが、その際も同じことが起きたのです。実際のところ、そのときの状況は一層複雑で込み入っていました。聖書に記載されていない数多くの出来事があったため、イエスのエルサレム入場には四日間が必要でした。今はこれらについて話しませんが、それらのうちのいくつかは難しい事態だったのです。

さて、ある時点で好ましい状況が生まれ、一団の人々がイエスに死後の世界について話してくれるように彼に依頼しました。そのときイエスは、若い女性二人と主だった弟子四人に付き添われて、神殿の階段を下りているところでしたが、立ち止まってやや右側に向きを変えました。そこには数人の人々が立っていました。すると、いくつかの奇妙なことが起きたのです」

そのように言ってから、セザールは話を止めました。あたかもその画期的な出来事に関する映像のフィルムを、心の中で巻き戻しているかのようでした。待ち切れなくなった私は、そのとき一体何が起きたのか、それがどのように展開したのかを思い切って彼に尋ねました。セザールが口を開きました。

「これらの出来事は、どの原典にも記載されていません。不思議な時間の〝忘却〟が起き、その効果がそのときそこにいた人々すべてに及んだようです。私がこれから話す非常におかしな理由により、私もあまり多くを解明できていません。私が上方からその光景を見たとき、私はイエスのやや左側にいました。そのときイエスは極めて注意深く神経を集中させていましたが、突然右側を見て、そこにいた少人数の人々に目を向けました。その一団から一人の見知らぬ男が出てきました。金髪のように見える髪で、非常に無頓着な表情をしており、極めて感情的で自分自身がよく分からないように見えました。少しばかり背を後ろに傾けて座り、足を覆う長いシャツの下に右手を入れていました。それが私の注意を引いた最初の細かな点だったと記憶しています。なぜかというと、他のすべての人々は足首まで届くシャツを着ていたからです。彼はイライラしていて常に彼の両脇を見ていました。

　するとイエスがその男に向かって数歩歩み寄り、二言三言いいましたが、それは私をびっくりさせるものでした。イエスはその男に〝あなたがしたいことをするのに適切な時が選ばれなかった〟そして〝あなたを派遣した人々にはそれが分かっている〟と告げたのです。さらにイエスは付け加えて〝機能不全が起きてあなたに危険が迫っているので、即刻あなたが来たもとのところに帰らねばならない〟と彼に言いました。それも驚くべきことでした。その男はしばしの間イエスの目を覗き込んだあと、突如として穏やかになり、腹がよじれるほど大笑いしました。そのあと二人は低い声で数語言葉を交わしましたが、私には聞こえませんでした。その直後、その男は群集の中に身を引きました。

すると、今でもまだ説明不可能な出来事が二つ同時に起きたのです。まず、短く威嚇的で非常に迫力のある唸り声が集落全体に響き渡りました。そしてほとんどすぐに、多くの人々が神殿の前の階段の基部のところに集まり始め、イエスに、話をするようにしつこく頼んだのです。他の人々と極めて異なっていたあの男の振る舞いは非常に奇妙で、イエスは彼に格別の注意を払っていましたので、私は彼が一体誰なのか知りたくてたまりませんでした。それゆえ私は即座に動こうとしたのです。

通常、意志を明示することにより、空間におけるどのような位置や人間も即刻見つけ出すことができるのですが、私はそのとき全く動くことができませんでした。まるで自分を投射するところがどこにも見つからないかのように、私は同じ場所に留まり続けたのです。アカシック・レコードを少しばかり〝巻き戻した〟のですが、あの男の正体・身元などを特定することはできませんでした。そのようなことはそれまで一度たりとも起きていなかったのですが――。あたかも彼が消失したかのようだったのです」

私は興味津々でセザールに尋ねました。

「その出来事が意味することについて、何か考えがありますか？」

「仮説がいくつかありますが、それらについては言わないでおきましょう。それらは理解するのが極めて難しい分野に属するのです」

私が執拗にその情報をせがんだため、最終的にセザールはそれについて話してくれましたが、本にはそれを書かないように言われました。彼は何らかの関連付けを行い、その方向で調査を実施したのです。セザールは、その結果得られた結論に自信を持っていますが、それはあまりにも強烈かつ深刻で私を愕然《がくぜん》とさせるものだったため、私は言葉を失ってしまいました。

結局のところ私は、議論のテーマをセザールの初めの話に戻し、彼に尋ねました。

「あなたが初めてタイム・トラベルを達成したとき、それが与えた最初の〝強烈な影響〟について、あなたはまだ話してくれていませんね。ほら、イエスがあの丘の上で弟子たちの数人に対して話をしたときのことです」

「確かにそうですね。しかし最初に私は、具体的な事実のみならず、そのときの状況の大要をも説明したかったのです。話すことがあまりにも多かったため、私は、自分が遭遇した状況をいくつか特定しました。私が作成した報告書さえも、全体がまとめられた提示になったのです。なぜなら、これらのタイム・トラベルは非常に複雑な内容を伴っており、それらの要素・微妙な差異・経験等をすべて明確に示すことは実質的に不可能だったからです。

この装置の使い方が理解されて間もなく、米国の科学者たちは、外交的なレベルでそれに〝慣れ〟始めました。そのとき〝イエス・キリストの人生に関する情報に限定して、この報告書をローマ法王庁（ヴァチカン）に閲覧させる〟という決定が為されました。とりわけそれはアメリカ側からの主張に基づいていたため、可能ではあったものの、私には意外な処置であるように思えました。しかしそれは、道義やキリスト教倫理に基づいて為された決定ではなく、まあ言ってみれば、ローマ法王の権威に圧力をかけるようなものだったのです。なぜかといえば、〝報告書がローマ法王庁にとって驚くべき内容になっている〟と考えられたからです。それらのある部分に関してはあなたにも話しますが、その他は内々にしておく方がよいのです。

もちろん私たちは、ローマ法王庁が全面的にその情報を無視するだろうと推測していました。書面による報告書にすぎず、事実上具体的な証拠が何もなかったからです。ブセギ山脈地下の複合施設および神秘の部屋の発見に関しては、すでにローマ法王には知らせてあったのですが、〝証拠の一環として、二〜三人の枢機卿にそれらへの入場を許可する〟という可能性もアメリカ側から示唆されていたのです。この件に関してはいくつかの質問が出ました。〝これまで知られていなかったキリスト教の側面や状況を、機密情報としてローマ法王庁に提供すべきである〟という主張の裏には、アメリカ側の利益・権益が見込まれています。それに関して慎重な議論が為された、と聞いていますが、すでにこれは外交面・政治面の微妙な局面の一部になっているのです。この点についてはこれ以上立ち入らないことにします。しかし驚いたことには、ローマ法王庁は、すぐに国際宅配便を使って返事を送ってきたのです。

〝ローマ法王庁はそれらの事実を何年も前から知っていた〟というのがその内容でした。後ほど知ったのですが、米国シークレット・サービスの一部もその驚くべき新事実の情報源に精通していました。しかし、一部の新聞や雑誌にその反響記事が掲載されたものの、どちらかといえば、この件は何年にもわたり謎のままだったのです。ローマ法王庁が示した誠実さは、アメリカ側の姿勢に対するやや皮肉な返答になりました。なぜかといえば、彼らは、私の報告書の内容を検証する手段として、イエス・キリストの人生に係わるヴァチカン所蔵の記録の提示さえも申し出てきたからです。

その協議のためにローマ法王庁から数人の代表者が派遣されました。米国・ルーマニア側からは、オバデラ将軍が代表者に任命され、ブセギ山脈地下の複合施設に係わる特別調査委員会のメンバーである科学者一人と共に協議に参加しました。彼らの帰国後にオバデラ将軍が打ち明けてくれたのですが、主眼点に限って見れば、イエスの人生および彼の霊的使命に関する最も重要な記録の内容は、私の報告書と同じだったそうです。

いうまでもなく、それらの記録も私の報告も、イエスの生涯すべてに関する情報を提示できるわけではありません。私はイエスの人生の最後の部分、すなわち彼が実質的に使命を果たした期間に、とりわけ重きを置きました。それはキリスト教の原典に記されているように三年を超える期間でした。実際のところ、それはほぼ四年間だったのですが、ローマ法王庁には、私たちが知り得ないキリストの子供時代や青年期に係わる記録も保管されていたのです。それらは私たちの話に関連する情報ですが、現時点では議論の対象から外します。秘伝的かつ深遠な情報の宝庫がローマ法王庁にあることは確かな事実です。しかし彼らは、その公開を望んでいません。その理由は明白です」

セザールはしばらくの間話を止め、食糧庫からドリンク剤を二つ持ってきました。私は無言の状態で、彼からの情報が現代社会のさまざまの面にもたらし得る影響について考えていました。彼の話はまさに私を愕然《がくぜん》とさせるものであり、まるで自分がこれまで、真実が捻《ね》じ曲《ま》げられた偽情報の蜘蛛の巣の中で生きてきたかのように感じられたのです。セザールが再び話を始めました。

「しかしこれは、最初のタイム・トラベルの際に得られた情報のほんの一部なのです。これまでにこの地球に起きた本当の変化・変容を知れば、あなたは間違いなく驚愕するでしょう」

私は困惑して言いました。

「しかし二年前に私は、その一部をホログラフィー投影室で見ましたよ」

「そうですね。しかし、まだまだ大変な驚きがあなたを待ち構えています。私が話しているのはアカシック・レコードの〝特殊化〟と呼ばれているものです。あのホログラフィー映像は、地球および人類の進化の様相を自然のまま概観的に見せてくれるのです。具体的に例を挙げれば、あなたは、地球に生じた地質的変化や私たち人間の起源についてのホログラフィー映像を見ました。しかし私が今言及しているのは、特定の出来事が起きた歴史上の瞬間、人類の進化における劇的な瞬間、さまざまな王朝・王家が継承される際の状況なのです。また、実際に起きた数多くの出来事は秘密のベールで覆い隠されていて、それが歴史上の大いなる謎になっているのです。この分野は事実上ほとんど無尽蔵である、といってもよいでしょう。しかし今は、議論のテーマを先ほどまで話していたことに戻しましょう。なぜなら、私たちはほどなくして出発しなければならず、それまでにあまり時間が残っていないからです」

私は頷いて承諾しました。そして、私のこれからの人生のある時点で、謎のベールに包まれている人類の過去や未来を垣間見る機会が得られること、それを切に願いました。実際のところ、それは、この驚異的な装置の助けにより、タイム・トラベルを達成するための能力を獲得することなのですが――。セザールが話を続けました。

「初めて時間軸への投射に成功したとき、最初にあの一団の人々が話をしているのが見えました。私はすぐに彼らのそばに移動しました。その際イエスを明確に識別できたことは、すでにあなたに話しましたが、実のところ、まだ話してなかったことがあるのです。あの場所に坐していた人々の中に女性が三人いて、そのうちの一人はイエスのすぐ隣に座っていました。その瞬間私は彼女が誰であるのか分かったのです。

これは極めて論議を呼ぶテーマであり、私の報告書とローマ法王庁所蔵の記録が相まって、キリスト教世界に激震を引き起こすことは必至です。この件に関し、事態はそもそもの最初から意識的に間違って伝えられており、廃棄を免れたわずかの古書が最近発見されたものの、証拠となる文献のほとんどは破棄されてしまいました。少なくともこの点に関しては、歴史上の真実は全く異なっていたのです。残念ながらこれがあの当時に決められた基本的な方向であり、いったん改変されてしまうと、キリスト教会に激烈な打撃を与えることなしに再び変えることはできないのです。

私自身としては、一体いつの時点でこの改変が為されたのかを知りたいと思いました。私が言っているのは、イエスの生涯に係わる紛れもない事実です。それを知っているのはほんのわずかな人々であり、確かな証拠に基づいてそれを立証できる人はさらに少ないと思われます。その出来事はイエスの磔刑の直後に起きました。あなたはそれをホログラフィー映像で見たはずです」

人の心を打ち砕くようなあの一瞬一瞬を、私は身震いしながら思い出しました。ほとんど信じ難いあの映像はひどく写実的であり、私が知る限り、典拠のあるキリスト教の原本にも、大体において余すところなく正確に記されています。その記述には少しばかり推敲の跡が見られますが、全体として見れば、歴史上の事実を表わしていると思われます。食い違いあるいは脱落している個所があることにも気付きましたが、主たる要素であるキリストの磔刑と比べると、それらはほとんど意味を持ちません。

具体的な例を挙げると、イエスは十字架となる丸太を担いで丘の上まで運びましたが、その際誰からの助けも得ませんでした。男と女が一人ずつ、丘のふもとでイエスを助けようとしました。しかし彼らは、容赦なく追い払われてしまったのです。さらに言えば、磔刑場への道には、最初人々があまり多くいませんでした。彼らがイエスを殺そうとしたのは事実ですが、ローマの兵士が介入してそれを止めました。これは殊勝な行動だったと思われます。しかし一人の兵士が、群集の投げた石に頭を直撃され、あやうく殺されかけました。

群集の狂気に火が付いたのはその後です。丘への行進が妨げられ、群集が大騒ぎを始めました。突如として事態が切迫し、セザールがエルサレム神殿での状況を描写した際に述べたように、あれよあれよという間に人々が、磔刑場への道の両側に集まったのです。数分のうちに、言葉で言い表せないほどの混乱が起き、大量のほこりや塵が舞い上がりました。そしてイエスが、肩に担いで運んできた丸太の重みに耐えかね、頭を垂れて膝を屈しました。それとほぼ同時に、馬に乗った数人の兵士が到着し、ある程度まで秩序を回復させました。説明のつかないほどの怒りの波が、すっぽりと群集を覆っていました。道の両側に立っていた人々が、石や他の多くの物をイエスや兵士に向かって投げていました。彼らの多くが殴打され負傷しました。

私自身はホログラフィー映像を見ませんでしたが、磔刑が終わり、やっと事態が少しずつ収拾し始めました。ホログラフィー映像は統合されたものであり、磔刑を受けたイエスの身体だけを見せていましたが、磔刑後の半時間あるいはそれよりも少し長い時間帯が強調されていました。なぜなら、その時はすでに夜になっていたからです。それはあの時代から非常に巧妙に隠されてきた様相なのです。私の知る限り、その後に起きた出来事に関する説明や記述は何も残されていません。通例、キリスト教の原典は、事実と登場人物についてのみ述べていますが（その多くは福音書に述べられている人物とは不一致）、あの短い時間帯に起きた極めて重大な現象に関しては何も言及していません。その後私は、存立可能な唯一の結論に達しました。すなわち、その情報は集合記憶や書面による報告書等から削除されてしまったのです。その出来事は、聞き慣れ見慣れた現象とまったく異なっていて、あまりにもひどく困惑させるものだったため、人々はその全面的忘却を望んだのです。

しかし私は、あのときの出来事すべてを、驚くほど写実的なホログラフィー映像として見ました。それは本当に恐ろしい情景であり、私たち現代社会における理解と知識を根底から揺るがすほどのものなのです。あの映像を見た後、そのすべてを本に書くことは禁じられました。しかし、私がそれを見ていたとき、セザールが各場面を個別に指摘し、本に書いてよい部分とそうでない部分を明確に示してくれたのです。政治・思想・宗教の面で細心の注意を要する局面や様相が含まれていた、というのがその理由です。また、米国とルーマニアの間の外交関係が不安定な状態にあり、それを公表するのに有利な条件がそろっていませんでした。しかし今は、この〝非公開の背景的情報〟と言われているものに関して新たな前提条件が整えられ、ある程度の公表が可能になったのです。

多くの人々は〝ばかげている〟あるいは〝非現実的である〟と考えるかもしれません。しかし私には、あの驚愕に値するホログラフィー映像を見る機会が与えられたのです。特別に感情面の重荷となるものがその映像に含まれており、その結果、特定の状況を強調し際立たせて描写する私の能力が高められました。ホログラフィー投影は、イエスが十字架から下ろされた直後の夕暮れ時を映していました。その後、ほとんど魔法といえるようなことが起きたのです。あっという間に真っ黒な雲が低く垂れ込めて丘の上に集結し、まだそこに留まっていた人々の頭上わずか数十メートルのところまで降りてきました。さらに、その雲から威嚇するような稲妻が発せられ、世界の終末を思わせるような状況を引き起こしたのです。

言い知れぬ恐怖を覚えた人々は、叫び声をあげて死に物狂いで丘から降りようとしたのですが、それは不可能でした。彼らは、一体何が起きているのか理解できないまま、輪になってぐるぐる回っているようでした。天空の他の区域にも稲妻が走り、嵐雲が他よりも高い位置から垂れ込めていました。それから、恐ろしい地震の起きる兆候がありました。それにより、人々が、これといった目的が何もないままパニック状態になって逃げまどっている理由が分かったのです。十字架のいくつかが、磔刑を受けた人間と一緒に地面に崩れ落ちました。また、反対側で大規模な地滑りが起きました。実質的に丘の基礎部分の三分の一がむしり取られ、その結果、丘の残りの部分がまるで垂直の壁のようになってしまいました。

私はまた、まとまりのある一連の映像を見ましたが、それらは息をのむ光景でした。地震によって引き起こされた暗闇を背景に、紫色の雲の中から二つの巨大な円盤がゆっくりと現れました。それらのへりの部分にはオレンジと青色で間欠的に光る信号灯のようなものがあり、点滅しながら周回しているように見えました。その数秒後、丘と隣接する町の上空で、巨大かつ強烈な円錐状の光がある間隔で投射され、その下のあらゆるものを細部に至るまで照らし出しました。円盤の一つは丘の上空に留まりましたが、もう一つはゆっくりと町に向かって動いていきました。最初人々は、恐怖で身がすくんだ状態のまま、突然現れた二つの円盤を見上げていました。それから彼らは叫び声をあげ始めました。彼らの表情と両手で耳を覆っていた様子から判断して、おそらく恐ろしいほどの騒音が、巨大な円錐光の投射に合わせて、二つの円盤から発せられていたものと思われます。

まさに悪夢から出てきたようなこれらの映像は、今でもはっきりと私の記憶に残っています。数えきれないほどのさまざまな推測がこれから可能になります。しかし、それをしても無駄ではないかと思います。私はそれらの出来事が起きたままを見ました。それを無視することはできません。探索調査終了後、この件についてセザールと話す機会がありました。彼は幾度となくタイム・トラベルを実施しましたが、とりわけ太古の時代に円盤が頻繁に現れていたことを確信する機会がたくさんあったそうです。まさにこれは、宇宙の生命形態・構造の理解に要求される知性・知力および思考の成熟度の問題であり、それが、あのような歴史上の出来事を正確に理解するために必要なのです。

どっと流入してきた記憶で、私の心はいっとき水浸しの状態になりましたが、すぐ元の状態に戻りました。そして、興味津々の面持ちで、キリスト教会が公表していないイエスの人生の超極秘の部分について、セザールに尋ねました。

「当時キリスト教会が新たに生まれつつあり、その運営管理を意図した公会議が開かれました。私はその会議の一部始終を目の当たりにしました。その会議は数日間にわたり、あらゆる物事が討議されました。そこで起きたことの中で、唯一あなたに話す価値のあることは〝女性に対して制限的な見方をして咎《とが》めることさえもする人々〟と〝女性に対して伝統的な見解を持つ人々〟の間の争いが極めて熾烈だったことです。それは相変わらずの巧みな情報操作でした。私は、イエスが使命を果たした最も重要な数年間を詳細に観察しました。これは自信をもって言えることですが、現在キリスト教会がしているような仕方でイエスが女性について説教したことは、一度もなかったのです。むしろ逆でした」

そのとき私は、セザールが真顔かつ決然たる態度になったことに気付きました。

「私があの丘の上でイエスと彼の弟子たちを最初に見たとき、三人の女性のうちの一人が彼の身近にいました。彼女には特別な個性と輝きがありました。彼女はそこにいた人々の中で一番若く最も美しい人でした。直感的に私は、彼女が福音書においてマグダラのマリアと呼ばれている人であることを確信しました。またその際、因果関係の微かな糸を辿ることによって、彼女とイエスの間に非常に強い繋がりがあることも分かりました。また、何人かの弟子たちは全面的にその関係に同意していない、ということにも気付きました。〝自分たちは除外されている〟と彼らが感じていたためです。疑いようもなくそれは、強い虚栄心に基づく感じ方なのですが、そのように思わなかった弟子は、たった二人だけだったのです。

他のタイム・トラベルによって分かったことは、イエスとマグダラのマリアがほとんどいつも一緒だった、という事実です。彼らが一緒でなかったのは、イエスが群集に話をしていたとき、あるいは人々にこっそりと話をしていたときだけだったのです。夕刻、イエスとマリアが二人だけでいたのを、私はしばしば目撃しました。大抵の場合、彼女がイエスから最初にイニシエーションを受けました。特に驚いたのは、イエスの弟子や信奉者の多くが、とりわけ水が自由に使える川岸で、身体の浄化法や健康を保つ方法を実践していたことです。マグダラのマリアが、その簡単な仕方を人々に指導して実践させていました。イエスが多忙なとき、多くの人々が彼女の助力を求めていたのを私は頻繁に見ました。

これらの状況は、キリスト教会がこれまで主張してきたことと著しく異なります。とはいっても、それらは正真正銘歴史上の真実であり、勇気をもって下支えされねばなりません」

私はセザールの話を聞いて驚愕しましたが、同時に、自分の心がそれを拒絶しなかったことを、とてもうれしく思いました。それどころか、〝人間の魂はこのようにして再び統合され完成に至る〟という考えは、私に一種の解放感と内なる自由を感じさせてくれたのです。その一方、現在この真実が受け入れられて理解される可能性はほとんどない、ということも分かっていました。今の時代の人々の心には、脅迫・懲罰・非難等に至る溝があまりにも深く掘られてしまっているからです。それにもかかわらず、個人による選択は最も重要であり、それゆえ、真実が広く行き渡ることは必須なのです。現代の人々が、狂信や頑固さ等の障害物に邪魔されることなく適切な判断をするのに、正しい判断、霊性に基づく良識、および清らかな信条が大いなる助けとなる——これが私の意見です。セザールが話を続けました。

「私がその一団の人々の近くに行ったとき、イエスがゆっくりと目を上げて私を見ました。もちろんそこに居たのは私の意識だけだったのですが、彼は私の微かな存在を感じ取り、それに対し適宜に応じたのです。イエスは引き続きそこに居た人々と話をしていましたが、同時に私は心の中で彼の声を聴きました。それは次のようにはっきりと私に告げました。〝あなたがそこに居ることは大変良きことである。将来行われる調査が因果関係の複雑な連鎖を引き起こし、それが理解力のある人々にとって大いなる助けとなるであろう〟。

それは私にとってもたぐいまれな経験でした。あの時代へのタイム・トラベルにおいて私が把握できなかった唯一の時は〝変容〟の瞬間でした。それは以前話したのと同じ種類の時間閉塞であり、克服は不可能です」

セザールが突然黙り込みました。伝えることはまだたくさんあるものの、現時点ではそれ以上話さないことにしたようです。物語の各要素の正確な同化・統合を可能にするためには、一種の段階的アプローチが常に必要である——このことが私には分かっていました。さらにいえることは、私たちはまだ睡眠をとっていなかったのですが、出発の時が迫っていたのです。疲れてはいたものの、私には〝是非ともこの神秘的な装置に繋がってタイム・トラベルを経験してみたい〟という強い願望がありました。セザールはわずかに微笑んで言いました。

「この非常に特別な経験の試みを、あらためてあなたに提案します。しかし、今の状態ではタイム・トラベルを達成することができないかもしれません。何にしてもこれはあなた次第です」

そう言って彼は、私に半円筒形装置の台座に座るように促しました。

巨大水晶のエネルギーと時間軸への投射

私は不安な気持ちで立ち上がり、半円筒形装置の方に進みました。自分のしようとしていることが分かっていたのですが、奇妙なことに、動きがゆっくりになり、心臓の鼓動が早まりました。口を開くことさえもできなかったのです。歯がギュッと締まり、抗し難いほどのエネルギーが私の頭上を漂っているようでした。やっとのことで狭い台座に座ると、水晶が埋め込まれた金属バンドを私の額に装着するために、セザールが私のそばにやってきました。私が非常に緊張していてややおびえていることがセザールにはよく分かっていましたが、彼は何も言いませんでした。

私は呼吸を整えて息を吸うことと吐くことに集中し、それが私の身体に入り、脊柱を通って頭の上から出ていく様子を心に描きました。部屋は墓場のように静かで、私が呼吸する音だけが聞こえました。それは最初やや攪拌《かくはん》されたような感じでしたが、時間が経つにつれてどんどんゆっくりになっていきました。私は心の中で、チベット式の手法を実践し始めていた自分を祝福しました。このような状況においてはそれが非常に有用であること——これが立証されたのです。

セザールは私がさらにリラックスしたことを理解し、金属バンドを私の額に寄せて頭の高さに調整してくれました。ようやく私には〝それが王冠に似た半円形の頭飾りに似ている〟と考える余裕ができたのですが、そのとき突如として、自分の身体全体が非常に快いけれども強力なエネルギーの波に包まれていること、それがはっきりと感じられました。周りの光の強度が減少し、さまざまな物の形が少しばかり朦朧《もうろう》としてきました。私の額の真ん中が熱くなり始めるとともに、首が緊張して呼吸が困難になったのです。それに抵抗しようと頑張ったため、突然汗が出てきて身体が震え始めました。すると、セザールが金属バンドを私の額から取り外しながら言いました。

「エネルギーの流入量が多すぎるのかもしれません。さらにリラックスすることが必要です」

私は何も言いませんでしたが、〝頭飾り〟を頭から取り外す直前、いくぶんの安堵《あんど》の気持ちと共に通常のエネルギーの流れが感じられました。数分後私が完全に回復し、再度トライさせてほしいとセザールに頼んだのは、この理由からです。彼が再び〝頭飾り〟を私の額に装着すると、快いエネルギーの特定の波が再度私の身体に押し寄せてきました。それに続き、部屋の中の光の強度が弱くなったような奇妙な感覚がありましたが、今回は息をすることができました。いささか困難でしたが、呼吸が可能だったのです。水晶の一つが額の真ん中で皮膚に接触していましたが、そこはまるで燃えているような熱さでした。たとえそうであっても私は、この試みを続けるために、それに耐える決心をしていたのです。

首からくる不快感と額に感じる熱さのため、私は何も考えられなくなりました。また、それとは別に、むかつきの感じがどんどんひどくなって、それに対処できなくなりました。一瞬の間恐怖感に襲われましたが、セザールがそばにいて必要なときはいつでも対処してくれると考え、何とか自分を抑えました。そのように考えていたとき、セザールが金属バンドを再度頭から取り外してくれたのです。彼は特に何も言わずにしばらく私を見ていましたが、私が自分の状態について話したところ、たとえ不快であったにせよそれらの症候は基準の範囲内である、と説明してくれました。

「もしかしたら今回あなたはタイム・トラベルを経験できないかもしれません。それがこの試みに伴い得る唯一の不都合な点です」

彼の見解が正しいことは認めざるを得ませんでしたが、そうかもしれないとは思ったものの、この試みを止めるつもりはありませんでした。私は少々長めの時間をとり、自分がさらにリラックスするように努力しました。

十五分ほど時間が経った後、私はあらためてトライしました。同じステップを経て同じ感覚を経験しましたが、より一層自由に呼吸ができ、むかつき感は、不安を与えるようなレベルではなく、どちらかというと漠然としたものでした。しかし私は集中することができないまま、より一層、内なる均衡状態を維持することばかりを考えていて、これらの不快な感覚が消失することを願っていたのです。数分間心がかき立てられましたが、その後私は、たとえ危険性がどうであろうと巨大水晶柱からのエネルギーの流入に身を委ねる――これを強く決意しました。もしも不快な感覚への抵抗を続けるならば多分何一つ結果が得られないだろう、ということに気付いたのです。それゆえ私は、目を閉じて全精神を頭のてっぺんに集中させせました。

するとと、奇妙な現象が起きました。突如として周りが漆黒になったのですが、それでもやはり明るく照らされていました。どうしたらその状態を言葉で表現できるのか、私には分かりません。しかし、私の周りが真っ暗闇であると同時に光に満ち溢れている、というはっきりした知覚が得られたのです。それは一種の透き通った暗闇である、と言ってもよいでしょう。すると、即刻、滑り台を下向きではなく上に向かって通り抜けるような感じがしました。これらの状態全てを認識していたのですが、それにもかかわらず私は、自分の思考が種々さまざまであり、より一層複雑で、同時にたくさんの方向に向いていることが分かっていました。このような観察や知覚に気をとられている間にも、遠くから響いてくる聞き覚えのある不思議な優しい声が、ますますはっきりと聞こえてきました。暗闇がゆっくりと薄れていくにしたがって心臓の鼓動が高まり、一年前に居たチベットの洞窟の内部が見えてきました。そして、青の女神『マチャンディ』が私の首と額に触れたときに経験した感動の気持ちおよび言いようのないほど神聖な状態を、さらに一層強く感じたのです。しかし、私の額は燃えるほど熱くなっていたため、注意力が減退し、痛みが感じられる場所に向いてしまいました。あたかも電波障害を受けたかのように映像が上下し、その後完全に消失してしまいました。

私は困惑して目を開きました。私は依然として神秘の部屋にいて、私たちの周りはほのかな光で照らされていました。セザールが興味深そうに私を見ていました。私は何とか冷静さを取り戻し、最初のタイム・トラベルに、それなりの首尾一貫性を持たせようとしました。確かな点は、この装置が私の潜在意識から最も印象深かった記憶を取り出してそれを時間的に変調し、一年前のチベットのあの場所に私を投射したことです。それは非常に生き生きとしていて明瞭であり、三次元物質世界での経験や知覚よりもなお一層濃密だったのです。

私は再び目を閉じました。そして、私自身が選択した時間帯への投射を試みました。必死で心の中のそのような指標を探し、自分が特に関心を持っている物事を見つけ出そうとしたのです。すると、目の前の空間が震えて波状になったことに気付きました。その一部に映像らしきものがちらっと見えたものの、瞬く間に消えてしまいました。自分の額がどんどん熱くなっているのを感じたため、考えあぐんだ末に私は、数百万の可能性の中から、秘密のトンネルが大ピラミッドから神秘の部屋に向かって掘られた〝あの時〟への投射を選択しました。衝突の際のように非常に手荒な感じでしたが、その投射は即刻為されました。

三角形の空間が目もくらむような光に照らされているのが見えました。それは、アイデンのコンピュータが映し出したホログラフィー映像において見たトンネルとそっくりでした。複雑な装置がレーザー光に似た青色の光線を放射して、岩や地面の表面境界層を高精度で切削していました。その周りには三つの実体がいましたが、私はすぐさまそれらからひどい嫌悪感を覚えました。それらは人間のように見えましたが、私たちとは非常に違っていました。それらが持っている特性とりわけ害を及ぼすような強烈な感じは、まさに私を驚愕させるものでした。それに対する嫌悪感はあまりにも強く、そのため私は現実世界に引き戻されてしまいました。

すぐに目を開き、発作的な身振りで金属バンドを頭から取り外しました。私の額にかかっていた圧力は目にも移行しており、私はもはやそれに耐えられなかったのです。私は自分を落ち着かせるために台座から降りて数歩歩きました。私の動揺を見て取ったセザールは、私の無言状態を顧慮《こりよ》してくれました。何にしても私たちには帰路充分すぎるほどの時間があり、その際に私の今の経験を彼に話すことができます。しかし、心身がリラックスして安定した状態にあり確固とした方向付けがなされていること——これがいかに重要であるかを私はあらためて認識しました。さもなければ、タイムトラベル装置を使った時空の旅は、無用・無益で心が攪拌される終わりなき経験になってしまうのです。

私は最後に残った装備品をセザールと一緒に梱包し、車に積み込みました。そしてこの謎に満ちた部屋をあらためて見渡しました。私はここで、あまりにも多くの驚嘆に値する出来事を二四時間に満たない短い時間に経験したのです。探索調査のスケジュールを順守せねばならないため、他の三人の同僚たちを起こしました。セザールは、最後の確認を終えた後、巨大な石の門を閉じて部屋を封印しました。車に乗り込んだ後私は〝タイムトラベル装置に繋がるときは、より一層心を集中し、断固たる決意を持つことが必要である〟とあらためて思いました。そして、ゼロ局の一員として新たな人生行路が与えられたからには、自分自身をさらに向上させて、次に機会が与えられたときはもっと効率的に時空の旅を実施したい、と心の底から思いました。

三台の車の間の音声・映像通信の状態を確認してから、セザールが私をチラッと見て、すべてがオッケーであるかを聞きました。私が頷くと車が発車し、藍色の光に満ちたトンネルの中を高速で走行していきました。帰途の旅の間、私は神秘の部屋の謎めいた巨大水晶柱に思いを馳《は》せました。そして、近いうちに再びそれを見る機会が与えられることを切望したのです。

訳者あとがき

金原博昭

皆さんがたった今読み終えたこの本は、トランシルバニア・シリーズの第三作であり、２０１８年半ばから約二年間にわたって月刊情報誌『ザ・フナイ』に連載されました。ラドウ・シナマーはその後、同じシリーズでさらに四冊を書き上げました。それらは“The Secret Parchment — Five Tibetan Initiation Techniques”, “Inside the Earth — The Second Tunnel”, “Forgotten Genesis”, “The Etheric Crystal — The Third Tunnel)”です。ご参考までに、これらの本の中身をかいつまんでご紹介しておきます。

四番目の本“The Secret Parchment — Five Tibetan Initiation Techniques”のタイトルは『羊皮紙に書かれた秘密文書：チベットの五つの霊的進化の手法』という意味です。当時、ルーマニア・スフィンクス地下のホログラフィー投影室を何とかして支配管理しようとするさまざまの政治的陰謀が渦巻いていました。ラドウはその真っ只中に自分がいることに気付きます。このような動きに関連してラドウは米国に派遣されます。増大する政治面の緊張を和らげようという努力の一環として、国防総省がリモート・ビューイング（遠隔透視）のための集中研修を実施することになり、ラドウがルーマニアを代表して参加することになったのです。しかし、陰謀術策の動きが全面的な政治面の争いや秘儀の分野の戦いにまで拡大しつつあったため、より高い霊的なフォース（力）による介入が為され、その結果、ラドウは集中研修の途中でルーマニアに呼び戻されます。

ラドウの二番目の本〝Traansylvanan Moonrise（トランシルバニアの月の出）〟において述べられているように、彼は青の女神『マチャンディ』から古代チベットの写本（羊皮紙に書かれた秘密文書）を与えられています。その翻訳を手助けし、その出版を容易にするために、彼はシエン博士と再会します。この秘密文書には、霊的進化のための掛け替えのない五つの手法が記されています（これらは『チベットの五つの習慣』として既に知られているヨガの行と同じではありません）。この文書の存在に起因して、まさしく一連の画期的な出来事が生じました。その一つは、南極の積雪の中から奇妙な構造物が姿を現したことです。それは宇宙におけるブイ（浮標）として機能し、奇妙な信号を発していました。また、類似の信号がアラスカのマッキンリー山およびトランシルバニア地域で発見された超古代文明の遺跡からも出ていて、南極の構造体と共に巨大な三角形を形成していたのです。

　この三角形を構成する三つのベクトルのうちの二つを選ぶ組み合わせが三つあり、それら各々からベクトル外積が三つ生まれます。これらのベクトル外積は地球外の宇宙空間に向いていますが、それらを延長すると、宇宙空間における一点、木星の衛星であるエウロパで交わるのです。下の図をご覧ください。ベクトルAとベクトルBは巨大な三角形を構成する三つの辺のうちの二つ、N＝A×Bはそれらのベクトル外積に相当します。この地球外との結びつきはまさに途方もないことである、と言えます。

　しかし、トランシルバニアから発せられた信号により、純金から成るトンネルがその地域の地下数マイルにわたって延びていることが明らかになりました。そして、米国がその事実を知ったとき、ゼロ局の体制を危うくする企てがさらに激しくなったのです。このトンネルは通路になっており、古代の象形文字の列が黄金に埋め込まれている特定の場所に至っていますが、その文字列は「全ての世界が一つになっている地球内部」との結びつき

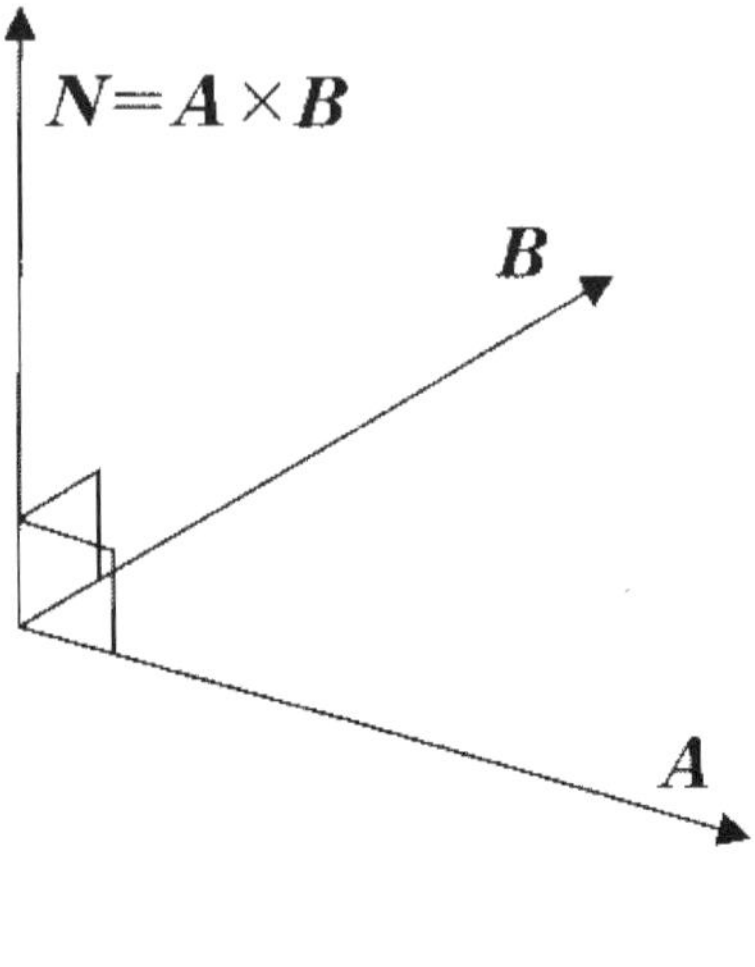

の場所を示しています。信じがたいことですが、純金から成る通路をさらに進むと、文字列からあまり遠くないところに黄金の玉座の間があり、さらなる象形文字が刻み込まれた巨大な黄金のパネルが、トンネルの側壁に形成されていました。さらにそこには、別の宇宙と考えられる宇宙空間に直接繋がっている謎めいたポータルもあったのです。

これらの発見はルーマニアの考古学者コンスタンティン教授によって為されました。彼がそれをブカレストに報告し、ルーマニア政府から派遣された調査チームを現場に案内したのですが、その直後彼は別の場所に連れ去られてしまい、行方が分からなくなったのです。調査チームもブカレストへの帰途に起きた交通事故のため、全員が命を落としました。しかし幸いなことに、行方不明になる前に、コンスタンティン教授がセザール宛ての概略報告書を作成していました。現在そのファイルは、ルーマニアの最高国家機密になっています。にもかかわらず、ゼロ局は純金から成る地下通路の入口を見つけることが出来ませんでしたし、セザール自身も可能な限り尽力したのですが、さらなる発見には至りませんでした。

青の女神『マチャンディ』から与えられた秘密文書は翻訳され、その特別の叡知に接することが可能になったため、私たちはそれから多大の恩恵を受けることができます。しかし、ラドウの四番目の本『羊皮紙に書かれた秘密文書：チベットの五つの霊的進化の手法』は、私たちにとてつもない謎を残しました。それは今でも宙ぶらりんのままです。

ラドウの五番目の本は“Inside the Earth: The Second tunnel”と題されています。これを直訳すると『地球の内部：第二のトンネル』になります。この第二のトンネルは、ブセギ山脈地下のホログラフィー投影室から延びている三つのトンネルのうちの二番目のものであり、地球内部の都市や施設に至るトンネルです。また、第三のトンネルはイラクに向かって延びていますが、途中で枝分かれして、ルーマニア・ブザウの近くのカルパティア地域に至り、さらにチベット、そしてそこからモンゴールとゴビ台地に延びています。

『地球の内部：第二のトンネル』は、地球物理学のありのままの評価から始まり、それが地球の中心核をどのように考えているかを説明します。また、しばしば「内なる地球」あるいは「空洞地球」として誤って言及されている謎めいた区域に関しても詳しく述べています。これについては、数え切れないほどの誤解が最近とみに増殖しています。ラドウの古くからの友人で良き師でもあるシエン博士は、これらのさまざまな面について深遠かつ詳細な説明をすると共に、現代科学に対し新たな驚くべき洞察をしてくれます。また、ブラックホールの起源についても詳述します。ゆくゆくそれは学会にまで影響を及ぼし、これらのテーマに関する現代科学の見方・考え方を革命的に変えると思われます。

また、1799年に行われたキャヴェンディッシュの実験は、地球の中心核が溶岩に包まれた鉄・ニッケル合金であるという考えを正当化した「金字塔的な試み」であると見なされていますが、その致命的誤りに関しても徹底的に説明してくれます。読者の皆さんは、この結論を正当化するために実施された後年の実験が、結局のところ「厳しい審査を受けていない実験に基づく常軌を逸した仮定」に立脚していたために誤りであった、という事実を知ることになります。さらに皆さんは、地球の中心核に存在するものが確かにブラックホールである、という真実を学びます。

ラドウとセザールの目覚ましい冒険は、現代科学の領域を超えたものです。彼ら二人は、地球内部の謎めいた区域およびそこにある多様な文明を訪れます、数多くの素晴らしい会合があり、地球内部の神秘的な区域の間の移動を容易にするテクノロジーについての説明が為されます。ラドウはまた、伝説上の都市シャンバラを私たちに垣間見させてくれます。これは地球の中心核に存在する楽園であり、均衡と調和がこの文明の基盤になっています。たとえラドウの冒険に関する皆さんの最終的意見がどうであろうとも、皆さんは斬新なパラダイム（理論的枠組み）に触れ、その結果、世界に対する見方が変わるのです。

ラドウの著作の賞賛に値する面の一つは、聞き慣れた物事や登場人物は全ての著作に共通であるものの、各々が類い稀であり、異なる様相や側面に焦点を当てていることです。“Forgotten Genesis”も例外ではありません。これはラドウの六番目の本であり、『忘れ去られた起源』と訳されます。この本は、地球人類を進化させるために、多様な地球外文明が如何に人類に影響を及ぼしてそのＤＮＡを操作してきたか――この点に関する謎を解明してくれます。地球内部の文明『アペロス』に住むラドウの新たな友人によって、この知識全ての獲得が容易になりました。『忘れ去られた起源』には、本文の内容を理解しやすくするために七十もの精緻な図が含まれており、私たち人類の真の起源および長年にわたるその複雑かつ込み入った進化がその眼目になっています。

人間の歴史において特別に際だった時代や文明――アトランティス、トロイ、シャンバラ、ビュペルボレア（ギリシャ神話に出てくる北方浄土）等――についても説明されていますが、これらは今でも未知のまま残存している、あるいは、神話としてのみ考えられている、このどちらかです。三次元物質世界とエーテル界の間の「交差路」には、次元間の切れ目あるいはポータルが存在しますが、これらにはとりわけ重きが置かれ、詳しい説明が為されています。『忘れ去られた起源』には、ラドウがこの情報を入手するに至った経緯や、それに使われたテクノロジーについての説明も含まれています。

ラドウの七番目の本“The Etheric Crystal: The Third Tunnel”はトランシルバニア・シリーズの最新刊で、直訳すると『エーテル水晶』になります。この本の一番の呼び物は、謎に包まれた第三のトンネルを通る冒険の旅です。このトンネルはイラクに至っているのですが、ラドウは、そこの地下に存在するチャンバー（部屋）に行くという特別の任務を与えられます。そこには大いなるパワーをもつ水晶があるのですが、それは別の次元に存在するものの、チャンバーに置かれた容器の中に収められているのです。ラドウに率いられたチームはそれを回収します。すでにラドウは、異なる次元に参入するという能力を開発しています。イラクから回収された特別な水晶は、ゼロ局による新たなプロジェクトの基礎になるものであり、全てはラドウのこの能力にかかっているのです。

このプロジェクトは最初、ラドウとセザールによって密かに始められました。しかし、思いがけないことに、エリノアが喜んでそれに加わってくれました。エリノアはラドウの二番目の本〝Traansylvanan Moonrise（トランシルバニアの月の出）〟に登場する謎めいた錬金術師であり、ラドウの友人です。エリノアはこの新たなプロジェクトにおいて重要な役割を果たし、ラドウとセザールを助けてそれを一段と高いレベルに引き上げるのです。

以上、『エジプトの謎：第一のトンネル』に続いて発刊されたラドウの本の中身をご紹介しました。このうち、四番目の本『羊皮紙に書かれた秘密文書：チベットの五つの霊的進化の手法』は、すでに『ザ・フナイ』への連載が終了していますので、いつでも単行本化が可能な状態になっています。是非ともご期待下さい。

金原博昭　きんぱら ひろあき
東北大学理学部物理学科卒。米国に本社のある多国籍複合企業TRW（事業分野は2002年まで宇宙開発・自動車部品・航空機部品等、現在は自動車部品のみ）に35年間在籍し、主として企画・営業に従事。現在鎌倉に在住、数学および神聖幾何学を含む超古代科学の研究、タロット・カバラーの学習と実践、形而上学分野の書籍の翻訳や最新情報の発信等に専心している。現在地球が極めて不均衡な状態にあることを危惧しており、それを是正し回復させるための具体的方法として「地球のためのホ・オポノポノ」の実践を提唱している。主な訳書：『高次元存在ラマ・シングに聞く　死後世界へのソウルガイド＆ナビゲーション』（徳間書店刊）、『あなたもペットと話せます』（Kindle本：オリオン形而上学研究所刊）、『時を超える予言』３部作（きれい・ねっと刊）。
オリオン形而上学研究所を主宰、http://www.orion-metaphysics.com（日本語、英語、スペイン語、ヒンディー語、中国語の５カ国語）。

本書は2018年半ばから約２年間にわたり月刊情報誌『ザ・フナイ』に連載されたものを書籍化したものです。

影の政府がひた隠す人類最奥の秘密
エジプトの謎：第一のトンネル
タイムトラベル装置、ホログラフィー装置により過去と未来を覗き見た驚異の体験報告！

第一刷　2023年1月31日

著者　ラドウ・シナマー
編集　ピーター・ムーン
訳者　金原博昭（オリオン形而上学研究所）

発行人　石井健資
発行所　株式会社ヒカルランド
〒162-0821　東京都新宿区津久戸町3-11　TH1ビル6F
電話　03-6265-0852　ファックス　03-6265-0853
http://www.hikaruland.co.jp　info@hikaruland.co.jp

振替　00180-8-496587

本文・カバー・製本　中央精版印刷株式会社
DTP　株式会社キャップス
編集担当　TaKeCO

ISBN978-4-86742-207-6

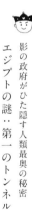

ヒカルランド　近刊予告！

地上の星☆ヒカルランド　銀河より届く愛と叡智の宅配便

人類の操縦者と【偽の地球】
ホログラフィック惑星
著者：A・ジョルジェ・C・R／高木友子
四六ソフト　予価 2,000円+税

自然の中にいるような心地よさと開放感が
あなたにキセキを起こします

神楽坂ヒカルランドみらくるの1階は、自然の生命活性エネルギーと肉体との交流を目的に創られた、奇跡の杉の空間です。私たちの生活の周りには多くの木材が使われていますが、そのどれもが高温乾燥・薬剤塗布により微生物がいなくなった、本来もっているはずの薬効を封じられているものばかりです。神楽坂ヒカルランドみらくるの床、壁などの内装に使用しているのは、すべて45℃のほどよい環境でやさしくじっくり乾燥させた日本の杉材。しかもこの乾燥室さえも木材で作られた特別なものです。水分だけがなくなった杉材の中では、微生物や酵素が生きています。さらに、室内の冷暖房には従来のエアコンとはまったく異なるコンセプトで作られた特製の光冷暖房機を採用しています。この光冷暖は部屋全体に施された漆喰との共鳴反応によって、自然そのもののような心地よさを再現。森林浴をしているような開放感に包まれます。

みらくるな変化を起こす施術やイベントが
自由なあなたへと解放します

ヒカルランドで出版された著者の先生方やご縁のあった先生方のセッションが受けられる、お話が聞けるイベントを不定期開催しています。カラダとココロ、そして魂と向き合い、解放される、かけがえのない時間です。詳細はホームページ、またはメールマガジン、SNSなどでお知らせします。

★《AWG ORIGIN》癒しと回復「血液ハピハピ」の周波数

**生命の基板にして英知の起源でもあるソマチッドがよろこびはじける周波数を
カラダに入れることで、あなたの免疫力回復のプロセスが超加速します！**

世界12ヵ国で特許、厚生労働省認可！　日米の医師＆科学者が25年の歳月をかけて、ありとあらゆる疾患に効果がある周波数を特定、治療用に開発された段階的波動発生装置です！ 神楽坂ヒカルランドみらくるでは、まずはあなたのカラダの全体環境を整えること！　ここに特化・集中した《多機能対応メニュー》を用意しました。

A．血液ハピハピ＆毒素バイバイコース
（AWG コード003・204）　60分／8,000円
B．免疫 POWER UP　バリバリコース
（AWG コード012・305）　60分／8,000円
C．血液ハピハピ&毒素バイバイ+免疫 POWER UP
バリバリコース　120分／16,000円
D．脳力解放「ブレインオン」併用コース
60分／12,000円

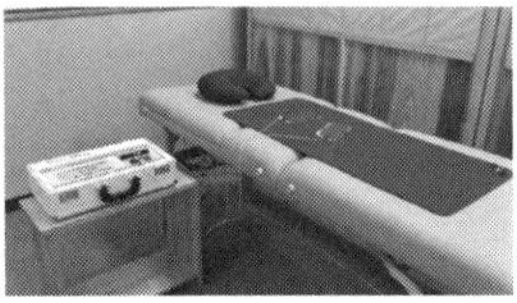

※180分／24,000円のコースもあります。
※妊娠中・ペースメーカーご使用の方にはご案内できません。

E．AWG プレミアムコース　9回／55,000円　60分／8,000円×9回
※その都度のお支払いもできます。

AWGプレミアムメニュー

1つのコースを一日1コースずつ、9回通っていただき、順番に受けることで身体全体を整えるコースです。2週間～1か月に一度、通っていただくことをおすすめします。

①血液ハピハピ＆毒素バイバイコース　②免疫 POWER UP バリバリコース
③お腹元気コース　④身体中サラサラコース
⑤毒素やっつけコース　⑥老廃物サヨナラコース
⑦⑧⑨スペシャルコース

★音響チェア《羊水の響き》

**脊髄に羊水の音を響かせて、アンチエイジング！
基礎体温1℃アップで体調不良を吹き飛ばす！
細胞を活性化し、血管の若返りをはかりましょう！**

特許1000以上、天才・西堀貞夫氏がその発明人生の中で最も心血を注ぎ込んでいるのがこの音響チェア。その夢は世界中のシアターにこの椅子を設置して、エンターテインメントの中であらゆる病い／不調を一掃すること。椅子に内蔵されたストロー状のファイバーが、羊水の中で胎児が音を聞くのと同じ状態をつくりだすのです！　西堀貞夫氏の特製 CD による羊水体験をどうぞお楽しみください。

A．自然音 A コース　60分／10,000円
B．自然音 B コース　60分／10,000円
C．自然音 A ＋自然音 B　120分／20,000円

神楽坂ヒカルランド
みらくる
Shopping & Healing

神楽坂《みらくる波動》宣言！

神楽坂ヒカルランド「みらくる Shopping & Healing」では、触覚、聴覚、視覚、嗅（きゅう）覚、味覚の五感を研ぎすませることで、健康なシックスセンスの波動へとあなたを導く、これまでにないホリスティックなセルフヒーリングのサロンを目指しています。ヒーリングは総合芸術です。あなたも一緒にヒーリングアーティストになっていきましょう。

★ミトコンドリア活性《プラズマパルサー》

ミトコンドリアがつくる、生きるための生命エネルギーATP を３倍に強化！
あなただけのプラズマウォーターを作成し、
疲れにくく、元気が持続するカラダへ導きます！

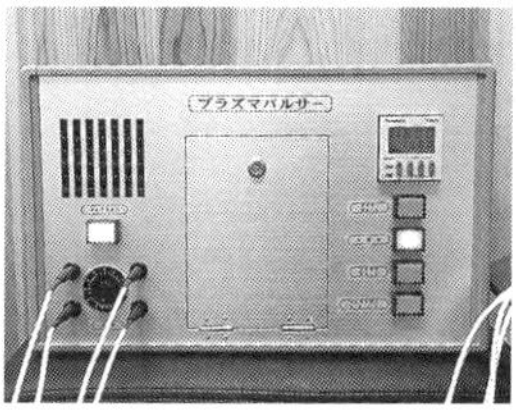

液晶や排気ガス装置などを早くからつくり上げ、特許を110も出願した天才・田丸滋氏が開発したプラズマパルサー。私たちが生きるために必要な生命エネルギーは、体内のミトコンドリアによって生産されるATP。このATPを３倍に増やすのと同じ現象を起こします！　ATPが生産されると同時につくられてしまう老化の元となる活性酸素も、ミトコンドリアに直接マイナス電子を供給することで抑制。短い時間でも深くリラックスし、細胞内の生命エネルギーが増え、持続力も増すため、特に疲れを感じた時、疲れにくい元気な状態を持続させたい時におすすめです。

プラズマセラピー（プラズマウォーター付き）30分／12,500円（税込）

こんな方におすすめ

元気が出ない感じがしている／疲れやすい／体調を崩しやすい／年齢とともに衰えを感じている

※妊娠中・ペースメーカーご使用の方、身体に金属が入っている方、10歳未満、81歳以上の方、重篤な疾患のある方にはセラピーをご案内することができません。
※当店のセラピーメニューは治療目的ではありません。特定の症状、病状に効果があるかどうかなどのご質問にはお答えできかねますので、あらかじめご了承ください。

★植物の高波動エネルギー《ナノライト（ブルーライト）》

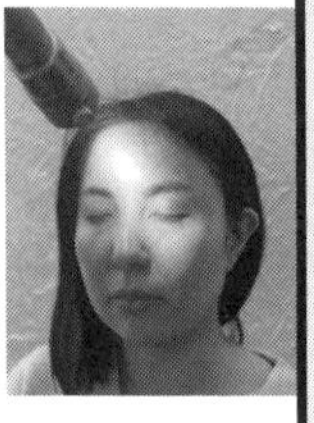

高波動の植物の抽出液を通したライトを頭頂部などに照射。抽出液は13種類、身体に良いもの、感情面に良いもの、若返り、美顔……など用途に合わせてお選びいただけます。より健康になりたい方、心身の周波数や振動数を上げたい方にピッタリ！

A．健康コース　７か所　10～15分／3,000円
B．メンタルコース　７か所　10～15分／3,000円
C．フルセッション（健康＋メンタルコース）　15～20分／5,000円
D．ナノライト（ブルーライト）使い放題コース　30分／10,000円

★ソマチッド《見てみたい》コース

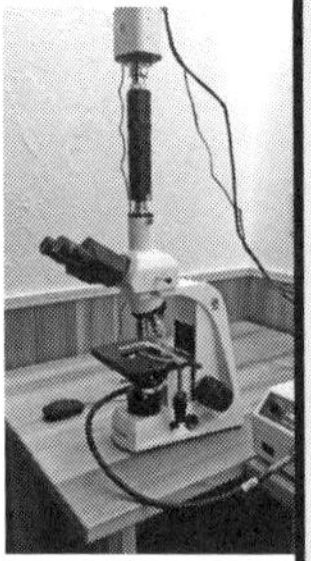

あなたの中で天の川のごとく光り輝く「ソマチッド」を暗視野顕微鏡を使って最高クオリティの画像で見ることができます。自分という生命体の神秘をぜひ一度見てみましょう！

A．ワンみらくる　1回／1,500円（5,000円以上の波動機器セラピーをご利用の方のみ）
B．ツーみらくる（ソマチッドの様子を、施術前後で比較できます）2回／3,000円（5,000円以上の波動機器セラピーをご利用の方のみ）
C．とにかくソマチッド　1回／3,000円（ソマチッド観察のみ、波動機器セラピーなし）

★脳活性《ブレインオン》

聞き流すだけで脳の活動が活性化し、あらゆる脳トラブルの予防・回避が期待できます。集中力アップやストレス解消、リラックス効果も抜群。緊張した脳がほぐれる感覚があるので、AWGとの併用もおすすめです！

30分／2,000円

★激痛！ デバイス《ドルフィン》

長年の気になる痛み、手放せない身体の不調…たったひとつの古傷が気のエネルギーの流れを阻害しているせいかもしれません。他とは全く違うアプローチで身体に氣を流すことにより、体調は一気に復活しますが、痛いです！！！

A．エネルギー修復コース 60分／15,000円
B．体験コース 30分／5,000円

★量子スキャン&量子セラピー《メタトロン》

あなたのカラダの中をDNAレベルまで調査スキャニングできる
量子エントロピー理論で作られた最先端の治療器！

筋肉、骨格、内臓、血液、細胞、染色体など――あなたの優良部位、不調部位がパソコン画面にカラーで6段階表示され、ひと目でわかります。セラピー波動を不調部位にかけることで、その場での修復が可能！　宇宙飛行士のためにロシアで開発されたこのメタトロンは、すでに日本でも進歩的な医師80人以上が診断と治癒のために導入しています。

A.B.ともに「セラピー」「あなたに合う／合わない食べ物・鉱石アドバイス」「あなただけの波動転写水」付き。

A.「量子スキャンコース」　60分／10,000円
あなたのカラダをスキャンして今の健康状態をバッチリ6段階表示。気になる数か所へのミニ量子セラピー付き。

B.「量子セラピーコース」　120分／20,000円
あなたのカラダをスキャン後、全自動で全身の量子セラピーを行います。60分コースと違い、のんびりとリクライニングチェアで寝たまま行います。眠ってしまってもセラピーは行われます。

《オプション》+20分／+10,000円（キントン水8,900円含む）
「あなただけの波動転写水」をキントン水（30本／箱）でつくります。

★脳活性《ブレイン・パワー・トレーナー》

脳力UP&脳活性、視力向上にと定番のブレイン・パワー・トレーナーに、新メニュー、スピリチュアル能力開発コース「0.5Hz」が登場！　0.5Hzは、熟睡もしくは昏睡状態のときにしか出ないδ（デルタ）波の領域です。「高次元へアクセスできる」「松果体が進化、活性に適している」などと言われています。

Aのみ　15分／3,000円　　B～F　30分／3,000円
AWG、羊水、メタトロンのいずれか（5,000円以上）と同じ日に受ける場合は、2,000円

A.「0.5Hz」スピリチュアル能力開発コース
B.「6Hz」ひらめき、自然治癒力アップコース
C.「8Hz」地球と同化し、幸福感にひたるコース
D.「10Hz」ストレス解消コース
E.「13Hz」集中力アップコース
F.「151Hz」目の疲れスッキリコース